Sicher in unsicheren Zeiten

T0349731

Ruth Enzler

Sicher in unsicheren Zeiten

 Springer

Ruth Enzler
Ressourcen Management & Coaching
Psylance
Zollikon, Zürich, Schweiz

ISBN 978-3-662-63985-6   ISBN 978-3-662-63986-3   (eBook)
https://doi.org/10.1007/978-3-662-63986-3

Die Deutsche Nationalbibliothek verzeichnet diese Publikation in der Deutschen Nationalbibliografie; detaillierte bibliografische Daten sind im Internet über http://dnb.d-nb.de abrufbar.

Planung/Lektorat: Marion Kraemer
Springer ist ein Imprint der eingetragenen Gesellschaft Springer-Verlag GmbH, DE und ist ein Teil von Springer Nature.
Die Anschrift der Gesellschaft ist: Heidelberger Platz 3, 14197 Berlin, Germany

Dieses Buch ist jenen Bauern gewidmet, die mich angehalten haben, meinen Lebensacker zu pflügen, tiefer in die Erde zu dringen, Unkraut zu jäten, um fruchtbaren Samen einen Lebensraum zu geben.

Ruth Enzler, 19. April 2021

Geleitwort von Matthias Varga von Kibéd

Um mit herausfordernden Zeiten gut umzugehen, aus der Bewältigung dessen, was auf uns einstürmt, etwas Wesentliches zu lernen und um für sich selbst und andere dazu beizutragen, dass in einer Krise wertvolle Umwandlungen und Reifungen möglich werden, brauchen wir ein gutes Geleit von Erinnerungen, Einsichten und praktischen Hinweisen. Dieses Buch gibt den Lesern und Leserinnen eine solche kundige und freundliche Begleitung. Anders als die meisten Bücher, die so etwas versuchen, finden Sie hier beide Welten: einerseits klare Darlegungen und praktische Zugänge von den psychologischen und psychotherapeutischen Grundlagen her und andererseits Hinweise zur Praxis für den Bereich der nur durch das Leben und die Erfahrung zu gewinnenden Verbindung zur nicht in Formen erfassbaren Einheit, die uns trägt.

Es geht der Autorin darum, in diesem Buch beide Welten zu verbinden. Es geht also zum einen um die Frage, wie wir auch unter schwierigen Bedingungen leistungsfähig bleiben und unsere Ressourcen sogar erweitern können, mit unserer Zeit und unseren Grenzen klug umgehen, uns selbst Fehler und Imbalancen zugestehen und in der stürmischen Zeit die verschiedenen Bereiche neu aufeinander abstimmen. Der Autorin geht es jedoch zum anderen gleichermaßen darum, das menschliche Erleben und den Verstand in Verbindung mit der uns alle tragenden Grundlage des Geistes und unserer Verbundenheit in einer tieferen Einheit zu sehen, die wir oft vergessen. Dabei gelingt es Ruth Enzler, die Verbindung zur Spiritualität als etwas Natürliches, das unser Wesen ausmacht, anzudeuten, ohne irgendwo in zweifelhafte „esoterische Feierlichkeit" zu verfallen. Sie bietet hier vielmehr einen lebendigen und praktischen Zugang zu einem ganzheitlichen

Ansatz, und das ist eine besondere Qualität dieses ihres neuen Buches, das Verbindung von Psychologie, Psychotherapie und wissenschaftlichen Erkenntnissen mit unterschiedlichen Zugängen zu spirituellen Grundlagen, insbesondere über Achtsamkeitsübungen, auf eine unprätentiöse und einladende Weise darbietet.

In stürmischen Zeiten wie der gegenwärtigen Pandemie gibt uns Ruth Enzler ein wertvolles und praktisches Handbuch mit vielen Übungsanleitungen, mit aufschlussreichen und anregenden Beispielen aus der psychotherapeutischen und psychologischen Praxis.

Ich empfehle dieses Buch daher nicht nur als Gefährten zum besseren Umgang mit Krisen, sondern ganz aktuell auch, um Ideen zu bekommen zur Nachbearbeitung der Zeit der Coronapandemie. Es bedarf heute solcher Bücher, die es uns erleichtern, Chancen auch in dieser neuen Lage zu finden, sodass wir gemeinsam daran mitwirken können, dass sich unsere Haltung, unser Bewusstsein und unser Verhalten ändern, und gemeinsam in eine neue Form von Bewusstheit und Verbundenheit hineinwachsen können, die sich gerade bildet.

München   Matthias Varga von Kibéd
den 16.5.2021

Vorwort der Autorin: Was will dieses Buch?

Unser Leben ist voll von Umbrüchen, Unsicherheiten und Nichtplanbarem. Machen wir uns also auf Veränderungen gefasst, denn sie bleiben das Stabile im Leben. Alles verändert sich, irgendwann, immer und jetzt ganz besonders. Das Naturgeschehen ist eine einzige Abfolge von Veränderungen. Entstehen und Vergehen sind gewöhnliche Vorgänge. Was macht uns Menschen daran so viel Mühe? Heute, im digitalen Zeitalter ist es uns möglich, für viele Dinge Erklärungen zu finden, und auf viele Geschehnisse können wir Kontrolle ausüben. Wir können planen und Dinge vorhersagen, uns auf Ereignisse einstellen. Die Medizin ist weit fortgeschritten, das Sterben findet bei uns im Verborgenen statt und die Autos sind heute so sicher konzipiert, dass Unfälle meist glimpflich ausgehen. Wir streben an, möglichst jedes Risiko zu minimieren oder gänzlich zu vermeiden. Wir wollen eine Null-Risiko-Gesellschaft sein. Und gerade, als das Risiko für Instabilität minimal zu sein scheint, überrascht uns eine Pandemie. Der Tod wird öffentlich, die gesundheitliche Bedrohung real und das Nichtwissen über das Virus bringt große Verunsicherung. Einfache Rezepte, wie Händewaschen und Abstand und möglichst Sozialkontakte meiden, sollen den sichersten Schutz bieten. Die Leistungsgesellschaft wird ausgebremst, der Slogan: „Bleiben Sie zu Hause" wird salonfähig und die Werte werden durcheinandergewirbelt: Helfen durch Nichtstun, durch Daheimbleiben, durch Abwarten. Was vorher nicht möglich war oder als Unart galt, wird zum Standard. Tätigkeiten werden eingeschränkt, bei Krankheitssymptomen unbedingtes Auskurieren verordnet und das in der Warteschlange stehen wird duldsam ertragen. Arbeiten von zu Hause aus wurde bislang als unprofessionell belächelt und gilt jetzt als modern und als wichtige Lösung zur Pandemiebekämpfung.

Wir befinden uns also in einer Zeit des Umbruchs, des Wertewandels, des Nichtplanbaren. Was macht das mit uns Menschen? Wir haben es verlernt, gegenüber Veränderungen gelassen zu reagieren und sie als normal zu akzeptieren. Seit dem Zweiten Weltkrieg haben wir als ganze Gesellschaft keinen größeren und einschneidenderen Wandel voll von Unsicherheiten mehr durchlebt. Wir haben es verlernt, auf das große Ganze, auf einen übergeordneten Plan zu vertrauen, die Welt aus der Vogelperspektive mit Distanz zu betrachten und uns als Teil eines großen Ganzen zu sehen. Das Werden und Vergehen ist uns fremd geworden. Wir sehen uns getrennt von der Natur. Wird uns der Boden unter den Füßen weggezogen – und dazu braucht es keine Pandemie, das können auch andere einschneidende Ereignisse wie Tod eines nahestehenden Menschen, eine Scheidung, Verliebtheit, Pubertät, Pensionierung oder Entlassung auslösen –, verlieren wir die Kontrolle. Wir geraten in eine Krise. Wir fühlen uns als Spielball des Schicksals. Das löst Angst aus. Dieses Buch behandelt einerseits das Wesen und den Ablauf einer Krise. Andererseits nimmt es die damit verbundene Angst ernst, erörtert sie, sieht sie genau an, lokalisiert sie im Körper und kümmert sich um dieses Gefühl und auch um alle anderen Stress erzeugenden Gefühle. Dann zeigt es auf, welche unterschiedlichen Themen mit der Angst verbunden sind, welche Werte die Angst bedrohen kann, welche Rollen- und Selbstbilder unter Druck geraten können und welcher Persönlichkeitstyp besonders für die eine oder andere Angstthematik verletzlich ist. Weiter zeigt das Buch auf, wie mit der Angst klug umgegangen werden kann und welche Einstellung oder Haltung förderlich ist, um selbst in Krisen gelassen zu bleiben. Das Buch will eine Hilfe für jene sein, die in unsicheren Zeiten – in Zeiten von Umbrüchen – psychisch gesund, sicher und stabil bleiben wollen. Ein Schritt dazu ist, aus dem Unbewussten auf die Ebene der Bewusstheit zu gelangen. Wir werden uns bewusst, welchem Persönlichkeitstyp wir angehören, welche Werthaltungen wir im Leben haben, welchem Selbstbild jeder von uns nachstrebt und welche Entwicklungsthemen im Vordergrund stehen. Wie schon in den vorausgehenden Büchern liegt auch diesem auf der Ebene der Bewusstheit das Persönlichkeitsmodell mit seinen drei Typen und deren Grundwerten im Vordergrund.

Der soziale Typ. Er hat den Grundwert „Zugehörigkeit" verinnerlicht. Er strebt nach menschlicher Verbindung, Anerkennung und Zugehörigkeit zu einem sozialen System. Seine Angst ist es, aus dem sozialen Netz ausgeschlossen zu werden. Er passt sich deshalb an soziale Normen an und baut um sich Systeme wie Freundeskreise, Familie, Unternehmen auf. Er bringt Menschen zusammen, vernetzt sie und bemüht sich um einen harmonischen Austausch, um ein möglichst konfliktfreies Zusammensein.

Der Erkenntnistyp. Er hat den Grundwert „Leistung" verinnerlicht. Er strebt nach Autonomie, Weiterentwicklung, Erkenntnis. Er hat Angst vor Stillstand, Routine und Einengung oder Begrenzung. Er handelt lösungsorientiert, denkt rational und ist ständig bestrebt, etwas weiterzuentwickeln und zu perfektionieren oder etwas Neues zu beginnen. Er bildet sich weiter, will seine Lebenszeit interessant und vielfältig gestalten und nimmt sich die Freiheit, dies auch zu tun.

Der Ordnungsstrukturtyp. Er hat den Grundwert „Position" verinnerlicht. Er strebt nach Einfluss, Recht, Gesetz und Kontrolle. Seine Angst ist es, kritisiert zu werden, auf Widerstand zu stoßen, im Unrecht zu sein und den Einfluss auf andere Menschen zu verlieren. Er kämpft um seine Rechte, und er kennt die Reglemente und Gesetze genau. Nicht selten lenkt er von seinen Schwierigkeiten ab und legt den Fokus auf erfolgversprechendere Themen. Er regelt Verantwortlichkeiten sorgfältig, strukturiert ein soziales System, um die darin vorhandenen Positionen – inklusive seiner eigenen – klar zu umgrenzen und zu festigen. So schafft er eine äußere Ordnung und strukturiert ein System nach Verantwortlichkeiten.

Jeder von uns wird sich vorrangig einem Typus und möglicherweise auch noch zu einem zweiten zuordnen und so seine Anforderungen und Bedürfnisse erkennen. Kennen wir unser eigenes Weltbild, unsere Grundbedürfnisse und auch die der anderen, so verstehen wir die eigenen Ängste, die durch unsichere Zeiten oder Krisen ausgelöst werden. Auf diese Weise lernen wir auch zu verstehen, dass andere Menschen andere Angstthemen und unterschiedliche Verletzlichkeiten haben. Was uns vorher unbewusst oder diffus bekannt gewesen ist, können wir uns bewusst machen und unsere Handlungen und Gefühle werden uns zugänglich und verständlich. So gelangen wir auf die Ebene der Bewusstheit („awareness"). Dies ist der erste Schritt, um wieder etwas Boden unter die Füße zu bekommen. Wir schaffen eine innere Distanz zum Geschehen und können unsere wirren Gedanken und Ängste besser einordnen. Durch diese Zuordnung fühlen wir uns bereits etwas sicherer. Wir haben die Ich- oder Ego-Ebene kennengelernt. Wir wissen, welche spezifischen Ängste unser Ego bedrohen und was wir tun können, um es zu beruhigen. Weiter sehen wir uns an, welche Lernfelder sich daraus ergeben. Worin wir uns weiterentwickeln können und sollten, damit wir nicht mehr so empfindlich auf diese Ängste reagieren. Wir leisten Schattenarbeit und lernen dabei, uns von Urteilen über uns und über andere zu befreien. Wir lernen, wie wir uns vom Opfer-Täter-Muster lösen können, um zu einem tieferen und stabileren inneren Frieden zu gelangen. Ein längeres Kapitel widme ich der Spiritualität, dem Gewahrsein, das alles mit allem verbunden ist. Dort werde ich einen etwas gewagten Ausflug in die Quantenphysik machen, damit Spiritualität auch mit dem Verstand begriffen werden kann. Ich unternehme den Versuch, das Funktionieren einer gängigen hypnotherapeutische Methode mit quanten-physikalischen Grundsätzen zu erklären. Die Systemische Strukturauf-stellung (SySt Institut®) ist von Matthias Varga von Kibéd, einem deutschen Professor für Philosophie, Logik und Wissenschaftstheorie, und Insa Sparrer, einer Diplompsychologin, geprägt und eignet sich als Anwendungsbeispiel besonders. Meine Absicht ist es, dem Leser und der Leserin die Spirituali-tät anhand einer praktischen Anwendungsmethode erfahrbar zu machen und ihr gleichzeitig aufgrund theoretischer Grundlagen den mystischen oder esoterischen Beigeschmack etwas zu nehmen.

Hier bleiben wir jedoch nicht stehen, sondern wagen uns über die Ebene der „awareness" oder Bewusstheit und das Persönlichkeitsmodell hinaus auf die Ebene des Bewusstseins („conciousness"). Nach einem Zwischenstopp im Buch – mit einem Stilleexperiment, zu welchem ich die Leserin und den Leser ermutige, es auszuprobieren – folgt ein längeres Kapitel zu Achtsam-keitsübungen und anderen meditativen Verfahren. Ich erkläre deren gesund-heitlichen Nutzen, gehe aber auch vertieft auf die innere Geisteshaltung des Meditierenden ein. Dabei werde ich Texte aus dem Buddhismus und Ein-sichten von neueren und älteren Philosophen und des Christentums und anderen Religionen hinzuziehen. Dieser Abschnitt enthält auch Grundsätze aus der Neuropsychologie und der Quantenphysik. All dies zusammen hat mich zu einem etwas veränderten Weltbild geführt, das ich ansatzweise zu formulieren versuche. Im Rahmen der psychologischen Betrachtung lernen Leserinnen und Leser zu verstehen, dass die Werte, die dem Persönlichkeits-modell zugrunde liegen, Bewertungen beinhalten. Werte, über die wir uns definieren, Rollen kreieren und damit verbundene Selbstbilder aufbauen, die das Ego stützen und schützen sollen. Auf der Ebene des Bewusstseins lassen wir diese Werte und Selbstbilder los und widmen uns einzig der Ein-sicht in eine natürlich vorhandene Wertigkeit, welche für uns alle dieselbe ist. Unser Lebens-Wert besteht unabhängig von unseren definierten Selbst-bildern, unabhängig vom Ego. Es geht also um die Erkenntnis, dass das Leben an sich der Wert ist und wir diesen nicht erhöhen können, indem wir etwas Spezifisches sind, leisten oder zu einem besonderen System zugehören, und auch nicht dadurch, dass wir eine klar definierte Position in einem sozialen System einnehmen. Wir gelangen zum inneren tiefen Wissen, dass das Leben weder durch „Zugehörigkeit" oder durch „Position" noch durch „Leistung" wertiger gemacht werden kann. Indem wir diese Rollenbilder als Ego-Themen erkennen und überwinden, hören wir auf, uns oder andere zu bewerten, zu be- oder verurteilen. Wir machen uns so auf den Weg in Richtung Mitgefühl mit uns selbst und mit unseren Nächsten und betrachten uns und andere weder als höher- noch minderwertig. Wir erwarten weder von uns noch von anderen, dass sie etwas Besonderes tun oder sein müssen, um einen Wert in der Welt zu haben. Es ist die Entdeckung des wahren Selbst, welches uns in unsicheren Zeiten und Krisen, wenn Rollen- und Selbstbilder gänzlich und auf unbestimmte Zeit wegfallen, stabil und psychisch gesund hält. Die Einsicht dazu ist der erste Schritt, das „Wie mache ich das?" ist der viel schwierigere und risikoreichere zweite. Ich beschreibe Methoden und für jeden Persönlichkeitstyp Mantras oder positive Affirmationen, die ihm auf diesem Weg hilfreich sein sollen. Die wichtigste Voraussetzung für diesen Weg ist jedoch der unerschütterliche Wille, eine grundlegende Änderung im Leben vorzunehmen. Das Überwinden von alten Gewohnheiten, Einsichten, Denk- und Verhaltensmustern zieht fundamentale Veränderungen nach sich. Das bedeutet, dass wir auch unsere Verhaltensweisen ändern, andere Entscheidungen treffen. Als systemische Psychologin werfe ich einen Blick auf das altbekannte Umfeld, das mit der Erneuerung konfrontiert wird und in einer Wechselwirkung steht. Niemand kann sich grundlegend verändern, ohne dass das Umfeld davon unberührt bleibt! Entweder es verändert sich mit uns mit oder wir müssen uns neue soziale Welten erschließen oder sie eröffnen sich von selbst. Dies ist eine weitere Nebenwirkung einer grundlegenden Veränderung. Dieser Prozess führt zu weiteren Entscheidungen. Aus neuropsychologischer Sicht führen veränderte Gedanken, Gefühle, Einsichten, Einstellungen und Verhaltensweisen zu einer veränderten Gehirnstruktur. Das neuronale Netzwerk verknüpft sich neu, die alten Verknüpfungen werden aufgelöst. Das heißt, dass neue Signale vom Gehirn in den Körper gesendet werden und umgekehrt. Und was innen ist, spiegelt sich im Außen, und umgekehrt. Auch die Körperhaltung, das Aussehen und die gesamte Ausstrahlung verändern sich. Möglicherweise werden alte Bekannte sagen: „Er ist nicht mehr er selbst!" Das stimmt auf eine Art natürlich. Sie sind nicht mehr die Person, die Sie vorgegeben haben zu sein, die Person mit ihren alten Verhaltensmustern und vertrauten Persönlichkeitsmustern. Doch mit dieser Erneuerung werden Sie im Grunde zu nichts anderem als zu Ihrer wahren Natur. Sie werden mehr Energie verspüren, weil Sie keine Energie mehr aufwenden müssen, um Ängste zu umgehen und zu überdecken, um Dinge zu tun und erreichen zu wollen, um einem Idealbild von sich hinterherzurennen. Sie brauchen keine Energie mehr für Ihren Ehrgeiz und für das Aufrechterhalten oder Erreichen von äußeren Erfolgen und Situationen, die Sie sowieso nicht vollständig kontrollieren konnten. Sie können aus einer ruhigen Gelassenheit und inneren Zufriedenheit heraus leben, handeln, tun, sich mit Menschen verbinden, lernen, sich weiterentwickeln und auch Positionen in sozialen Systemen besetzen. Angenommen, wir schauen uns einen Stummfilm an, dann sieht der möglicherweise sogar sehr ähnlich aus wie der Stummfilm vor Ihrer Veränderung. Das wäre möglich. Doch in Ihnen fühlt es sich ganz anders an. Sie handeln nicht mehr aus einem inneren Druck, innerer Getriebenheit, Zwang und einer antreibenden Angst heraus, sondern aus einer inneren Freiheit. Sie sind sich der Vergänglichkeit von allem bewusst, werten nicht, genügen sich selbst, weil Ihnen Ihre wahre Natur bewusst geworden ist. Das Handeln geschieht einfach. Sie lassen sich aus dem Sein heraus leiten und sind im Hier und Jetzt ganz präsent. Den Verstand schalten Sie bei Bedarf ein, Sie beobachten ihn beim Arbeiten und Sie vermögen ihn auch wieder in die Ruhe zu bringen und abzuschalten. Den Verstand bewusst zu verlieren, ist jedoch harte Arbeit! Sind Sie im ewigen Moment des Jetzt, ganz präsent, dann rennt die Zeit nicht mehr. Sie sind in ihr und ganz wach für das, was gerade im gegenwärtigen Moment ist. Die Welt wird bunter und freudvoller. Ihre Beziehungen sind friedfertiger, tiefer und Gemeinsinn erhält eine ganz neue Bedeutung. Ich wünsche Ihnen viel Spaß auf Ihrer Reise!

Empfehlung der Autorin an den Leser

Bevor der geneigte Leser in die Materie dieses Buches einsteigt, empfehle ich ihm, direkt zum Anhang überzugehen und den dort aufgeführten Fragebogen auszufüllen. In einem zweiten Schritt, nach der persönlichen Auswertung, kehren Sie an diese Stelle des Buches zurück. Ich wünsche Ihnen viele interessante Begegnungen und Aha-Erlebnisse mit sich selbst!

Zollikon   Ruth Enzler
im März 2021

Inhaltsverzeichnis

1

Einführung ins Thema – Zeiten des Übergangs

Das erste Kapitel gibt einen Überblick über das Thema Übergangssituationen. Der Leser findet Antworten auf die Fragen: Was zeichnen Zeiten der Übergänge aus? Womit haben wir es zu tun? Was sind die Herausforderungen? Welche Emotionen sind damit verbunden und wie wirken sie sich aus? Zuerst beschreibe ich in einem Überblick die Wesensmerkmale der Übergangssituation, deren anforderungsreichste Form wir als Krise bezeichnen. Die Krise wird in der Psychologie in fünf Phasen unterteilt, welche kurz beschrieben werden. Mit einem Exkurs wird das Phasenmodell auf die Coronapandemie angewendet. Im Weiteren beschreibe ich die individuellen Schwierigkeiten in Übergangs- und Krisenzeiten und lege hier ein besonderes Augenmerk auf das Gefühl der Angst und die Wechselwirkung mit Körper, Verhalten und Gedanken.

1.1 Begriff der Zeit des Übergangs

Der gewohnte Lebensgang wird unterbrochen. Wir werden aus unserem üblichen Trott liebgewonnener Abläufe, eingeschliffenen Denkmustern, Verhaltensweisen und bestehenden Rollen hinausgeworfen. Das sind die Merkmale von Lebensübergängen und Umbrüchen. Wir sind aufgefordert, das Leben neu zu organisieren, unsere Identität neu zu definieren, nach neuen oder veränderten Rollen und Beziehungen zu suchen. Im Moment fühlt es sich an, als ob der Boden unter uns wegbricht. Wir verlieren die Kontrolle und ein Gefühl, in eine Leere zu fallen, kommt auf. Dieser Prozess

© Der/die Autor(en), exklusiv lizenziert durch Springer-Verlag GmbH, DE, ein Teil von Springer Nature 2022
R. Enzler, *Sicher in unsicheren Zeiten,* https://doi.org/10.1007/978-3-662-63986-3_1

löst zunächst vor allem Angst aus, wobei diese sich mit anderen Gefühlen wie Wut, Trauer, aber auch Euphorie rasch abwechseln kann. Unsere Sicherheit, in der wir uns einst wiegten, bricht weg und weicht der Erkenntnis, dass nichts sicher ist.

Auslöser für diese Umbrüche sind häufig extern motiviert. Biografisch oder gesellschaftlich. Gesellschaftliche Umbrüche werden durch übergeordnete Ereignisse wie Krieg, 9/11, Pandemie, Industrialisierung, Digitalisierung ausgelöst. Die Gesellschaft als Ganzes unterzieht sich einem fundamentalen Wandel. Betrachten wir das Individuum, muss jedes schließlich auch selbst mit diesem gesellschaftlichen Wandel umgehen und ist mit sich selbst mit Um- und Neudenken gefordert. Biografische Umbrüche betreffen die meisten Individuen in bestimmten Lebensabschnitten: Einschulung, Pubertät, Heirat, Berufseinstieg, Scheidung, Todesfälle, Pensionierung, Krankheit, Altern. Bei individuellen Umbrüchen kann es sich um Gewalterlebnisse, Unfälle, einschneidende körperliche Veränderungen oder Krankheiten, Entlassung, finanzielle Krise, Retraumatisierung handeln. Jene persönlichen Ereignisse, die uns alle irgendwann betreffen, sind normative Übergänge: Einschulung, Geburten, Heirat, Berufseinstieg, Todesfälle, Pensionierung. Sie können wir vorhersehen und uns darauf einstellen oder vorausschauend Kurse besuchen. Unvorhersehbare, also nicht normative Übergänge erwischen uns auf dem „linken Fuß", sie sind nicht vorhersehbar und lösen deshalb den weitaus größeren Stress aus, welcher sich aufgrund des erlebten Kontrollverlusts bis zur Krise auswirken kann. Beispiele hierfür sind: Unfälle, Todesfälle, Entlassungen, Scheidungen, finanzielle Krisen, plötzlich auftretende Krankheiten.

Heute sind aufgrund der nicht mehr eindeutig standardisierten Lebensläufe die beruflichen Übergänge nicht mehr so klar. Schuldbildung und Lehrberufe sind flexibel gestaltet und Karrierewechsel und Karriereunterbrechungen sind heute üblich. Auch im privaten Bereich wie bei Partnerwechsel und Patchworkfamilien sind wir als Gesellschaft flexibler und mit neuen Denkansätzen unterwegs. Die starren Strukturen weichen unterschiedlichen Lebenskonzepten. Das heißt, dass die normierten Übergänge individualisiert worden sind und jeder Einzelne selbst entscheiden kann, welches Konzept er leben möchte, wann er sich vom einst gelebten Konzept wieder verabschieden und es verändern will. Das bedeutet einerseits, dass das Individuum viel freier in der Lebensgestaltung ist, weil die sozialen Normen durchlässiger sind, birgt aber andererseits eine hohe Anforderung an Gestaltungs- und Selbststeuerungskompetenz. Die Eigenverantwortung, wann und wie es Zeit für einen Lebensübergang – für eine berufliche oder private Veränderung – ist, liegt zunehmend beim Individuum selbst.

In der heutigen durchlässigen und sich schnell verändernden Zeit haben wir mehr Übung darin, Übergänge zu bewältigen, als früher in den starren gesellschaftlichen Strukturen und normierten Abläufen. Frühe Übergangserfahrungen, welche nachhaltig positiv bewältigt worden sind, stärken die Selbstwirksamkeitsüberzeugungen und schaffen Boden für weitere solche Erfahrungen. Die Erfolgserwartung wird gestärkt. Negative Übergangserfahrungen hingegen können den Lebenslauf aus dem Takt bringen und der körperlichen und psychischen Gesundheit schaden. Die Misserfolgserwartung bei nachfolgenden Übergangsereignissen steht dominant im Vordergrund. Wir tun also gut daran, uns mit der Bewältigung von Lebensübergängen sorgfältig auseinanderzusetzen, weil sich diese Ereignisse von der Lebensmitte an bis ins hohe Alter häufen. „Denn Stress ergibt sich keinesfalls automatisch aus schwierigen Ereignissen, sondern ist immer eine Folge ihrer Bewertung bzw. der druckauslösenden Erfahrung fehlender Handlungsmöglichkeiten. Somit wird der Grad der Selbstwirksamkeit zum Dreh- und Angel-Punkt einer mehr oder weniger erfolgreichen bzw. desolaten Lebensbewältigung, zum Maßstab der persönlichen Zufriedenheit" (Wunsch, 2018, S. 18). Die vielzitierte „Gelassenheit" im Alter wird einem nicht geschenkt, sie ist harte Arbeit aufgrund von gemachten Erfahrungen, die reflektiert und bewusst bearbeitet worden sind. Versäumen wir es, Lebensübergänge und damit verbundene Krisen eingehend zu bearbeiten und gut hinzusehen, was mit uns in diesen Momenten passiert, werden die Ängste im Alter eher zunehmen. Verbitterung, Reue, Opferhaltung, Ohnmachtsgefühl, Depression oder andere Krankheiten könnten die Folge von unverarbeiteten schwerwiegenden Ereignissen sein. Von Altersgelassenheit fehlt dann jegliche Spur. Sind also Verdrängung, Schönreden, Ausweichen, Ablenkung und andere Fluchtstrategien vorherrschende Verhaltensstrategien in unangenehmen Situationen, kann dies im Alter zu Realitätsverzerrungen und bizarren Wahrnehmungsmechanismen bis hin zu neurodegenerativen Erscheinungsbildern führen. Damit wird ein Boden für die Vereinsamung geschaffen. Deshalb empfehle ich mit diesem Buch: Schärfen Sie Ihren Blick für sich selbst! Nehmen Sie Ereignisse, die mit Kontrollverlust und Angst und Gefühlschaos verbunden sind, wahr, rennen Sie nicht davor weg, sondern bleiben Sie im Gewahrsein und gehen Sie aktiv und im Mitgefühl mit sich selbst damit um. Trainieren Sie so, sich selbst zu stabilisieren. Eine gute Gelegenheit bieten gerade Zeiten der Verunsicherung, Veränderung, des Übergangs und Umbruchs. Sehen Sie diese mehr als Übungsfelder denn als Schicksalsschläge.

Dieses Buch beschäftigt sich mit unvorhergesehenen einschneidenden äußeren Ereignissen, äußeren Umbrüchen, die bei den Menschen große Verunsicherung und Instabilität auslösen können. Einschneidende und nicht planbare Lebensübergänge können auch als Krisen bezeichnet werden, sie stellen die größte Herausforderung für uns Menschen dar, um gesund und psychisch stabil zu bleiben.

1.1.1 Geplatzte Truthahn-Illusion und Definition der Krise

Nun haben wir es uns gerade so wunderbar stabil eingerichtet. Seit dem Zweiten Weltkrieg mussten wir uns in Europa kaum mehr mit größeren Unsicherheiten und Unberechenbarkeiten auseinandersetzen. Und dann kommt eine Pandemie. Die Gesellschaft, welche Wandel und größere Einschnitte und Veränderungen nicht mehr gewohnt ist, fällt in eine Krise. Wir waren einer „Truthahn-Illusion" verfallen. Gerd Gederenzer beschreibt in seinem Buch *Risiko* die Truthahn-Illusion sehr amüsant und plastisch. Der Bauer kommt und füttert die neugeborenen Truthähne. Zunächst sind sie scheu und fliehen. Mit der Zeit merken sie, dass der Bauer, wenn er zu ihnen kommt, Futter bringt. Mit jedem Tag, an dem dies so geschieht, verlieren die Truthähne ihre Angst ein bisschen mehr und wiegen sich in immer größerer Sicherheit, dass es der Bauer gut mit ihnen meint. Der Bauer, der da kommt, bringt Futter; die Gefahr, dass er mir böse will, nimmt mit jedem Tag ab. So schätzen die Truthähne das Risiko mit zunehmenden Wochen und Monaten immer geringer ein. Just an dem Tag, an dem sie das Risiko am geringsten einschätzen, dass beim Bauer eine Gesinnungsveränderung eintritt, ist Thanksgiving. Doch von Thanksgiving haben die Truthähne noch nie gehört.

Wir lebten also in der Truthahn-Illusion, dass die Welt ein sicherer und planbarer Ort sei. Bis zu dem Tag, als wir zur Kenntnis nehmen mussten, dass ein für uns unsichtbares Virus ganze Länder lahmlegen kann. Strenge Lockdowns sind die Folge, Plan-, Kontrollier- und Berechenbarkeit fallen auf einen Schlag weg. Eine Gesellschaftskrise kann auch auf individueller Ebene, beim einzelnen Individuum, eine Krise auslösen. Denn irgendwo betrifft diese Situation jeden von uns, nur vielleicht an unterschiedlichen Stellen. Wir sind in einer Übergangssituation, der Boden wurde uns unter den Füßen weggezogen und gewisse Steuerungs- und Kontrollmechanismen sind abhandengekommen. Dies ist die anforderungsreichste Übergangssituation, die wir als Krise bezeichnen.

Was bedeutet das altgriechische Wort *krisis?* Es bedeutet wörtlich Scheidung. Im Theater des antiken Griechenland bezeichnete der Begriff Entscheidung, Trennung und Wende. Es ist die Stelle in der antiken Tragödie, an der sich die Handlung zuspitzt und die Gefahr am größten ist. Die Krise steht für den zentralen Wendepunkt eines Geschehens. Die Handlung geht in eine andere Richtung. Ein Zustand wird in einen anderen übergeleitet, wir befinden uns in einem von außen wahrnehmbaren Umbruch oder Übergang. Das Vergangene ist nicht mehr, doch etwas Neues, Stabiles gibt es noch nicht. Die Krise ist das subjektive Erleben, das damit verbunden ist. Sie ist jedoch kein Dauerzustand, sondern ihr ist der Übergangscharakter eigen. Eigen ist ihr auch, dass betroffene Menschen von Kontrollverlust und Gefühlschaos sprechen. Und sie berichten davon, dass sie beim Eintreten alle ihnen zur Verfügung stehenden Abwehrmechanismen mobilisieren, um möglichst die Normalität aufrechtzuerhalten, und davon, dass sie eine Heidenangst bekommen, wenn sie merken, dass ihnen dies nicht gelingt. Die psychische Herausforderung in Zeiten eines inneren Krisenerlebens aufgrund eines Umbruchs ist hoch.

Der Soziologe Niklas Luhmann (1984, 1986, 2009) macht die Krise an der Anzahl von Möglichkeiten fest, die die Welt zur Verfügung stellt, damit ein System sich erhalten kann. Im Normalfall ist die Welt komplex, weil „sie mehr Möglichkeiten zulässt, als Wirklichkeit werden können" (Luhmann 1986, 2009, S. 5). Das heißt, der Mensch muss zwischen Möglichkeiten entscheiden. Er bildet damit seine eigene Verhaltensstruktur, mit der er sich identifiziert, und erlebt auf diese Weise seine subjektive Ichhaftigkeit und Realität, weil er sich von den anderen, die sich für andere Möglichkeiten entscheiden, unterscheidet und abgrenzt. Stellt die Welt nun aber weniger Möglichkeiten zur Verfügung als die, „auf die das System sich erhaltend reagieren kann", spricht Luhmann von einer Krise (S. 6).

Die Handlungskontrolle kommt also subjektiv abhanden. Keine der bisherigen Strategien, um die Kontrolle zu behalten oder wiederzuerlangen, reichen noch aus. Wer in eine Krise gerät, fühlt sich als Spielball des Schicksals. Die Berechenbarkeit von Ereignissen und die Möglichkeit, sie zu steuern, sind nicht mehr gegeben. Die Zusammenhänge zwischen dem, was sich ereignet, werden nicht mehr verstanden, was bei vielen Betroffenen dazu führt, dass die eigene Existenz und damit der Lebenssinn infrage gestellt wird.

Gerade in der Akutphase einer Krise ist die Angst das vorherrschende Gefühl.

Nehmen wir das Beispiel Pandemie oder „Coronakrise". Dieses Ereignis ist einschneidend, also ein Umbruch, und es hat die Menschheit global getroffen. Die reale Furcht vor Krankheit, körperlicher Bedrohung oder Vulnerabilität durch das Virus vermischt sich nicht selten mit psychologischen irrealen Ängsten vor Kontamination. Eine reale Bedrohung durch das Virus ist klar vorhanden. Schutzmaßnahmen wie Händewaschen, sozialer Abstand, Maskentragen sind angezeigt und entsprechen einem normalen vernünftigen Verhalten. Psychologische Ängste, die jedoch vorher schon bestanden, nämlich die Angst vor Kontamination, vor Keimen, das heißt auch vor nützlichen Bakterien und Viren, können durch die akute Bedrohung von Covid-19 noch verstärkt werden. Das hat die Auswirkung, dass Masken beim Autofahren allein, im Wald allein beim Spazieren oder Radfahren getragen werden, die Hände über Gebühr desinfiziert werden, bis Ekzeme und Schuppenflechten auftreten. Aus übertriebenem Schutzverhalten werden gesundheitsschädigende Maßnahmen getroffen oder Ängste vor anderen Menschen übertrieben geschürt, sodass sich Menschen bis zur vollständigen Vereinsamung isolieren. Ein bedrohliches Virus, über das man nicht viel Wissen hat und über das deshalb unterschiedliche und widersprüchlichen Informationen kursieren, macht deshalb Angst, weil wir es nicht sehen und weil wir noch keinen Umgang damit gefunden haben. Wir wissen nicht, wie krank es uns im Einzelfall macht. Ebenso wenig können wir es kontrollieren oder gänzlich eindämmen. Statistische Zahlen, dass die große Mehrheit der Betroffenen leichte oder keine Krankheitssymptome zeigt, nützen uns nichts, weil wir uns als Individuum auf die Statistik nicht verlassen können. Im Gegenteil, wir schauen uns Bilder und Aufnahmen an, die uns aufzeigen, wie krank wir werden könnten. Wir sind verunsichert, weil wir keine Kontrolle über den Krankheitsverlauf haben und uns letztlich auch nicht hundertprozentig davor schützen können. Die Kontrollmöglichkeit ist uns in dieser Hinsicht entzogen. Wir befinden uns auf unsicherem Terrain des Nichtwissens und des Unplanbaren. Früher konnten wir Ferienreisen, Feste, Zusammenkünfte aller Art auf Jahre hinaus planen. Jetzt ist uns schmerzlich bewusst, dass wir die Zukunft nicht so vorherbestimmen können, wie wir das für unser Sicherheitsgefühl bräuchten. Dieser Virus bedeutet für uns einen Umbruch, eine Umwälzung der Gesellschaft, was beim Einzelnen eine Krise auslösen kann.

Da tragen rationale Argumente wie „Das Leben hat schon immer aus Unsicherheit bestanden, die Zukunft war noch nie wirklich planbar, Krankheit und Gesundheit gehören wie Leben und Tod zusammen und sind Teil unserer Existenz" nicht viel zur Beruhigung bei. Natürlich können wir nur im „Hier und Jetzt" denken, das war schon vor der Pandemie so. Doch lebten nun mal die meisten von uns in der Truthahn-Illusion einer recht sicheren Planbarkeit des Lebens. Jahre nach dem Zweiten Weltkrieg konnten wir uns den Luxus erlauben, unser Leben in die Zukunft zu verschieben: „Jetzt muss ich noch Karriere machen, Leistung zeigen, Erfolge ausweisen und später dann lerne ich Klavierspielen, mache ich eine Weltreise oder beginne mit einer bestimmten Sportart." Diese Illusion der zukünftigen Lebensform ist uns genommen worden. Wir werden auf den Boden der Realität im „Jetzt" zurückgeworfen. Erkrankungen und Tod sind offene Diskussionsthemen geworden, wir können diese Themen nicht mehr beiseiteschieben. Diese Pandemie hat unserer Gesellschaft eine Illusion genommen und uns radikal die Realität vor Augen geführt. Eine geplatzte Illusionsblase schmerzt und verunsichert. Verunsicherung und Angst sind Begleiter einer jeden Krise. In den folgenden Abschnitten wird der Ablauf einer Krise beleuchtet. So können wir verstehen, was mit uns in unsicheren Zeiten, wenn wir diese subjektiv als Krise erleben, passiert. Später werden Fragen beantwortet, wie wir nützlich damit umgehen können und was uns helfen könnte, innerlich stabil und gesund zu bleiben, oder wie wir die Krise sogar als Chance nutzen können.

1.1.2 Ablauf einer Krise: Fünf Phasen

Phasenmodell nach Kast und Cullberg
Jede Krise läuft auf ihre eigene Art ab, keine ist wie die andere. Und doch hat die psychologische Forschung im Krisenverlauf Phasen oder Zustände ausgemacht, die sich in jeder Krise identifizieren lassen. Ich lehnen mich an die Phasenmodelle von Verena Kast (2013, 2014, 2015) und Johan Cullberg (1978) an. Zur Vertiefung dieser Lektüre verweise ich auf den diesem Buch vorausgehenden Ratgeber „Krisen erfolgreich bewältigen" (Enzler Denzler & Schuler, 2018).

- Die **Akutphase** zeichnet sich aus durch das Eintreten eines schwerwiegenden Ereignisses, das sich der Kontrolle der Betroffenen entzieht. Der Lebenssinn, der Selbstwert und damit die Existenz insgesamt sind infrage gestellt. Als Folge davon erleben Betroffene ein Gefühlschaos aus Angst, Panik und Verzweiflung. Sie reagieren mit Widerstand, Verleugnung, allenfalls mit dem Abbrechen sozialer Kontakte.
- In der Phase der **inneren Krisenarbeit** bemerken die Betroffenen, dass die Welt nie mehr sein wird wie zuvor. Das Alte gibt es nicht mehr und das Neue noch nicht. Die Betroffenen befinden sich somit in einem

Zustand der Leere. Es ist ein Schwebezustand, den es auszuhalten gilt – einerseits, indem sie sich für die innere Verarbeitung in sich selbst zurückziehen, andererseits aber auch, indem sie vom Umfeld oder von professioneller Seite, einem Psychologen oder Coach, getragen und gestützt werden.

- In der Phase der *Akzeptanz und Einsicht* wird die neue Situation akzeptiert. Die Betroffenen erahnen das Licht am Ende des Tunnels. Neue Erkenntnisse aus dem Krisengeschehen werden allmählich mit alten Einsichten abgeglichen und mit der neu entstehenden Identität in Einklang gebracht.
- In der Phase der *Kreativität und Evaluation* werden die neu gewonnenen Erkenntnisse überprüft, um- und neu formuliert, bis sie so prägnant ausgedrückt werden können, dass sie als Wegweiser für das weitere Handeln taugen. Es wird geprüft, ob diese neu gewonnene Erkenntnis und das neue Wertesystem zum neuen Selbstbild passen.
- Die Phase der *Integration und Anwendung* ist durch das Austesten der neuen Strategien gekennzeichnet. Die Betroffenen machen ihre erneuerte oder ergänzte Identität nach außen hin sichtbar.

Die geschilderten Phasen folgen allerdings nicht fahrplanmäßig eine auf die andere. Sie können sich überlagern und zum Teil auch wiederholen. Grundsätzlich können Phasen auch parallel ablaufen. Ängste, die in der Akutphase aufgekommen sind und überwunden geglaubt waren, können unvermutet wieder zu schlaflosen Nächten führen, umgekehrt ist es möglich, dass schon in der Akutphase ein Licht am Ende des Tunnels aufleuchtet – was sich dann auch wieder als trügerisch erweisen kann.

Phasen im Krisenverlauf zu erkennen, sie zu unterscheiden und sich darüber bewusst zu werden, welche Phase man gerade durchläuft oder durchleidet, ist in der Regel nützlich und erlaubt es, eine innere Distanz zum Krisenthema zu gewinnen, weil Gefühle und Verhaltensweisen eingeordnet werden können. Das bedeutet im günstigen Fall, dass man die Krise in ihrer Auswirkung realitätsnah einzuschätzen lernt. Und das wiederum kann der erste Schritt zu ihrer erfolgreichen Bewältigung sein.

1.1.3 Exkurs: Konkrete Anwendung des Phasenmodells auf die Coronakrise

Ich versuche nun den Ablauf des Phasenmodells anhand der Coronakrise aufzuzeigen.

Die Akutphase war am 16. März 2020, als folgende Medienmitteilung des Bundesrates erschien:

„Bern, 16.03.2020 – Der Bundesrat hat heute, 16. März 2020, in einer außerordentlichen Sitzung die Maßnahmen zum Schutz der Bevölkerung weiter verschärft. Er stuft die Situation in der Schweiz neu als «außerordentliche Lage» gemäß Epidemiegesetz ein. Alle Läden, Restaurants, Bars sowie Unterhaltungs- und Freizeitbetriebe werden bis am 19. April 2020 geschlossen. Ausgenommen sind unter anderem Lebensmittelläden und die Gesundheitseinrichtungen. Er führt zudem ab Mitternacht Kontrollen auch an den Grenzen zu Deutschland, Österreich und Frankreich ein. Zur Unterstützung der Kantone in den Spitälern, bei der Logistik und im Sicherheitsbereich hat der Bundesrat den Einsatz von bis zu 8000 Armeeangehörigen bewilligt."

Aus anderen Ländern mit ähnlichen Maßnahmen der Regierung wissen wir, dass die Menschen regelrecht in Landesteile geflüchtet sind, in denen die Maßnahmen entweder nicht oder nicht so restriktiv gegolten haben. In der Schweiz war dies nicht nötig, weil in allen umliegenden Ländern einschneidendere Regeln gegolten haben und der Bundesrat für die ganze Schweiz entschieden hat. Eine Flucht in andere Kantone hätte sich als sinnlos erwiesen. In Italien, insbesondere in der Region Mailand/Bergamo, sind Menschen zu Verwandten in den Süden geflüchtet und haben dort das Virus verbreitet. Dies als Zeichen des Widerstandes und Verleugnung: „Das kann und darf doch nicht wahr sein! Diese Situation ist doch ähnlich zur Vogel- und Schweinegrippe und damals ist auch nichts passiert!" In der Schweiz haben die Menschen gestaunt ob so viel Durchsetzungskraft des Bundesrates und der raschen Aussetzung der Demokratie. Hier war eine Schockstarre spürbar. Eine lähmende Ruhe hat sich ausgebreitet, die Städte – was auch gewollt und sinnvoll war – sind verweist. Die Menschen zu Hause mit der Organisation des neuen Alltags beschäftigt. Wir wollten möglichst Normalität erhalten. Zahllose Mails über „fit at home" grassierten über YouTube-Videos mit Fitnessübungen, die zu Hause statt im Fitnessstudio gemacht werden konnten. Sofort waren Webseminarangebote initiiert und Menschenmassen strömten in den Wald mit ihren neu gekauften E-Bikes oder versammelten sich in Großgruppen um die Picknickplätze. Wir machen Sport einfach anders, wir arbeiten weiter, einfach anders, wir erhalten möglichst unsere Normalität, einfach anders. Die Stimmung war zunächst teilweise sogar euphorisch, weil etwas Neues geschehen ist und wir das Ende absehbar wähnten. Dann wurden wir in die Verlängerung gerufen. Der Lockdown wurde bis zum 26. April verlängert. Der Bundesrat sprach von einem Marathon, den wir absolvieren sollten. Dann kam die teilweise Lockerung im Frühling und Sommer, dann die erneute Welle im Herbst und spätestens jetzt war klar, wir müssen noch länger mit Einschränkungen und der Unsicherheit, die das Virus mit sich bringt, leben. Im Winter Februar/März 2021 war eine Phase der Leere ansatzweise spürbar. Uns wurde schmerzlich bewusst, dass sich die Welt verändert. Die Maskenpflicht wird ständig verschärft, Homeoffice ist Standard geworden und es könnte sein, dass solche Maßnahmen noch lange beibehalten werden. Wir begegnen uns vorsichtig und mit Abstand, treffen die Leute in kleinen Gruppen oder lieber gar nicht. Die Unsicherheit, wie wir uns noch begegnen können, nimmt zu. Wir warten auf ein Heil bringendes Medikament oder eine Impfung oder bis die meisten von uns endlich geimpft sind. Rückzug, Lähmung, Unsicherheit, aber auch Widerstand und Aufbruchstimmung wechseln sich ab.

Was wir bis heute – Ende 2020/erste Hälfte 2021 – wohl noch nicht gelernt haben, ist, mit Unsicherheit und Unplanbarkeit zu leben. Wir versprechen uns mit der Impfung – also mit einer äußeren Beendigung der Situation – das Ende der Krise und hoffen, dass wir zurück zur Normalität gehen können. Ich meine, dass wir zum Teil noch in der Akutphase und da und dort ansatzweise in der inneren Krisenarbeit stecken. Tod, Krankheit, Unsicherheit und Unplanbarkeit des Lebens wird aus meiner Sicht noch etwas wenig diskutiert. Der Fokus liegt klar auf dem Kampf gegen das Virus und dessen Beseitigung.

Hin und wieder liest man von Einsichten, dass das Leben, wie es bis Ende 2019 war, nicht gleich weitergehen könne. Zoom-Meetings und digitale Vorstellungsgespräche zum Beispiel bringen bereits ein erstes Umdenken hervor. Vor- und Nachteile werden abgewogen. Reisezeiten verkürzen sich, die Spitzenzeiten im Straßenverkehr weichen einem Trapez, sind also geglättet, und der Mobilitätsradius ist viel kleiner geworden. Menschen arbeiten gemäß ihrem Biorhythmus, schlafen mehr, und der gesamte Lärmpegel hat abgenommen, sodass das Vogelgezwitscher deutlich hörbarer wird. Auf der anderen Seite behindern beengte Räume zu Hause, womöglich mit herumtollenden Kindern, die Konzentration. Die Vermischung von Arbeit und Freizeit ist für viele eine Schwierigkeit und zum Stress geworden. Führungskräfte klagen, sie wüssten nicht, was ihre Mitarbeitenden zu Hause arbeiteten, und sie hätten zu wenig Kontrolle über sie. Andere vermissten die Sozialkontakte bei Kaffee und Mittagessen in der Kantine. Vor allem klagen darüber alleinstehende Personen. In den Firmen werden bereits neue Ansätze diskutiert, wie mit Homeoffice künftig umgegangen werden soll, wie die diesbezüglichen Vorteile genutzt und Stressfaktoren abgebaut werden könnten. Ferienreisende entdecken die Schweiz und merken, dass die weiten Reisen anstrengend gewesen sind und es auch hier viel Neues zu entdecken gibt. Die Kreativität von neuen Ferienmodellen ist bereits spürbar. Auch neue Wohnformen werden aufgrund des Lockdowns diskutiert. Clusterwohnen erhält mehr Zuspruch. Das Wohnen im kleinen Verbund mit gegenseitiger Unterstützung und mit guter Durchmischung von Alter, Beruf, Geschlecht und Interessen steht vermehrt im Fokus. Hotels wurden für solche Wohn- und Arbeitsgemeinschaften umgenutzt. Weiter musste ein Wertewandel vollzogen werden. Freiheit – Versammlungsfreiheit, Meinungsäußerungsfreiheit – ist in der Schweiz ein sehr wichtiger Wert. Während der Pandemie wurde sie zugunsten der Sicherheit und Gesundheit zurückgestellt. Die Bevölkerung hat das bereitwillig mitgetragen. Weite Kreise der Bevölkerung nahmen die massive Einschränkung der Freiheit (Bewegungsfreiheit, Versammlungsfreiheit), die Mobilisierung der Armee, die Schließung von Schulen, Restaurants, Läden und die Verbote von Events und Restriktionen bei Treffen in privaten Kreisen weitgehend diskussionslos zur Kenntnis. Diese Werteanpassung ist in Zeiten großer Angst um die Gesundheit möglich, weil der Bundesrat den Notstand ausgerufen hat. Das soziale und wirtschaftliche Leben tritt in den Hintergrund und lässt dem biologischen und körperlichen Leben den klaren Vorrang. An Kollateralschäden kann dabei in der Akutphase nicht gedacht werden. Es gilt zuerst den Brand zu löschen und dann zu sehen, was danach die Probleme sind, die dann angegangen werden müssen. Was dieses Beispiel zeigt, ist, dass diese massive Werteverschiebung, die nicht ohne Folgen für die Zukunft sein wird, rasch vonstattengegangen ist und teilweise weit über ein Jahr schon anhält. Ein „Zurück zur Normalität" wie vor der Krise ist schon allein aus diesem Grund gar nicht möglich, weil wir anschließend mit den Kollateralschäden umgehen müssen. Der Wunsch, den Stressor – in casu das Virus – aus der Welt zu schaffen und danach weiterzumachen wie bisher, ist eine gängige Denkweise und typisch für die Akutphase einer Krise. Die Gesellschaft lernt nur aufgrund eines Traumas, sagt der Publizist und Historiker Philipp Blom in einer Sendung im Schweizer Fernsehen. Darum ist es noch verfrüht zu sagen, welche neuen Verhaltensmuster und Erkenntnisse sich nach dieser einschneidenden Krisenerfahrung etablieren werden. Wird die Solidarität unter uns Bürgern größer? Wird die immer häufiger zu beobachtende Spaltung der Gesellschaft in unterschiedlichen Themen wie Klimawandel, Pandemiebekämpfung, Umgang mit Krankheit und Sterben, Kapitalismus, Umweltschutz, Menschenrechte, Reichtum und Armut größer oder wachsen wir eher zusammen? Werden sich neue Verhaltensmuster bezüglich beruflicher Reisezeitverkürzung durch Nutzung der neuen Technologie oder das private Reiseverhalten nachhaltig verändern? Neue Wohn- und alternative Freizeitbeschäftigungsformen etablieren? Auch ist es wohl noch zu früh, um feststellen zu können, ob wir uns vermehrt mit psychologischen oder philosophischen Themen wie „Umgang mit Krankheit und Tod", „Spiritualität", „Transzendenz", „Kontemplation" und „Minimalismus" beschäftigen wollen. Wäre dem so, würden durch diese Krise neue Identitäten gebildet, indem zum Beispiel Nationalstolz oder Solidarität unter den Bürgern wachsen und sich neue Formen des Zusammenlebens entwickelt haben, und wir hätten ein höheres Bewusstsein dafür, dass das Leben kein „Rummelplatz" ist, sondern aus der Stille inneres Wachstum erfolgt. Wir würden vielleicht gelernt haben, dass wir nicht getrennt von der Natur sind, sondern ein Teil davon. Dass wir nicht in die Welt geworfen worden sind, sondern aus ihr hervorgegangen und mit ihr verbunden sind. Sicher ist nur, dass wir heute die Möglichkeit haben, uns grundlegend zu verändern und ein gänzlich neues Menschenbild zu entwickeln. Wir könnten ansatzweise das dualistische Menschenbild, das von Descartes („Ich denke also bin ich") und der Newtonschen Mechanik *(Philosophiae Naturalis Principia Mathematica)* seit dem 17. Jahrhundert bis heute geprägt wird, hinter uns lassen. Das mechanistische Menschenbild, das davon ausgeht, dass das Universum berechenbaren Gesetzmäßigkeiten folgt. Eines, in dem Geist und Materie getrennt sind. Für die Materie ist die Naturwissenschaft zuständig und für den Geist die Religion. Eckhart Tolle bezeichnet diese Haltung als einen Irrtum. Er geht davon aus, dass der Verstand ein Instrument darstellt, welches wir bei Bedarf einschalten und nach dem jeweiligen Gebrauch wieder ausschalten können. Ich gebe ihm recht: Natürlich gibt es uns noch, auch wenn wir nicht denken! Ich gehe später im Buch eingehender auf diese Thematik ein. An dieser Stelle nur so viel: Wir könnten am Ende der Krise gelernt haben, dass wir alle vernetzt sind und unsere Entscheidungen direkte und sichtbare Konsequenzen haben. Wir sind weder getrennt voneinander noch von der Natur, weil wir Natur sind. Auch könnte es sein, dass wir vermehrt erkennen, was es bedeutet, dass wir im Informationszeitalter angekommen sind. Dass wir nämlich viel weniger die Materie selbst beachten sollten, die nicht mal ein Prozent ausmacht, sondern vielmehr ihren größeren Bestandteil, nämlich das Vakuum, die Energie beziehungsweise die Information. Das betrifft uns selbst auch. Außerdem ist der Mensch ein Ökosystem und kein Einzelwesen. Wir bestehen aus unzähligen Mikroorganismen, wie Viren, Bakterien und Pilzen. Zudem erneuern sich alle unsere Zellen alle sieben Jahre vollständig. Das heißt, wir sind ständig im Wandel. All dies wird uns durch die

Pandemie mehr und mehr bewusst. Welches Menschenbild werden wir neu entwickeln, wenn wir erkennen, dass wir eher aus Geist beziehungsweise Energie denn aus Materie bestehen, wenn wir mit unzähligen Mikroorganismen ein Ökosystem bilden und uns ständig erneuern? Können wir uns dann noch als Krönung der Schöpfung ansehen? Wer ist dann dieses „Ich", das meint, etwas Spezifisches zu sein? All dies sind grundlegende Fragen, die uns diese Pandemie aufzeigt und zu einem gänzlich neuen Menschenbild führen könnten. Auf das spezifische „Ich", das wir meinen zu sein, gehe ich später in diesem Buch ein.

Zunächst beschreibe ich nachfolgend die Herausforderungen, mit denen wir es alle in Zeiten des Übergangs und Krisen zu tun haben.

1.2 Allgemeine individuelle Schwierigkeiten und Folgen in Zeiten von Übergängen und Krisen

In Zeiten von Übergängen – und sind diese unvorbereitet und einschneidend, dann nennen wir diese spezielle Form Krise – haben wir es zunächst mit Kontrollverlust, einem Gefühl der Ohnmacht zu tun. Unsere Rollen-/Selbstbilder, Werte und unser Weltbild werden infrage gestellt, was mit einer emotionalen Achterbahn einhergeht. Nachfolgend gehe ich auf die einzelnen Faktoren ein.

1.2.1 Kontrollverlust

Für unsere innere Stabilität brauchen wir gemäß Antonovskys Konzept von „sence of coherence" (Kohärenzkonzept, 1997) ein starkes Gefühl von Verstehbarkeit, Handhabbarkeit und Sinnhaftigkeit. Wir möchten verstehen, was um uns herum passiert. Wir wollen Ereignisse einordnen und erklären können. Anforderungen sind dann günstig für uns, wenn wir sie als lösbar ansehen, sie uns weder über- noch unterfordern. Weiter beinhaltet dieses Konzept, dass wir unsere täglichen Tätigkeiten weitgehend als sinnvoll und bedeutsam ansehen und unsere Anstrengung als lohnend einschätzen. Dieses Konzept „sence of coherence" kommt in unsicheren Zeiten des Übergangs unter Druck. Uns wird das Heft aus der Hand genommen und wir sind nicht mehr im „drivers seat". Was um uns herum passiert, ist für uns nicht mehr versteh- noch handhabbar. Die Herausforderungen, die an uns gestellt werden, überfordern uns, weil wir noch keine Strategie entwickelt haben, um damit umzugehen. Der Austritt aus der Komfortzone führt nicht langsam Schritt für Schritt in die Lernzone. Wir fühlen uns meist geradewegs in die Panikzone geworfen. Die Ereignisse überstürzen sich. Lernen in einem Zustand der Panik ist fast nicht möglich. Daher reagiert der Mensch im Normalfall mit Abwehr und Widerstand. Die Angst ist in diesen Akutsituationen das vorherrschende Gefühl. Der Stoiker Epiktet (1926) beschreibt Ängstlichkeit in abgeschwächter Form ganz plastisch. Ist die Angst auch weniger intensiv als akute Panik, so weist sie generell auf einen erlebten Kontrollverlust hin: „Sehe ich einen Menschen ängstlich sein, so sage ich: Was hätte der wohl gern? Gewiss etwas, das nicht in seiner Gewalt steht; sonst dürfte ihm nicht angst sein. Einem Kitharaspieler ist nicht angst, wenn er für sich allein vorträgt, wohl aber, wenn er auf seiner Schaubühne auftritt, egal, wie schön seine Stimme ist und wie fein er die Kithara spielt. Denn er will nicht nur gut vortragen, sondern auch Beifall erhalten. Letzteres aber steht nicht in seiner Gewalt" (S. 120). Es geht in dieser kurzen alltäglichen Episode ebenfalls um Kontrollverlust. Wenn eine Produktion vor Publikum Ängste hervorruft, die nach dem Vortrag wieder abklingen, sofern das Publikum mindestens einigermaßen gnädig applaudierte, um wie viel schwieriger und angsteinflößender muss also eine Situation sein, bei der über einen langen Zeitraum der Boden unter den Füßen fehlt. Dies wäre dann der Fall, wenn das Publikum den Kitharaspieler von der Bühne buht und er von da an „persona non grata" ist und keine Engagements mehr erhält. Ihm wäre dann die Existenzgrundlage entzogen. Die auftretende Existenzangst wäre – anders als in unserem Sozialstaat, im antiken Griechenland – real.

Kontrollverlust in der Coronakrise

Das Virus haben wir nicht unter Kontrolle und wir können erkranken und im schlimmsten Fall gesundheitliche Schäden davontragen oder sogar sterben. Wir könnten aber auch durch die staatlichen Maßnahmen zur Eindämmung der Pandemie in finanziell existenzielle Nöte kommen oder durch die sozial einschränkenden Maßnahmen psychische Erkrankungen wie Depression, Burnout und Angststörungen davontragen. Wir haben nur wenig Einfluss darauf, was geschehen wird und welche Folgen uns treffen werden.

Was tun, wenn der Boden wankt? Mögliche Fragen und Sichtweisen während der Coronakrise

Wir atmen ein und atmen aus. Und wir stellen fest: Wir sind immer noch da. Und wer noch da ist, kann meistens irgendwann wieder etwas tun. Was wäre ein erster Schritt, eine kleine, vielleicht unbedeutende Handlung, die ich jetzt in diesem Moment verrichten könnte? Was wäre etwas Neues, etwas Unbedeutendes, aber Neues, was ich jetzt in diesem Moment tun könnte, was mir Freude bereitet? Ich bin vielleicht allein, doch bin ich wirklich einsam? Könnte ich vielleicht in den Wald spazieren gehen und die Blumen, die Bäume, die Steine und Vögel beachten? Was sehe ich? Was tun sie, wovon leben sie, was ist ihre Bestimmung? Wäre es möglich zu erkennen, dass wir alle Lebewesen sind und Bewusstsein haben? Ist es möglich, dass das Leben dazu bestimmt ist, einfach zu sein? Eine Blume hat keinen anderen Zweck als zu blühen, der Baum wächst und macht vielleicht Blätter, die er im Herbst wieder abwirft, und die Steine am Weg sind dazu da, damit wir darüber gehen können. Wie kommt es, dass wir meinen, etwas anderes als ein lebendiger Organismus sein zu müssen? Ist es möglich, dass alles mit allem verbunden ist? Hören wir in uns hinein, folgen unserem Atem, ist diese Verbundenheit spürbar? Was könnten wir aus dieser Situation lernen? Welche Erkenntnisse werden wir wohl dazugewonnen haben, wenn wir in einem oder zwei Jahren auf diese Situation zurückblicken? Welche Erkenntnisse gewinnen wir als Gesellschaft möglicherweise aus dieser einschneidenden Situation? Wie können wir unser lebendiges Interesse an den sich jetzt bietenden Themen aufrechterhalten und vertiefen? In welche neuen Themenfelder könnten wir uns vertiefen und uns neue Kompetenzen aneignen? Können wir als Gemeinschaft in einer kleineren sozialen Zelle gemeinsam lernen?

1.2.2 Veränderung des bisherigen Rollen- und Selbstbildes

Etwas nicht mehr unter Kontrolle zu haben, was früher unter Kontrolle war, verändert auch das Selbstbild. Wir fühlen uns schwach, schutz- und nutzlos. Der Eintritt in eine solche Phase kann – wie wir gesehen haben – durch unterschiedliche Ereignisse hervorgerufen werden. Sei es durch Krankheit, Burnout, Entlassung, Tod im engsten Familien- oder Freundeskreis, Scheidung oder ein anderes schwerwiegendes Ereignis. In diesem Moment sind wir mit unseren Grenzen konfrontiert. Unsere Existenz, wie sie früher war, wie wir uns selbst definiert und gelebt haben, sehen wir als bedroht an. Wir fühlen uns schwach und sind kaum mehr fähig, an andere Dinge als dieses Ereignis zu denken oder über etwas anderes zu sprechen. Haben wir uns früher als erfolgreicher Arbeitnehmer und Berufsperson gesehen, gerät dieses Selbstbild bei einem Burnout oder bei einer Entlassung ins Wanken. Wer sich in der Rolle als Ehemann, Ehefrau, Tochter oder Sohn klar definiert hat, der wird beim Versterben eines Angehörigen oder bei einer Scheidung sich fragen, welches nun seine neue Rolle oder Identität sein wird. Liebgewonnene Verhaltensmuster brechen weg, die Normalität weicht einem Chaos von Fragen und Anforderungen, die so rasch nicht bewältigt oder eingeordnet werden können. Zunächst steht das Wegbrechen einer Identität, einer Rolle oder des Selbstbildes im Vordergrund.

> **Während der Coronakrise sind vielleicht folgende Rollen ins Wanken geraten**
>
> Berufsmänner und Berufsfrauen, die nicht arbeiten durften und möglicherweise untätig daheimbleiben mussten. Angehörige, deren Lebensinhalt es gewesen ist, Enkel zu betreuen, oder umgekehrt Töchter und Söhne, die ihre Eltern pflegten und dies nicht mehr durften. Reisende, die nicht mehr reisen konnten. Künstler und Musiker, die nicht mehr vor Publikum auftreten konnten.

1.2.3 Veränderung von Werten und Weltbildern

Als Werte bezeichne ich hier die Grundwerte, die ein Mensch tief verinnerlicht hat und die er durch sein Denken, Handeln und Sprechen zum Ausdruck bringt. Im Innern sind sie als Motiv für die Handlung zum Teil bewusst oder auch unbewusst vorhanden. Die eigenen Werte betrachten wir meist als erstrebenswert, gut, und sie beinhalten oft eine moralische Komponente. Wir fühlen uns in sozialen Systemen, die unsere Werte teilen, wohl und verstanden. Wir sprechen dieselbe Sprache und gehen von denselben Motivationsfaktoren für unser Verhalten aus. Das gibt uns Sicherheit, dass alle ungefähr dasselbe wollen, aus denselben Absichten handeln und in ungefähr denselben Kategorien und Mustern denken. Wir vertrauen einander. In Zeiten des Übergangs können unsere Werte jedoch durcheinandergeraten. Gehen wir davon aus, dass eine Ehe ein Leben lang halten muss, weil wir uns das so versprochen haben, dann wird der Wert „Zugehörigkeit und Verantwortung" bei einer Scheidung arg verletzt. Meinen wir, dass sich Fleiß und Arbeitseinsatz immer auszahlen, dann gerät der Wert „Leistung" bei einer Entlassung aus den Fugen. Glauben wir, dass wir das Recht immer auf unserer Seite haben, weil wir uns stets regelkonform verhalten haben, dann gerät der Wert „Recht haben" dann unter Druck, wenn wir einen Prozess verlieren.

In allen Fällen müssen wir schmerzlich erkennen, dass unsere Werte und Weltbilder vielleicht von anderen Menschen nicht oder nicht mehr geteilt werden oder dass sie durch äußere Ereignisse aus den Fugen geraten und wir gehalten sind, unsere Grundwerte neu zu überdenken.

Beispiele von Werten, die in der Coronakrise unter Druck kamen

Leistungserbringung aufgrund des Berufsverbots. Soziale Zugehörigkeit wegen Kontakteinschränkung und Versammlungsverbot. Positionierung als Chef wegen Homeofficepflicht. Soziale Anerkennung wegen Arbeitsverbot, Homeoffice, Einschränkung sozialer Kontakte, Verbote von Auftritten und der Durchführung von Festen. Meinungsäußerungsfreiheit durch Versammlungsverbot. Bewegungsfreiheit durch Reiseeinschränkungen. Planbarkeit und Sicherheit aufgrund wechselnder Regelungen.

1.2.4 Emotionale Achterbahn

Angst ist das Gefühl, dass bei einem Akutereignis, welches unser Leben durcheinanderwirbelt, als Erstes aufkommt. Sie ist manchmal so stark, dass sie in die intensive Form, in die Panik übergeht. Anfänglich findet deshalb kaum Lernen statt. In dieser Phase ist es sinnvoll, möglichst einen Fuß vor den anderen zu setzen. Keine Entscheidungen von größerer Tragweite zu treffen. Denn mit den Emotionen geht es drunter und drüber. Angst als vorherrschendes Gefühl wechselt sich ab mit Wut, Trauer und vielleicht auch Euphorie. Es ist nicht möglich, in dieser Phase die Zukunft zu planen; zu verschleiert ist der Blick, zu unstet die Meinung. Es ist möglich, dass Überzeugungen sich binnen Minuten ins Gegenteil verkehren. Ich empfehle also, nur alltägliche Entscheidungen zu treffen, den Tag ganz einfach zu strukturieren mit kleineren Einkäufen, Haushalt erledigen, kochen oder mit administrativen Routinearbeiten. Es ist Ruhe angesagt. Aushalten. Sich gut beobachten und die Gefühle wahrnehmen. Körpertherapien, Meditation, Waldspaziergänge, Heilkräuter können helfen, den Körper und den Geist etwas zu entspannen. Ein Coaching kann in dieser Zeit helfen, diesen Zustand besser auszuhalten und zu lernen, dass es anderen Betroffenen ähnlich geht.

Nachfolgend gehe ich auf ein spezifisches Gefühl vertieft ein, das der Hauptbegleiter in Zeiten des Übergangs ist, und schildere auch dessen Auswirkungen im und auf den Körper.

1.3 Emotionen und Körperreaktionen in Zeiten von Übergängen und Krisen

Emotionen sind bewegte Energie. Verschiedentlich wird der Begriff des Gefühls anders verwendet. Die Gefühle Wut, Trauer, Angst, Freude und Ekel sind angeboren und überlebenswichtig, während Emotionen zusammengesetzte Gefühle sind und meist in einem späteren Alter durch Sozialisierung antrainiert werden. Sie sind für das Überleben jedoch nicht von Bedeutung. Ich mache diese begriffliche Unterscheidung in diesem Buch nicht. Denn die Körperreaktion und die Verschaltungen im Gehirn unterscheiden sich nicht, ob es sich um ein angeborenes Gefühl oder um eine Emotion handelt, auf die unser System reagiert. Ich wähle die Begriffe, wie sie für mich sprachlich besser passen und den Lesefluss nicht stören. In diesem Kapitel wird der Wechselwirkung von Gefühlen und Körperreaktionen besonders Beachtung geschenkt.

1.3.1 Grundbegriff der Angst

Ängste sind unvermeidlich und gehören zu unserem Leben. Wir sind uns der Angst nicht immer bewusst, doch ist sie ein steter Begleiter und eine Grundbedingung für unsere Lebensfähigkeit. Die Angst ist wie Wut, Trauer, Ekel, Freude ein angeborenes Gefühl. Sie ist also wichtig für unser Überleben. In der Kindheit hält sie uns davon ab, heiße Herdplatten anzufassen, und später lässt sie uns beim Autofahren entsprechend vorsichtig sein, um uns und andere nicht zu gefährden. Die Angst macht uns auf Gefahren aufmerksam, damit wir uns rechtzeitig in Sicherheit bringen können, oder sie lässt uns regelmäßig mit Seife die Hände waschen, um uns vor einem krank machenden Virus zu schützen. Streng genommen nennen wir dieses Gefühl einer realen Bedrohung Furcht. Sie ist die Reaktion der Psyche auf eine gegenwärtige oder vorausgeahnte Gefahr. Diese Gefahr ist rational begründbar und konkret und kann auch als „Realangst" bezeichnet werden. Es ist die Furcht vor dem Angriff eines Tigers, der jederzeit in der Wildnis auftauchen kann, die uns heute noch aus archaischen Zeiten unbewusst begleitet. Angst hingegen ist ein ungerichteter Gefühlszustand, der sich meist nicht real begründen lässt. Die Angst ist diffus und beinhaltet keine reale Bedrohung und ist deshalb psychologisch von Interesse. In diesem Buch verwende ich das Wort Angst und verzichte auf den Begriff, der uns weniger geläufigen „Furcht". Ob Angst oder Furcht empfunden wird, der biochemische Prozess ist derselbe. Unser Gehirn interpretiert eine Situation als lebensbedrohlich, ob sie es nun tatsächlich ist oder auch nicht. Der biochemische Prozess läuft sogar dann ab, wenn wir uns eine Angst auslösende Situation nur vorstellen, indem wir zum Beispiel an ein vergangenes oder zukünftiges Ereignis denken. Im Akutfall eines ganz plötzlich eintretenden Ereignisses schüttet der Körper automatisch – also reflexartig und ohne Beteiligung und Beurteilung der Großhirnrinde – über das sympathische Nervensystem Adrenalin und Noradrenalin in der Nebennierenrinde aus. Auf diese Weise wird unser Körper in Bruchteilen von Sekunden auf Kampf oder Flucht vorbereitet („preparedness"). Die überlebenswichtigen Funktionen werden sofort unterdrückt und die gesammelte Energie wird für die Kampf- oder Fluchtbereitschaft zur Verfügung gestellt. Das verwundete Tier oder der Mensch bekämpfen die Gefahr oder bringen sich sofort in Sicherheit und fliehen. Es handelt sich um die angeborene „flight-or-fight-response" aller Lebewesen in einer akuten Bedrohungslage. Bereits nach rund 20 min baut sich das Adrenalin ab und das langfristige Stresshormon Kortisol wird auf Befehl des Hypothalamus im Gehirn – aufgrund einer Bewertung der Situation – ebenfalls über die Nebennierenrinde ausgeschüttet. Kortisol steht uns als langfristige Stressbekämpfung zur Verfügung. Sowohl bei der kurzfristigen wie auch bei der langfristigen Stressreaktion erhöhen sich unser Herzschlag, Blutdruck, Temperatur, die Pupillen weiten sich, damit wir besser sehen, die Atmung geht rascher und wir sind hellwach. Im Blut wird Glukose freigesetzt, damit wir mehr Energie zur Verfügung haben. Die Aufmerksamkeit ist hoch und konzentriert auf die Gefahr, die Skelettmuskeln sind stärker durchblutet, die Bronchien weiten und der Stoffwechsel beschleunigt sich. Blutzucker und Cholesterin steigen an. Reduziert werden die übrigen lebenswichtigen Funktionen wie Hunger, Speichelfluss, sexuelle Appetenz, Harn- und Stuhldrang, Schmerzempfinden, Wundheilung, Schlafbedürfnis und das Immunsystem wird unterdrückt. Letzteres bedeutet, dass wir tatsächlich eine Grippe haben könnten, wir aber keine entsprechenden Symptome zeigen, obwohl die Entzündung gleichwohl im Körper ist. Das Blut weicht vom Stirnhirn ins Hinterhirn. Das heißt, der Frontallappen, der für die Ratio und das vorausschauende und vernetzte Denken zuständig ist, wird eingeschränkt. Das Stammhirn hingegen wird stärker durchblutet, um instinktives, rasches Reagieren zu ermöglichen. Wir befinden uns im Überlebensmodus. Gibt das Gehirn Entwarnung, veranlasst das parasympathische Nervensystem die Normalisierung der Körperfunktionen, und Adrenalin und Kortisol werden abgebaut. Nun könnte es sein, dass sich die Grippe zeigt und Symptome auftreten. Krank werden wir also oft erst nach einer akuten Stressperiode. Gibt das Gehirn keine Entwarnung, was bei diffuser Angst passieren kann, wird über längere Zeit das Stresshormon Kortisol ausgeschüttet. Dies kann zur chronischen Stresserkrankung führen, was wiederum Auswirkungen auf den Körper haben kann. Schlafstörungen, Herz-Kreislauf-Beschwerden, Bluthochdruck, erhöhte Cholesterinwerte, Nervosität, Gereiztheit, Zittern, Schwitzen, Erregbarkeit, Nervosität, Aggressivität, erhöhter Muskeltonus, Vergesslichkeit, Merkfähigkeitsstörungen, geschwächtes Immunsystem und die damit verbundene erhöhte Krankheitsanfälligkeit, Muskel- und Rückenschmerzen, Burnout, Depression und Angststörungen können die Folge einer zu lange andauernden Stressreaktion im Körper sein. Zudem ist ein Übermaß an ausgeschüttetem Kortisol über eine längere Zeitdauer schädlich für den Hippocampus. Dieser Gehirnteil liegt im Mittelhirn und gehört zum limbischen System. Er ist wichtig für die Überführung neuer Gedächtnisinhalte ins Langzeitgedächtnis. Wird dieser Teil des Gehirns durch eine erhöhte Kortisolausschüttung beschädigt, führt das zu einer Verschlechterung der Gedächtnis- und Konzentrationsleistung. Kurzzeitig können wir alle mit widrigen Umständen umgehen, indem wir den bedrohlichen Stressfaktor bekämpfen oder vor ihm fliehen. Wir können kurzfristig damit fertig werden. Denn wenn alles vorbei ist, wird der Körper binnen weniger Stunden sein Gleichgewicht wiederherstellen und seine lebenswichtigen Funktionen wieder in Betrieb nehmen. Allerdings ist kein Organismus fähig, über lange Zeit diesen Notfallmodus auszuhalten, ohne Schaden zu nehmen. Die Fähigkeit eines Menschen, mit Angst und unterschiedlichen Stressoren nützlich umzugehen, nennen wir Resilienz. Resilienz ist eine angeborene Fähigkeit, Hindernisse zu überwinden und Stresssituationen zu bewältigen. Die genetischen Grundvoraussetzungen hierfür sind unterschiedlich. Wesentliche Faktoren, die die Stressresistenz mitbeeinflussen, sind Umwelt-, soziale und personelle Faktoren. Umwelteinflüsse, wie zum Beispiel Lärm oder Luftbedingungen, stehen mit Stressbewältigung in Zusammenhang. Soziale Faktoren wie ein starker Gruppenzusammenhalt und eine unterstützende soziale Umgebung wirken sich positiv aus. Persönliche Faktoren wie finanzielle Möglichkeiten, Bindungs-, kognitive, selbstregulative Fähigkeiten wirken sich ebenso günstig aus wie Problem-/Lösungsfixierung oder der Zugang zur Spiritualität und Transzendenz. Wir können aber einen nützlichen Umgang mit Angst und damit verbundenem Stress auch lernen und unsere Fähigkeit zur Stressresistenz entsprechend trainieren. Es ist uns möglich, uns Ressourcen – im Sinne von Bewältigungsstrategien – im Umgang mit Stressfaktoren anzueignen oder sie zu erweitern. Einsicht in unsere menschliche Natur ist der erste Schritt in diese Richtung, wie der Stoiker Epiktet dies in seinem Handbüchlein der Moral sehr schön ausdrückt: *„Über das eine gebieten wir, über das andere nicht. Wir gebieten über unser Begreifen, unseren Antrieb zum Handeln, unser Begehren und Meiden, und, mit einem Wort, über alles, was von uns ausgeht; nicht gebieten wir über unseren Körper, unseren Besitz, unser Ansehen, unsere Machtstellung, und, mit einem Wort, über alles, was nicht von uns ausgeht"* (S. 1). Es gilt also zuerst anzuerkennen, dass es Dinge gibt, die wir beeinflussen können, und es gibt solche Situationen, auf die wir keinen Einfluss haben. Dabei ist es wichtig, dass wir das eine vom anderen unterscheiden können. Das, was von uns ausgeht, können wir beeinflussen, es gilt jedoch anzuerkennen, dass wir auf äußere Dinge keinen Einfluss haben, auch wenn es uns oft so vorkommt, als ob wir einen Einfluss hätten.

Bezogen auf die Coronapandemie können insbesondere drei verschiedene Angstthemen ausgemacht werden: die Angst vor dem Virus, die Angst vor Armut und die Angst vor Diktatur. Drei unterschiedliche Ängste, die grundsätzlich als Realängste gelten können, doch oft auch eine zu hohe Intensität an Angst und Vorsichtsmaßnahmen auslösen, womit wir wieder bei der psychologischen Angst sind. Die Diskussion über die aktuelle Situation der Pandemie kann aufgrund der unterschiedlichen Standpunkte und Angstthemen zu heftigen Konflikten führen. Trifft jemand, der große Angst vor gesundheitlichen Problemen aufgrund des Virus hat, auf jemanden, den diese Angst nicht betrifft, sondern der eher mit der Angst vor zu massiven Einschränkungen seitens der Regierungen oder mit der Angst, die Existenzgrundlage zu verlieren, kämpft, kann dies zu einer Spaltung und zu Zerwürfnissen führen. Es ist wichtig, die Angstthemen zu klären, damit ein Perspektivenwechsel erfolgen kann. Bevor wir also in eine hitzige Debatte einsteigen über den Sinn und Zweck des Maskentragens, der frühzeitigen Öffnungen der Restaurants und kulturellen Veranstaltungen oder die Zulassung von Demonstrationen, ist es nützlich, wenn die Diskutierenden zu Beginn klären, wo beim Einzelnen die Achillesferse liegt. Wie gehen wir dabei vor?

Bei der Diskussion über die Coronamaßnahmen oder generell über die Situation in der Pandemie könnten folgende Verhaltensweisen hilfreich sein

Beginnen Sie mit den Fragen: „Wie betrifft dich persönlich die Coronasituation? Steht bei dir die Erkrankungsmöglichkeit, die finanzielle Situation oder eher die staatlichen Einschränkungen unserer Freiheitsrechte im Vordergrund?" Dabei ist ein aktives Hinhören und Mitfühlen wichtig. Ängste können bedrohlich wirken und einen zentralen Nerv des Gegenübers treffen. Es ist wichtig zu verstehen, dass Ängste zwar übertrieben sein können, dass sie jedoch in den meisten Fällen akuten Stress auslösen und rationales Denken oder das Annehmen einer Gegenposition verunmöglichen. In dieser Situation ist es nicht günstig, den Diskussionspartner oder die Diskussionspartnerin vom Gegenteil überzeugen zu wollen. Also vermeiden Sie Sätze wie: „Das Virus stellt in deiner Situation statistisch kaum eine Gefahr da, Du bist ja jung und gesund!" Oder: „In der Schweiz verhungern wir nicht und hatten uns schon immer erfolgreich gegen Obrigkeiten und Diktaturen gewehrt." Hören Sie stattessen aufmerksam hin und stellen Sie Fragen wie zum Beispiel: „Was hast du unternommen, um mit deiner Angst umzugehen? Wie ist die Situation gerade zum **jetzigen** Zeitpunkt? Hast du mit Freunden und Freundinnen schon darüber gesprochen, denen es ähnlich geht? Wie gehen sie damit um? Ich kann mich in deine Situation zwar hineinfühlen und erkenne deine Schwierigkeiten an, doch habe ich mit anderen Themen zu kämpfen. Möchtest du auch meine Situation anhören?"

1.3.2 Wechselwirkung von Emotionen, Gefühlen, Verhalten und Körperreaktionen

Der Mensch ist – anders als das Tier – in der Lage, über seine Probleme nachzudenken. Dies bringt uns Vorteile und auch viele Nachteile. Der Nachteil ist, dass er Stressereignisse immer wieder in seinem Kopf durchspielen kann. Der Frontalkortex ist in Verbindung mit der gesamten Großhirnrinde (graue Substanz des Gehirns) hierfür zuständig. Der Körper unterscheidet dabei nicht, ob das Ereignis in der Realität nochmals stattfindet oder ob es nur Gedanken sind. Er geht erneut in den Überlebensmodus und schüttet die entsprechenden Stoffe aus, insbesondere die Stresshormone Adrenalin und Kortisol. Erleben wir das Stress auslösende Akutereignis immer und immer wieder, täglich, fast zu jeder Stunde, und werden auch die damit zusammenhängenden Emotionen immer wieder aufgerufen, dann können solche Muster einfrieren und der chemische Prozess im Körper läuft immer und immer wieder ab. Diese Erinnerung brennt sich damit neuronal im Gehirn ein. Die Neuronen feuern immer wieder im selben Muster und bilden eine starke Verkettung, die schwierig zu durchbrechen ist. Immer und immer wieder kommen dieselben Bilder, Erinnerungen und Gefühle hoch. Obwohl aktuell keine Bedrohung vorliegt, ist es möglich, dass wir biologisch in einem vergangenen Ereignis feststecken und immer wieder dieselben Muster im Gehirn und damit auch immer wieder dieselben Körperreaktionen und schließlich immer wieder dieselben Gedanken, Gefühle, Worte und Verhaltensmuster replizieren. Wiederholt stürmen die damit verbundenen Emotionen auf uns ein, wie Angst, Schmerz, Wut, Trauer, Ekel, Scham, Hoffnungslosigkeit. Repetitiv kommen dieselben Gedanken hoch:

- *Ich habe nichts unter Kontrolle.*
- *Ich bin Opfer.*
- *Ich bin schuld.*
- *Ich kann das nicht.*
- *Der andere ist schuld.*
- *Es geht mir schlecht.*
- *Mir wurden unüberwindbare Schmerzen zugefügt.*
- *Ich komme aus dieser Situation nicht raus.*
- *Ich kann nichts dagegen tun.*
- *Ich werde immer von anderen verletzt.*
- *Ich verdiene nichts Besseres.*
- *Ich kann allein auf der Welt nicht bestehen.*
- *Ich fühle mich von anderen verraten.*
- *Warum passiert das Schlimme immer mir?*
- *Der lässt mich einfach sitzen, nimmt eine 20 Jahre jüngere und ich sitze allein da.*
- *Ich werde von meinem Chef gemobbt.*
- *Ich fühle mich von meiner Freundin verraten.*
- *Dauernd werden andere bevorzugt.*
- *Warum werde ich an meiner beruflichen Karriere gehindert?*
- *Wieso gerate ich immer an die falschen Männer?*
- *Wieso kann ich keine erfüllende Partnerschaft haben?*
- *Ich bin es nicht wert zu leben.*
- *Mich braucht es nicht.*
- *Ich werde weder von Kunden noch von anderen Menschen wirklich akzeptiert.*

Eine Wechselwirkung von Gedanken und Gefühlen, die aufgrund der ständigen Wiederholung im Gehirn verfestigt werden. Weil die Gefühle die entsprechenden Gedanken hervorbringen und die Gedanken die entsprechenden Gefühle, befindet sich das körperliche System dauernd im Überlebensmodus. Der chemische Prozess nimmt kein Ende. Die Neuronen im Gehirn lernen, dasselbe Muster in einer Endlosschlaufe abzufeuern, und wir wiederholen demzufolge auch immer wieder dasselbe Verhaltensmuster, und schließlich geraten wir auch immer wieder in dieselben Situationen. Freud nennt dies Wiederholungszwang. Wir können gar nicht anders, als uns so zu fühlen und zu denken. Wir haben uns – vielleicht sogar unbewusst – konditioniert. Diese Weltsicht wird zu unserer Identität. Die Gefühle und Gedanken sind uns mit der Zeit vertraut. Man könnte sagen, wir sind süchtig geworden nach etwas, was uns nicht guttut. Das Bekannte ist das, was uns vertraut ist, was wir gelernt und gesehen haben, was wir über lange Zeit gedacht und empfunden haben. Und darum suchen wir förmlich nach denselben Gefühlen, Gedanken, Mustern, Verhaltensweisen und Situationen. Wir nehmen körperlich und geistig die Haltung ein, als ob wir Opfer unserer Umgebung wären, als ob wir gemobbt und von anderen abgelehnt würden. Kreisen wir Tag und Nacht um diese Gedanken und Gefühle, um ein akutes Stressereignis, dann ziehen wir dadurch weitere ähnliche Situationen an. Auf diese Weise kann ein Akutereignis eine Abwärtsspirale auslösen. Wir geraten von einer Krise in die nächste, weil wir unser Denken und Handeln nicht verändern und sich unser Körper permanent im Überlebensmodus befindet. Es gibt Menschen, denen werden diese Gefühle und Gedanken so vertraut, dass sie sich nicht mehr vorstellen können, ohne sie zu sein. Wollen wir das? Wahrscheinlich eher nicht. Deshalb ist es wichtig, ein Stressereignis oder eine Krise anzunehmen und zu bearbeiten. Wir fragen und sagen uns:

- *Was begegnet mir hier?*
- *Ich erlebe Angst, Wut, Trauer, Schmerz, Ohnmacht, Hoffnungslosigkeit, Verrat, Ekel und Scham.*
- *Ich weiß, was nun in meinem Körper passiert.*
- *Was könnte ich stattdessen denken, mich wie anders fühlen?*

Es ist wichtig, den ganzen Prozess zu durchlaufen. Auch die schwierigen, Stress auslösenden Gedanken und Gefühle sollen bemerkt und anerkannt werden. Es geht darum, sich dessen, was gedacht, getan, gesprochen wird, bewusst zu werden, die eigene Haltung und das eigene Verhalten wahrzunehmen. In einem nächsten Schritt stellt sich die Frage:

- *Wie bedrohlich ist die Situation wirklich?*
- *Habe ich denn gar keine andere Möglichkeit, diese Situation anders zu sehen, in ein anderes Licht zu rücken?*
- *Gibt es keine anderen Möglichkeiten, als mich zu ängstigen, zu ärgern, ohnmächtig zu fühlen?*
- *Was will mir die Situation sagen?*
- *Habe ich ähnliche Erfahrungen schon einmal gemacht?*
- *Was steht hinter dieser Angst, der Wut, dem Schmerz, der Ohnmacht und Hoffnungslosigkeit?*
- *Wie könnte ich heute anders damit umgehen als früher?*

Um die Abwärtsspirale zu unterbrechen, ist es nötig, sie zuerst zu erkennen, sie auszuhalten, alle Gefühle und Schmerzen anzunehmen. Beobachten wir unsere Gefühle, werden wir uns bewusst, dass sie nicht ständig da sind, dass auch andere Gefühle zwischendurch möglich sind. Das heißt, wir lassen alle Gefühle zu, nehmen sie wahr und lassen sie wieder gehen. Wir machen uns bewusst, dass wir eine andere Verarbeitung, andere Gefühle, andere Gedanken, andere Einsichten, andere Verhaltensweisen, eine andere Sprache brauchen, um einen anderen Prozess im Körper zu bewirken. Nur dann öffnen sich uns andere Möglichkeiten im Leben. Möglicherweise können wir dies nicht allein. Wir brauchen Hilfe. Jemanden, der uns aufzeigt, wie wir die Situation auch anders sehen könnten, welche andere Sprache wir dafür finden könnten, die wiederum angenehmere Gefühle auslöst. Je nach Zeitdauer und Intensität der Negativspirale ist der Aufwand, um einen neuen Prozess in Gang zu bringen, erheblich. Wir brauchen eine hohe Motivation, eine hohe Entscheidungskraft, dies zu tun. Wir wollen mit jeder Zelle des Körpers die vertrauten alten Muster loslassen und eine Veränderung auf allen Ebenen bewirken. Ist diese tiefe Entscheidung gefallen, wird Hilfe kommen und wir können langsam beginnen, die Abwärtsspirale zu stoppen und den Wendepunkt in eine für uns günstigere Richtung einzuleiten.

Stoppen der Abwärtsspirale in instabilen Zeiten (wie zum Beispiel in der Coronapandemie) mit lösungsorientierten Fragen

Nehmen Sie unangenehme Gefühle bei sich wahr, Angst, Wut, Trauer, Scham, Ohnmacht, Ekel oder andere Stress erzeugende Gefühle? Wo im Körper lokalisieren Sie diese? Auf einer Skala von 0 bis 10, wie hoch schätzen Sie die Intensität ein? Angenommen, Sie hätten einen Wunsch frei, was wäre das? Wie fühlte es sich an, angenommen, er ginge in Erfüllung? Welche Gefühle hätten Sie dann? Wo im Körper wären diese zu lokalisieren? Welche Intensität von 0 bis 10 hätten diese neuen Gefühle? Was würden Sie, angenommen Ihr Wunsch ginge in Erfüllung, anderes tun? Wer würde das merken? Woran? Woran noch? Vielleicht ist es ja eventuell jetzt schon möglich, ein klein wenig davon umzusetzen? Welche Schritte wären das, was würden diese kleinen Schritte verändern, wer würde das merken und woran und woran würden Sie diese ersten Schritte selbst bemerken, was wäre dann anders, was würden Sie anderes tun? Oder meinen Sie, dass Sie sogar für die nächsten zwei Stunden so tun könnten, als ob Ihr Wunsch schon in Erfüllung gegangen sei?

Angenommen Sie schauen heute in einem Jahr auf diese Situation zurück, was würden Sie darüber denken? In welchem Licht könnten Sie diese Situation auch noch sehen? Was würden Sie sich selbst empfehlen zu tun, wenn Sie Ihr eigener Coach wären? Was würden andere, gute Freunde zu Ihnen sagen, Ihnen raten? Was ist dann statt des Problems da? Woran merken Sie, dass die Situation in eine gewünschte Richtung geht? Woran würden Sie wohl erkennen, dass das Problem gelöst ist? Wie würde dann Ihr Umfeld darauf reagieren, wer würde was zu Ihnen sagen?

(vgl. auch Sparrer, 2017).

1.3.3 Körperliche Folgen der Angst als Stressreaktion

Verharrt der Betroffene zu lange im Überlebensmodus, kann es sein, dass sich bereits körperlich manifeste Beschwerden ausgebildet haben. Typisch für körperliche Symptome infolge einer Stresserkrankung sind Bluthochdruck, erhöhter Cholesterinspiegel, Herzrasen, Atembeschwerden, Muskelverspannungen, Schwindelgefühle, Atembeschwerden, Kopf-, Nacken-, Rücken-, Gelenkschmerzen, Magen-Darm-Erkrankungen wie Durchfall, Verstopfung, Reizdarm und Sodbrennen, Konzentrationsschwierigkeiten und Gedächtnisstörungen. Zunächst sind körperliche Beschwerden beim Hausarzt oder Spezialisten abzuklären, ob es sich um eine medizinisch begründete Erkrankung handelt. Oft können für die Beschwerden (noch) keine physiologischen Ursachen gefunden werden, dann sind psychiatrische oder psychologische und andere Maßnahmen zur körperlichen und seelischen Entspannung angezeigt. Häufig sind auch bei physiologisch begründeten Beschwerden körperliche und psychische Maßnahmen begleitend sinnvoll. Ich empfehle bei starken Verspannungen, Nervosität, Gedankenkreisen und Erschöpfung Akupunktur, energetische Therapieformen wie craniosacrale Therapie, Shiatsu-Therapie, Qigong, Yoga, Spaziergänge und Achtsamkeitsübungen, Mindfulness-Based Stress Reduction (MBSR), autogenes Training und andere Meditationsformen. Es geht vor allem darum, direkt auf der körperlichen Ebene anzusetzen, um das Alarmsystem im Körper zu beruhigen und die Kortisolausschüttung zu reduzieren.

Achtsamkeitsübungen oder Achtsamkeitsmeditation sind hierfür besonders geeignet. Eine bekannte Technik, welche auch von vielen Managern ausgeübt wird, wurde von Jon Kabat-Zinn, einem Mediziner an der University of Massachusetts, entwickelt. Der Übende setzt oder legt sich hin und atmet ein im Bewusstsein, dass er einatmet. Er atmet aus im Bewusstsein, dass er ausatmet. Weiter wird der Meditierende gedanklich durch seinen eigenen Körper geführt von den Fußsohlen aufwärts zu den Beinen, zum Becken, durch den Rupf zu den Schultern, von den Fingern über die Arme bis zum Hals, Gesicht und Kopf und wieder zurück. Diese Form des MBSR wird Body-Scan genannt. Auf diese Weise werden die Muskeln gelockert, die Spannungen aufgelöst und die Konzentrationsfähigkeit gestärkt. Auf das Thema Achtsamkeitsübungen und Meditation komme ich in Kap. 3 eingehend zu sprechen. Hier nur so viel: Körper, Geist und Psyche stehen alle drei in einer Wechselbeziehung, weshalb in einer Therapie alle drei mitberücksichtigt werden sollten. Die Meditation oder körperorientierte Heilmethoden allein genügen meiner Meinung nach nicht, um

Stabilität zu erreichen. Der Mensch ist ein Wesen, das über sich nachdenken kann. Er vermag in der Regel für seinen Zustand auch eine Ordnung im Geist zu schaffen. Daher möchte ich im folgenden Kapitel auf die psychologische Ebene eingehen. Ich beziehe mich dabei auf ein meinen wissenschaftlichen Forschungen zugrunde liegendes Wertemodell.

Häufig auftretende Symptome aufgrund der angeordneten Maßnahmen, Angstzustände während der Coronapandemie und lösungsfokussierte Ansätze

Während der Coronapandemie und der damit verbundenen einschränkenden Maßnahmen berichteten und berichten noch viele Betroffene von Schlafstörungen, Herzrasen, Gedankenkreisen, Nervosität, Muskelbeschwerden, Enge in der Brust, wiederkehrenden und unvermittelten Schweißausbrüchen, Vergesslichkeit, Magen- und Verdauungsbeschwerden, Reflux, Kopf- und Nackenbeschwerden. Halten solche Beschwerden länger an und ergibt die medizinische Abklärung keinen eindeutigen Befund, können körperorientierte Maßnahmen, wie Craniosacraltherapie, Akupunktur, Shiatsu, Achtsamkeitstrainings (MBSR), Ernährungsumstellung, Heilfasten, Homöopathie, Naturheilmittel und Nahrungsergänzungsmittel helfen, die körperlichen Beschwerden zu lindern. Auf der psychischen Ebene berichteten viele über depressive Zustände, Ängste, Wut, aggressives Verhalten und andere Stress auslösende Emotionen. Lösungsorientierte Ansätze und Strategien sind oft hilfreich: Was, denken Sie, trägt vermutlich zu diesen Beschwerden bei? Welche Gedanken lösen diese Gefühle aus? Was möchte ich anders haben und wie könnte sich dies anfühlen? Was würde ich dann anderes tun? Wie sähe die Situation dann aus? Vielleicht ist es ja wirklich möglich, einen ersten kleinen Schritt in diese Richtung zu tun, um mich anschließend nur halb so gut wie gewünscht zu fühlen? Was bräuchte ich dazu? Wo könnte ich mir Unterstützung holen? Was von all dem, was ich mir anders wünsche, ist ja möglicherweise im Kern bereits da?

2

Ebene der Bewusstheit

Um die Abwärtsspirale zu unterbrechen und die Stressreaktion zu stoppen, müssen wir uns der Angst erst einmal bewusst werden. Wir sollten aus der Ebene des Unbewussten, der unbewussten Ängste und damit verbundenen Verstrickungen heraustreten und etwas Ordnung in unsere Welt bringen. In diesem Kapitel erfahren wir, was wir brauchen, um uns psychisch zu stabilisieren. Wir lernen, dass andere Menschen andere Ängste haben können und unter Umständen anderen Werten oder Weltbildern folgen als wir. Zunächst beschreibe ich die drei Formen der Grundangst und die damit zusammenhängenden Werte. Weiter stelle ich die drei Typenmuster einander in drei Fallbeispielen gegenüber und zeige auf, wie diese drei unterschiedlichen Weltbilder und Ansichten konfligieren und interagieren können. Am Ende des Kapitels gehe ich auf die typenspezifischen Entwicklungsfelder ein und führe an, welche typenspezifischen Herausforderungen der jeweilige Persönlichkeitstyp hat und wie er damit umgehen kann.

2.1 Typologie der Angst

Ich gehe davon aus, dass alle psychologischen Ängste im Kern auf drei Grundformen zurückgeführt werden können. Die Angst vor sozialem Ausschluss, die Angst vor Stillstand und die Angst vor Positionsverlust. Zunächst stellen wir uns die Frage, nach welchen Grundthemen der Mensch sich im Leben hauptsächlich ausrichtet und durch welche Handlungen und welches Streben er seine Persönlichkeit formt. Welches Selbstbild jemand

R. Enzler, *Sicher in unsicheren Zeiten,* https://doi.org/10.1007/978-3-662-63986-3_2

hat und woraus er seine Grundmotivation im Leben bezieht. Wir können uns Fragen stellen wie:

- *Was gibt mir im Leben Sinn?*
- *Nach welchen Wertvorstellungen lebe ich?*
- *Was treibt mich zu Leistung an?*
- *Wodurch werde ich besonders motiviert?*

Die Antwort darauf wird jeder etwas anders beantworten, doch können wir alle Antworten hauptsächlich auf diese drei Grundformen der Angst zurückführen. Diese Angst dient uns. Sie treibt uns an und sie ist gleichzeitig der Motor, um eine spezifische Leistung zu erbringen. Sind wir uns dieser Grundthematik bewusst, wissen wir, welche Voraussetzungen wir brauchen, um unsere Ängste abzubauen und den damit verbundenen Stress zu reduzieren. Kennen wir unsere Ängste, kennen wir unser Selbstbild und wir wissen, was wir brauchen, um unseren Selbstwert zu stabilisieren. Wir werden uns unserer Identität besser bewusst und gelangen damit von der unbewussten, diffusen Ebene auf die Ebene der Bewusstheit. Auf dieser Ebene lernen wir, wie wir ticken. Wonach wir unsere Entscheidungen, Gedanken und Handlungen ausrichten. Welches Weltbild uns eigen ist, und wir sehen ein, dass es unterschiedliche Weltbilder gibt. Wir wissen auf dieser Ebene, was mit uns geschieht, wenn unsere Grundwerte unter Druck geraten oder gänzlich abhandenkommen. Wir finden zu unserer Persönlichkeit passende Strategien, um den damit verbundenen Stress zu bewältigen. Die nachfolgenden Abschnitte beschreiben die drei Grundformen der Angst anhand dieses Wertemodells und die zu jedem Angsttypus passenden Stressbewältigungsstrategien.

Insa Sparrer beschreibt in ihren Büchern (Wunder, Lösung und System, 2006b, S. 149, und Systemische Strukturaufstellungen, 2006a, S. 143) ein vergleichbares Modell und nennt es Glaubenspolarität. Sie beschreibt zahlreiche Aufstellungsbeispiele zu diesem Thema. Die drei Glaubenspolaritäten „Erkenntnis", „Liebe" und „Ordnung" gehen auf die Yogalehre zurück. Sie stellen den Zugang zur eigenen Kraftquelle über „Jana-, Bhakti- und Karma-Yoga" dar, welche gleichzeitig auch drei Religionsformen beschreiben. „Bhakti-Aspekt als Liebe, Mitgefühl, Vertrauen (z. B. im Christentum); Jana-Aspekt als Erkenntnis, Wissen und Einsicht (z. B. im ursprünglichen Islam) und der Karma-Aspekt als Ordnung, Struktur und Handlung (z. B. im Judentum)" (S. 143). „In jeder intakten Religion müssen alle drei Pole, Liebe, Ordnung und Erkenntnis berücksichtigt werden. Wird ein Pol verleugnet, so entstehen verarmte und verzerrte Systeme" (Sparrer, Systemische

Strukturaufstellungen, 2006b, S. 143). Diese drei Pole bei der Glaubenspolarität von Insa Sparrer entsprechen meinen Forschungsergebnissen und
dem daraus abgeleiteten Typen- oder Wertedreieck (Enzler Denzler, Karriere
statt Burnout, 2009).

Eine Grafik zur Übersicht über das Typendreieck findet der Leser im
Anhang dieses Buches. Sowie auch einen Fragebogen dazu.

2.1.1 Sozialer Typ

Es gibt Menschen, die erleben ihr Dasein dann als sinnvoll, wenn sie Tätigkeiten verrichten können, die der Gemeinschaft von Nutzen sind. Sie sind
motiviert, wenn sie sich als Teil einer Gruppe erleben, wenn sie Vertrauen
in ihr Umfeld haben können und ein großer Teil ihrer Tätigkeit aus der
Interaktion mit anderen besteht. Sie empfinden es als hohe Lebensqualität, wenn sie im regen Austausch mit Dritten stehen und Beziehungen
harmonisch sind. Sie vermögen es, sich gut an andere anzupassen, um
dazuzugehören. Ihre Begabung ist es, rasch an Informationen zu gelangen
und diese an geeignete Stellen weiterzugeben. Es handelt sich hier um den
sozialen Typ, der das „Wir" zum Lebensthema hat. Er hält Ethik und Moral
besonders hoch, kümmert sich um Nahestehende, kann eine Bitte weniger
gut abschlagen und bürdet sich manchmal zu viel Last von Dritten auf.
Daraus folgt auch, dass er mit Kritik und Konflikten weniger gut umgehen
kann und solche Situationen als Stress empfindet. Jegliche Art von Kritik
bedeutet Konflikt und Anderssein als das Gegenüber. Das schürt die Angst
vor Ausschluss und Ausgrenzung. Diese Angst kann dazu führen, dass diese
Menschen die Neigung entwickeln, sich perfekt anzupassen, um ganz und
gar das Gefühl zu haben, zu einer Gruppe zu gehören und sich von den
Exponenten nicht zu unterscheiden. Für sie ist es schwierig, eine eigene
Meinung zu bilden und diese öffentlich kundzutun. Die Überanpassung
und das damit verbundene Gefühl von Zugehörigkeit mindert ihre Grundangst. Solange Zugehörigkeit zum gewünschten sozialen System gegeben ist,
ist die psychische Stabilität vorhanden.

> **Kurze Zusammenfassung der Persönlichkeitsmerkmale des sozialen Typs**
>
> Der soziale Typ hat Angst vor Ausschluss aus einer sozialen Gemeinschaft. Er
> meidet die Angst, indem er sich den anderen Menschen seiner Gruppe anpasst
> und Konflikte umgeht. In Konfliktsituationen übernimmt er die Rolle des Ver-
> mittlers oder tritt den Rückzug an.

2.1.2 Erkenntnistyp

Es gibt Menschen, die das Leben dann als sinnstiftend ansehen, wenn sie möglichst viel Neues erleben. Ihr Leben soll vielfältig und interessant sein. Oft wechseln Menschen von diesem Typus ihren Job bzw. ihr Tätigkeitsgebiet regelmäßig nach drei bis sieben Jahren, weil dann die bisherige Arbeit sie nicht mehr fordert und sie nichts Neues mehr lernen können. Nicht mehr vorwärtskommen bedeutet Rückschritt. Routine ist für diese Menschen kaum auszuhalten und bedeutet Stress. Sie werden von einer unsichtbaren, jedoch spürbaren Kraft im Innern stets vorangetrieben. Damit solche Menschen sich stets wandeln können, müssen sie weitgehend unabhängig bleiben. Das heißt, dieser Typ Mensch bindet sich kaum an materielle Güter, oft nicht einmal an eine Familie, insbesondere Kinder. Er will so leben, dass ihm möglichst viele Optionen offenbleiben. Wenn ihm die Arbeit nicht mehr passt, dann muss er handeln und sich verändern können, ohne auf bestehende feste Strukturen Rücksicht nehmen zu müssen. Hat er sich zu stark – zum Beispiel an ein teures Haus und Familie mit Kindern – gebunden, sodass er sich aus materiellen Gründen nicht verändern kann, steigt seine Angst und damit das Stressniveau. Er empfindet Angst, wenn ihm Wandel als unmöglich erscheint. Seine Welt droht stillzustehen, das ist für ihn ein sehr unangenehmer Zustand. Solche Menschen sind stets in Aktivität, gehen vorwärts, treffen rasche Entscheidungen, können gut Altes und Bisheriges loslassen und sind in der Lage, Probleme rational zu analysieren und in Handlungen umzusetzen. Allerdings können sie Gefahr laufen, sich zu verzetteln, zu viel zu schnell zu wollen. Damit könnten sie sich überfordern. Von diesen Menschen höre ich häufig, dass sie keinen roten Faden im Leben finden. Sie planen ihre Karriere nicht, sondern ergreifen scheinbar wahllos Optionen, die sie gerade interessant finden und die sie im Leben an Erfahrungen reicher werden lassen. Sie sind deshalb auf vielen unterschiedlichen Gebieten erfahren und ausgebildet. Steht also ihre Welt still und können sie nicht handeln oder tun, also in Bewegung sein, dann erleben sie Angst und Stress. Psychische Stabilität ist umgekehrt dann am ehesten gegeben, wenn diese Menschen tätig sein können, wenn sie lernen, sich frei fühlen, etwas Neues sehen und anpacken dürfen.

Kurze Zusammenfassung der Persönlichkeitsmerkmale des Erkenntnistyps

Der Erkenntnistyp hat Angst vor Stillstand, Einengung und Leistungsabbau. Um diese Angst zu vermeiden, scheut er Routine, sucht Abwechslung und eröffnet sich immer wieder neue Lernfelder. Leistungsdefizite und Hindernisse beim Vorankommen kompensiert er mit höherem Arbeits-/Energie- und Lerneinsatz und zeigt sich in Lösungsfindungen rational und flexibel.

2.1.3 Ordnungsstrukturtyp

Die dritte Gruppe hat als Lebensthema Einfluss, Regelwerke und Position. Diese Menschen empfinden es als tiefe Befriedigung, wenn sie in einem Unternehmen oder anderen sozialen Systemen eine klar definierte Position innehaben. Sie sind sehr motiviert, wenn sie Einfluss auf Dritte ausüben können, Regeln setzen und Verantwortlichkeiten zuteilen können. Sie mögen hierarchische Strukturen, da auf den ersten Blick klar ist, wer welchen Platz, welche Position mit welcher Verantwortlichkeit hat. Sie organisieren und strukturieren gerne Gruppen von Menschen. Ernstzunehmende Konkurrenz und Widerspruch lösen Angst aus. Angst, dass sie der Position nicht gewachsen sind, dass sie sie verlieren könnten. Diese Menschen zeichnen sich deshalb durch einen herausragenden Kampfgeist, eiserne Disziplin und Ehrgeiz aus, was dem Ziel dient, die Position zu rechtfertigen und zu behalten. Psychische Stabilität ist dann am ehesten gegeben, wenn diese Menschen sich ihres Rangs und ihrer Position in einer Gesellschaft oder in einem sozialen System sicher sind.

> **Kurze Zusammenfassung der Persönlichkeitsmerkmale des Ordnungsstrukturtyps**
>
> Der Ordnungsstrukturtyp hat Angst, seine Position in einem sozialen Gefüge zu verlieren. Um diese Angst zu vermeiden, kämpft er um seine Position, sichert sie ab, weiß über Rechte, Kompetenzen und Regelwerke gut Bescheid und ist stets bemüht das soziale Gefüge zu ordnen und Verantwortlichkeiten zu regeln. Sieht er seine Position bedroht und sich im Unrecht, lenkt er von der brisanten Thematik ab und richtet den Fokus auf Erfolg versprechende Themen. Er sorgt dafür, dass die hierarchische Ordnung unter allen Umständen erhalten bleibt.

2.1.4 Beispiele von Wertekonflikten unter den Persönlichkeitstypen

Weshalb kann es bedeutsam sein zu wissen, wer welchem Typenmuster angehört? Es erleichtert das Zusammenleben von uns Menschen. Wie oft höre ich:

- *„Mein Chef will mich mobben. Er will mich einfach nicht in seinem Team. Er mag mich nicht!"*

Oder:

- *„Dieser Mensch ist so grob zu mir, so unfreundlich, er entwertet mich ständig, wieso tut er das? Ich habe ihm doch nichts zuleide getan. Was hat er gegen mich, dass er mich so abschätzig und zurückweisend behandelt?"*

Wir können uns viel Leid ersparen, wenn wir uns bewusst machen, dass der andere gar nichts Persönliches gegen uns hat. Er oder sie und auch wir handeln oft aus dem Mangel von unbefriedigten Bedürfnissen heraus. Also aus der Angst, weil er oder wir nicht die Situation im Leben vorfinden, die wir brauchen, um zufrieden zu sein. Wir sind stets bestrebt, ein Umfeld, eine Situation zu erschaffen, die uns nicht an unsere Ängste erinnert. Wohl bemerkt, unsere Ängste sind und waren schon vor der Situation vorhanden, wir konnten sie jedoch kompensieren, sodass wir sie nicht bemerken mussten. Die Stress mindernde und Ordnung bringende Einsicht ist im Grunde die, dass der andere uns nicht schaden und verletzen kann, wenn wir selbst nicht genau diese Angst hätten, die er in uns wachruft. Und dasselbe gilt natürlich umgekehrt auch.

Ich führe untenstehend ein paar Beispiele an, die diese Theorie verdeutlichen soll. Weiterführende Beispiele in Geschichtsform sind in meinem Buch „Die Kunst des klugen Umgangs mit Konflikten" enthalten (Enzler Denzler, 2020).

Beispiel 1: Wenn Werte und Ängste eines sozialen und eines Erkenntnistyps interagieren und konfligieren

Der soziale Typ sitzt nach drei Wochen Ferien den ersten Tag wieder in seinem Büro. Der Erkenntnistyp tritt an ihn heran, reicht ihm einen Papierstapel und meint: *„Ich habe in diesem Projekt Vereinfachungsmöglichkeiten gefunden, die ich mit dir besprechen will. Tauschen wir X gegen Y aus, dann könnten wir uns viel Zeit sparen und auch die Fehlerquote senken. Kannst du das mal nachprüfen?"* Der soziale Typ schaut irritiert. Ihm geht das nach seinen Ferien viel zu rasch, zu ruppig, zu rational. Er fühlt sich als Mensch nicht ernst genommen und ist befremdet aufgrund des Tempos des Erkenntnistyps. Er wehrt den Erkenntnistyp ab, indem er meint: *„Ich habe jetzt dann gleich Kaffeepause, wir könnten ja erst einmal einen Kaffee trinken gehen und nachher schaue ich dann gelegentlich mal in dieses Papier."* Der Erkenntnistyp, der Leser ahnt es, hat hierfür keine Zeit und meint: *„Nein, ich habe noch ein paar andere Dinge, die ich mir ansehen will, ich nutze die Zeit besser dazu. Kaffeetrinken ist nicht so mein Ding"* und geht davon. Der soziale Typ, den schon die Aufforderung zum Kaffee, anstatt umgehend auf das Bedürfnis des Erkenntnistyps einzugehen, viel Mühe und Überwindung seiner Ängste gekostet hat, sagt daraufhin nichts mehr. Er ist frustriert, nimmt aber achselzuckend und mit säuerlichem Lächeln das Papier entgegen und meint: *„Ja klar, mach ich so rasch als möglich!"* Der soziale Typ, konfliktscheu, beklagt sich bei seinem Freund: *„Der Typ fragt nie, wie es mir geht, ob ich schöne Ferien gehabt habe, oder gibt zu erkennen, dass er sich freut, dass ich wieder am Arbeitsplatz bin. Der mag mich nicht, meint, ich hätte dauernd Zeit zum Kaffeetrinken und Pause machen. Vielleicht hatte er auch keine Kinderstube oder ist einfach autistisch."* Und der Erkenntnistyp? Er wird zu seinem Kollegen sagen: *„Der Mensch macht mich wahnsinnig, da habe ich gute Ideen und der ignoriert sie einfach, er lenkt ab mit „Kaffeetrinken". Er wertschätzt meine Leistung nicht! Er sieht mich nicht, nimmt mich nicht ernst, hat kein Verständnis für meine harte Arbeit!"* Beide haben auf ihre Art recht. Gegenseitig haben sie nicht erkannt, dass jeder von ihnen einen ganz anderen Blick auf die Welt hat. Dass jeder von ihnen mit anderen Ängsten und Bedürfnissen zu kämpfen und daraus unterschiedliche Verhaltensmuster und Wertehaltungen abgeleitet hat. Wüsste der soziale Typ, dass es sich bei seinem Sparringspartner um einen Erkenntnistyp handelt, dann sähe er ihn in seinem Leistungswillen und dem Willen vorwärtszukommen, sich zu entwickeln und könnte darauf eingehen. Umgekehrt, wenn der Erkenntnistyp wüsste, dass er vor sich einen sozialen Typ hat, dann könnte er seinen Leistungswillen etwas zurücknehmen und ein paar Minuten auf diesen persönlich eingehen. Beide wären sie in der Lage, ihre Bedürfnisse zurückzunehmen, um dem anderen ein bisschen mehr Raum zu geben. Käme also der Erkenntnistyp zum sozialen Typ mit der Frage: *„Ich sehe, du bist erst gerade aus den Ferien zurück und vielleicht noch nicht bereit, meiner Idee, die ich entwickelt habe, zu folgen. Mir ist es wichtig, dass du dir meine Vorschläge genau ansiehst, wann, meinst du ist, hierfür eine gute Zeit? Oder brauchst du zuerst einen Kaffee?"* Mit einem Satz wären die Bedürfnisse des sozialen Typs nach Zugehörigkeit erfüllt, ohne dass der Erkenntnistyp auf seine Bedürfnisse nach Weiterentwicklung verzichten müsste.

Beispiel 2: Wenn Werte und Ängste eines Ordnungsstruktur- und eines Erkenntnistyps interagieren und konfligieren

„Du, Dieter, ich habe da eine neue Idee zu deinem Projekt. Damit könnten wir unsere bisherigen Prozesse schlanker gestalten, wären viel effizienter, auch die Fehleranfälligkeit würde sich wahrscheinlich stark reduzieren", sagt Marianne zu ihrem Chef, einem Ordnungsstrukturtyp. *„Mh"*, antwortet dieser, *„du hast es natürlich nötig, effizienter zu werden und deine Fehler zu reduzieren. Das sagt mir eine, die komplizierter nicht arbeiten könnte. Wäre ich nicht dein Chef, du würdest wohl nicht mehr lange hier sein, bei deiner Fehlerquote!"* Und nach diesen Worten verschwindet Dieter in seinem Büro. Sofort beginnt es in Mariannes Kopf zu drehen: *„Was? Bin ich nicht genügend effizient? Ich bringe hier den höchsten Umsatz der Abteilung! Fehler? Nun, Dieter ist auch ein Kontrollfreak, korrigiert mir jedes Komma, alles unwesentliche Dinge, die materiell nichts bringen. Wenn das effizient ist! Viel zu kompliziert ist der! Mit dem kommt man nirgends hin. Und jetzt soll ich diejenige sein, die ohne ihn keine Anstellung mehr findet? Krass! Da fehlen mir die Worte! Was muss ich noch tun, damit er meine Leistung anerkennt? So redet er mit mir vor all*

meinen Leuten! Der will mich draußen haben, ich habe hier wohl nichts mehr verloren! Ob er mir wohl Ende des Monats kündigt?" Kurze Zeit darauf wird Marianne zu Dieter in sein Büro gerufen, es ist der 30. Januar. Was geht wohl Marianne jetzt durch den Kopf? Sie werden es erraten, liebe Leser. *„Aha, es ist der 30. Januar, jetzt wird er mir kündigen. Das werde ich anfechten, das ist missbräuchlich, ich war immer fleißig, kam nie zu spät, habe keine groben Fehler gemacht, nie krank, ich brachte meine Abteilung zu guten Leistungen, sehr guten sogar. Nein, das werde ich nicht akzeptieren ..."* Im Büro von Dieter spielt sich Folgendes ab: *„Marianne, ich habe gesehen, dass du täglich mit dem Auto kommst und einen unserer Parkplätze belegst. Da diesen Vorzug nicht alle Mitarbeitenden genießen, werde ich zukünftig CHF 150,-/Monat für den Parkplatz verlangen müssen. Bitte überlege dir, ob du den Parkplatz noch weiterhin benutzen willst, und gib mir doch morgen Bescheid. Außerdem finde ich, dass deine Stellvertreterin nicht genügt und du sie zu stark schützt. Ich möchte, dass du mit ihr sprichst und sie zu besseren Leistungen anhältst. Ihr seid so ein verschworenes Team, dass man meinen könnte, ihr zwei habt etwas zu verbergen."* Das war alles, was Dieter in dieser Sitzung zu sagen hatte. Sie können sich vorstellen, wie durcheinander Marianne danach war. *„Er hat überhaupt kein Wort über das neue Projekt verloren, er hat getan, als wäre nichts vorgefallen. Er hat mir keine Fehler mehr vorgeworfen, mich nicht gekündigt, sondern über Parkplatzregelungen gesprochen, was die Personalabteilung bereits getan hat. Er hat mir eigentlich nichts gesagt, außer, dass ich meine Stellvertreterin schütze und wir gut zusammenarbeiten würden, sodass es ihm nicht mehr wohl ist. Was bitte, soll ich jetzt damit anfangen? Ich kann doch meine Stellvertreterin nicht rügen, die arbeitet sehr gut. Was wollte er von mir? Ich verstehe die Welt nicht mehr. Meine Gedanken drehen sich im Kreis, er will mich sicher kündigen, warum tut er es dann nicht?"*

Wüsste Marianne, dass ihr Wertebild sich mit dem Wertebild von Dieter nicht deckt, könnte sie besser verstehen, worum es hier geht. Dieters Wert ist der Erhalt einer Position in einem sozialen System, hier in der Unternehmung. Es handelt sich um eine Chefposition in einer Firma. Marianne ist ihm zu forsch. Sie tritt an ihn heran, wie wenn sie hierarchisch Gleichgestellte wären. Sie respektiert und gesteht – nach Dieters Ansicht – ihm seine Funktion nicht zu, indem sie ihn kritisiert und für sein Projekt Verbesserungsvorschläge macht. Aufgrund seiner Angst, der Position nicht zu genügen und sie nicht wert zu sein, fährt er Marianne an und wirft ihr – gemäß seiner Werthaltung – vor, dass sie selbst es sei, die auf ihrer Position nicht genüge. Er stellt sich als denjenigen dar, der Mariannes Position schützt und erhält. Er wirft ihr Fehler vor, weil sie ihm – seiner Meinung nach – vorgeworfen hat, das Projekt nicht vollständig und perfekt zu führen. Sie stellte ihm ein ungenügendes Zeugnis aus, also tut er es ihr gleich. Und er setzt noch eins drauf, damit sein Positionsanspruch wiederhergestellt ist. Das Vorgehen von Marianne ist in den Augen von Dieter entwertend. Dies veranlasst ihn, seinerseits ihren Wert infrage zu stellen. Marianne hingegen funktioniert nicht nach dem Wert „Position", ihr Kriterium ist „Leistungserbringung". Sie meint, sie hätte „wertfrei" Dieter dazu angeregt, sein Projekt zu verbessern, um damit seine Leistung und die des gesamten Teams zu steigern. Deshalb erlebte sie es als erniedrigend, dass Dieter hierfür keinerlei Verständnis zeigt. Dieter hat vermutlich sehr wohl gemerkt, dass Marianne mit ihren Ideen objektiv gesehen gar nicht so danebenliegt, darum hat er das Projekt auf der Sitzung vom 30. Januar gar nicht mehr erwähnt. Er wollte ihr bei dieser Sitzung lediglich klarmachen, dass er sich von seiner Position nicht verdrängen lässt und dass sie sich gefälligst auf ihre Position, in hierarchischer Abgrenzung zu ihm, nämlich eine Stufe darunter, besinnen soll. Sie soll sich um ihre Stellvertretung kümmern und zusehen, dass sie bei ihren eigenen Leisten und Aufgaben bleibt.

Hier stehen sich also die Werte „Position" und „Leistung" gegenüber. Dieter hat vermutlich nie daran gedacht, Marianne zu kündigen. Er verlangt nur, dass sie seine Position respektiert. Wäre sich Dieter bewusst, dass Marianne ihn nicht in seiner Position verletzen wollte, hätte er ihr als Antwort geben können: *„Marianne, ich weiß, dass du fleißig bist und dir viele Gedanken machst. Das schätze ich. Ich möchte dich aber bitten, dass du nicht über deine Kompetenzen hinaus tätig wirst und dich mit Dingen beschäftigst, die in meine Kompetenz fallen. Wenn ich deine Hilfe benötige, komme ich auf dich zu. Deine Ideen möchte ich mir dennoch ansehen und bei Gelegenheit darauf zurückkommen."* Dieter hätte damit seine Position klar zum Ausdruck gebracht, ohne dass er die Leistung von Marianne geschmälert hätte. Für Marianne wäre diese Kritik zwar auch nicht leicht zu ertragen gewesen, doch wäre diese für sie vermutlich nachvollziehbarer gewesen. Wahrscheinlich hätte eine solche Reaktion kein ständiges Gedankenkreisen über eine mögliche Kündigung in ihr ausgelöst. Hätte sie umgekehrt Kenntnisse über ihre beiden unterschiedlichen Wertevorstellungen gehabt, wäre sie nicht so forsch auf Dieter zugegangen. Sie hätte geahnt, dass sie Dieter in seinem Wert Position verletzen könnte und die Folgen davon wären absehbar gewesen.

Beispiel 3: Wenn Werte und Ängste eines Ordnungsstrukturtyps und eines sozialen Typs interagieren und konfligieren

Der soziale Typ neigt dazu, Konflikte zu negieren. Das heißt, er wird sich dem Ordnungsstrukturtyp gut anpassen und wird ihm in seiner Position nicht gefährlich. Dem Ordnungsstrukturtyp ist es mit dem sozialen Typ meist sehr wohl. Daher möchte ich an dieser Stelle eine Dynamik aufzeigen, die aufgrund einer solchen Konstellation ein dramatisches Ausmaß angenommen hat. Ähnliche, vielleicht weniger zugespitzte Konstellationen finden wir im Alltag immer wieder.

Soziale Typen beanspruchen für sich keine Position, weil sie sich vom Gegenüber nicht abgrenzen wollen. Verschmelzung liegt in ihrem Wesen. Sie passen sich an. Nun kann dieses Streben in extremis so weit gehen, dass der soziale Typ kaum mehr einen Bezug hat, wer er selbst ist, welche Bedürfnisse und Meinungen er selbst hat. Ist der Ordnungsstrukturtyp sehr stark in seinem Positionierungswillen ausgeprägt, kann es beim sozialen Typ bis zur Unterwerfung kommen. Letzterer wird kaum mehr eigene Entscheidungen treffen und er erkennt nicht, was für ihn selbst gut und richtig ist. Ich habe Fälle in meiner Praxis erlebt, da war der soziale Typ überzeugt, dass er ohne den Ordnungsstrukturtyp nicht überlebensfähig wäre. Diese Dynamik kommt bei im frühen Jugendalter geschlossenen und über Jahrzehnte andauernden Ehen und auch in patriarchisch strukturierten Unternehmungen vor. In diesem Beispiel zeige ich eine ungesunde Dynamik einer Ehe auf. Das Familienoberhaupt bestimmt und entscheidet, wie eine Wohnung eingerichtet wird, was es zu essen gibt, wie es gekocht wird und wie die Freizeit zu gestalten ist. Wird dies vom sozialen Typ nie hinterfragt, verliert er nach und nach ein Gefühl dafür, welches Leben er ohne diese Vorgaben führen würde. Er weiß nicht mehr, welche Interessen er selbst eigentlich hat, welche Vorlieben für Freizeitgestaltung, Auswahl von Freunden und was für eine Lebensgestaltung er im Allgemeinen bevorzugen würde. Solche Paare werden als Einheit erlebt, sie sind verschmolzen. Sie werden auch von außen nicht als zwei eigenständige Persönlichkeiten wahrgenommen. Der eine ist vom anderen abhängig. Beide leben in einer gegenseitigen Abhängigkeit. Der Ordnungsstrukturtyp findet seine Bestätigung der Position in der vollständigen Anpassung des anderen, der andere kann seine Verschmelzungssehnsucht nur in dieser Form der Überangepasstheit erleben.

Offene Konflikte gibt es in diesem Sinne nicht. Was ich hingegen hin und wieder feststelle, ist, dass beide voller Ängste sind und der soziale Typ zu Depressionen neigt. Dieses System ist an sich fragil, hält sich aber oft erstaunlich lange aufrecht. Der Grund liegt darin, dass beide Werte sich ergänzen und von beiden Parteien gelebt werden können. Der Ordnungsstrukturtyp wird in seiner Position bestätigt, weil der soziale Typ keinerlei Anspruch darauf erhebt und die Positionsbestätigung des anderen durch Anpassung zum Ausdruck bringt. Der soziale Typ lebt durch seine Unterordnung die gewünschte Harmonie weitgehend konfliktfrei. Zudem findet er es bequem, dass für ihn alles organisiert wird, von ihm sämtliche Probleme ferngehalten werden und er keinerlei Verantwortung für Entscheidungen zu treffen hat. Im analytischen Sinne könnte man auch von einer Eltern-Kind-Beziehung sprechen. Jener, der den Elternteil repräsentiert, erscheint als der mächtigere und jener, der sich in die Kinderrolle begeben hat, beugt sich dem Willen des anderen. Dieses Schema kann bis ins hohe Erwachsenenalter funktionieren, wenn keiner von beiden seine Rolle verlässt. Der soziale Typ fällt durch den häufigen Wortgebrauch von „müssen" und „dürfen" auf. Das lässt darauf schließen, dass er sich keinen freien Willen zugesteht:

- *„Ich muss um sechs Uhr abends zu Hause sein, weil wir dann gemeinsam zu Abend essen".*
- *„Ich darf nie zu spät kommen, weil ich sonst Ärger kriege."*
- *„Man kann doch nicht einfach allein ins Kino gehen, ohne den anderen zu fragen."*
- *„Die Gesellschaft kennt diesbezüglich klare Regeln, die es zu befolgen gilt."*

Der Ehepartner, die Ehepartnerin repräsentiert zudem auch die ganze Gesellschaft, wie wenn es außer diesem nichts anderes mehr gäbe. Daher erscheint der Verbleib in dieser Konstellation überlebenswichtig, weil ein Ausschluss aus der Gesellschaft die totale Isolation und Vereinsamung bedeuten würde. Und aus der Perspektive eines Kindes ist die komplette Isolation von der Welt fatal. Ein Kind kann tatsächlich nicht allein existieren und sich ernähren. Nun spielt sich dieses Eltern-Kind-Muster jedoch zwischen zwei Erwachsenen ab. Wir haben es hier mit einer Opfer-Täter-Symmetrie zu tun. Meist ist sie gewachsen und beiden Partnern nicht bewusst. Beginnt einer von beiden jedoch zu erwachen, zeigt sich die Fragilität dieses Systems rasch. Als Erwachsener hat jeder die Wahl, seine Werte und seine Verhaltensweisen zu hinterfragen und gegebenenfalls zu verändern. Das ahnen beide, wenn sie es nicht bereits im Bewussten wissen. Diese Dynamik von Täter und Opfer wird sich daher mit der Zeit verstärken, weil die Angst vor Positionsverlust und/

oder vor einem drohenden und existenziellen Konflikt ständig anwächst. Wie wir in diesem Buch noch sehen werden, können wir auch nach Mustern, die uns nicht gut tun, süchtig werden. Die Suche nach Positionsbestätigung nimmt zu, gleichzeitig dazu muss die Anpassung verstärkt werden, um die Harmonie zu erhalten, denn ein Konflikt wird zunehmend bedrohlicher. Der Preis der Harmonie wird mit Anpassung, Opferhaltung und zunehmendem Gefühl von Hilflosigkeit bezahlt. Die Ansicht, das eigene Leben selbst nicht meistern zu können, senkt den Selbstwert so sehr, dass dies in eine gravierende Depression führen kann. Auf der anderen Seit steigt das Bedürfnis, sich ständig in der Position bestätigt zu wissen. Die Angst, die Position verlieren zu können, nimmt ständig zu. Angststörungen mit allen zugehörigen Stresssymptomen und psychiatrischen Erkrankungen können Folge solcher tiefgreifenden unbearbeiteten Ängste sein. Die Gefühle, die sich aus dieser Dynamik entwickeln, sind Hass, starke Entwertung und Hilflosigkeit. Sie richten sich gegen die eigene Person und auch gegen den anderen Partner. Einen Weg aus dieser Dynamik herauszufinden, ist mit viel Arbeit, Reflexion und vielen Übungen verbunden. Die Motivation, dieses Muster zu durchbrechen, müsste sehr hoch sein. Beide müssten für sich eine tiefe Bereitschaft zeigen, tiefe Täler zu durchwandern, um sich gänzlich neu im Leben zu „positionieren". Diese Dynamik hat sich unbewusst entwickelt und löst ständig Stress erzeugende Gefühle aus, was eine Erkrankung physisch und/oder psychisch zur Folge haben kann. Grund genug also, sich seine eigenen und fremden Wertesysteme und die damit verbundenen Ängste, Bedürfnisse und Verhaltensweisen bewusst zu machen.

2.2 Typenspezifische Lern- und Entwicklungsfelder

Geraten unsere Grundwerte unter Druck oder kommen sie uns abhanden, löst dies existenzielle Angst aus. Warum? Verbunden mit den Grundwerten ist das Selbstbild, das wir von uns haben. Dazu gehören den Selbstwert erhaltende Rollenbilder. Kommt das eigene Selbstbild unter Druck und fallen die damit verbundenen Rollenbilder weg, dann sprechen wir uns den eigenen Wert ab. Wir fühlen uns wertlos und sprechen uns die Existenzberechtigung ab. Alle drei Grundängste können am Ende – wie wir noch sehen werden – auf die Angst vor dem Tod zurückgeführt werden. Nur steht bei jeder ein anderes Motiv dahinter. Und allen dreien ist gemein, dass diese Angst in der heutigen Zeit nicht real ist.

Dennoch versuchen wir die Ängste möglichst zu vermeiden oder zu unterdrücken, und entwickeln – wie wir in den vorausgehenden Abschnitten gesehen haben – entsprechende Strategien, damit sie uns im Alltag nicht belasten. Das persönlichkeitsspezifische Lern- und Entwicklungsfeld ist es, diese Strategien zu erkennen und auch die Begrenzung zu sehen, die sich daraus ergibt. Dazu müssen wir uns zunächst bewusst sein, wonach wir streben, dann anerkennen, dass uns dieses im Moment gerade abhandengekommen ist, und schließlich gilt es, neue Einsichten zu gewinnen, unsere Rollenbilder in einem neuen Licht zu betrachten und unsere Erkenntnisse darüber zu verändern, zu erweitern und zu vertiefen. Wir sind gefordert, Entwicklungsschritte zu tun, um aus diesem unangenehmen Zustand der Existenzangst herauszukommen.

Seneca, der Stoiker, lehrt uns in seinen Briefen an Lucilius (*Epistulae Morales*), dass unsere Ängste immer zahlreicher sind als unsere Gefahren und dass wir viel öfter in unserer Vorstellung leiden als in unserer Realität. Es gibt kein Übel, dass so groß ist wie die Angst. Dass dieser Satz seine Berechtigung hat, sagt uns einerseits unsere Erfahrung und andererseits auch die unten aufgeführte Theorie.

2.2.1 Das Lernfeld des sozialen Typs

Der soziale Typ hat Angst, aus einer Gruppe ausgeschlossen zu werden, und passt sich deshalb an eine Gruppe an und vermeidet – wenn immer möglich – Konflikte. In einer archaischen Gesellschaftsform bedeutet Gruppenausschluss den Tod. In unserer westlichen Zivilisation sterben wir nicht mehr, wenn uns eine Gruppe ablehnt. Diese Angst ist also nicht real. Unser Gehirn suggeriert jedoch, dass wir eine leichte Beute für wilde Tiere werden.

Wir können uns nicht in jedem Fall anpassen und Konflikte vermeiden. Der soziale Typ sollte lernen, sich und seine Bedürfnisse ernst zu nehmen und bei sich zu bleiben, ohne dass er das Gefühl hat, dadurch mit den anderen Gruppenmitgliedern nicht mehr verbunden zu sein. Konflikte sind hin und wieder wichtig auszuhalten oder sogar aktiv anzugehen, damit Situationen sich entspannen und lösen können. Er muss lernen, dass er nicht für das Glück von anderen zuständig ist und auch nicht wissen kann, was andere für ihr Glück brauchen, ohne dass sie es ihm anvertraut haben. Er kann auch nicht immer und überall für alle da sein, die Welt retten und die Probleme der anderen lösen. Es ist auch nicht möglich, von allen geliebt und gemocht zu werden. Es ist wichtig zu erkennen, dass er den anderen ihr Schicksal zumuten muss, dass andere ihre Probleme selbst lösen können und dass die anderen wissen, was gut für sie ist (auch wenn es ihm nicht den Anschein macht). Er sollte nachfragen, ob er konkret etwas helfen oder tun könne. Sein Lernfeld ist es, bei sich zu bleiben, die eigenen Grenzen anzuerkennen und sich um sich selbst gut zu kümmern. Bevor er meint, er wisse, was der andere denkt, will oder welche Motive er für sein Handeln hat, ist es nützlich, ihn konkret danach zu fragen und dann allenfalls in seinem Auftrag zu handeln. Auch wichtig ist es, dass ein solcher Auftrag abgelehnt werden kann. Neinsagen gehört auch zu den spezifischen Lernfeldern des sozialen Typs.

Untenstehende Sätze, die ich „Mantras" nenne, kann sich der soziale Typ immer und immer wieder in Erinnerung rufen. Es sind Gewissheiten, die seine Themen und Ängste betreffen und denen er mit Achtsamkeit begegnet, bis die Ängste schwinden und sich eines Tages vollständig wandeln.

Einsicht

Ich bin auch für mich selbst – mit und ohne Gruppenzugehörigkeit – ein vollwertiger Mensch

Mantras für den sozialen Typ:
„Ich bin ich und du bist du und ich mute dir dein Schicksal zu und ich trage meins." „Ich gehe meinen eigenen Weg und du gehst deinen, das ist in Ordnung." „Ich bin nicht für alles zuständig, darum frage ich mich: Zu wem gehört dieses Problem?" „Ich grenze mich ab und bleibe bei mir!" „Ich mute den anderen zu, ihre Aufgabe selbst zu erledigen." „Ich bin gut so, wie ich bin, unabhängig davon, was andere finden." „Was andere wirklich denken, muss ich erst erfragen" „Ich trage erst gut Sorge für mich, bevor ich mich um andere kümmern kann." „Ich bin gut so, wie ich bin, und ich bin es wert, hier auf dieser Welt zu sein, ob ich zu diesem oder jenem sozialen System gehöre oder nicht."

„Es ist der natürliche Verlauf, dass alles, woran ich hänge, und alle, die mir lieb sind, sich verändern. Es gibt keinen Weg, der Trennung von ihnen zu entgehen" (Thich Nhat Hanh, 2020, S. 247).

2.2.2 Das Lernfeld des Erkenntnistyps

Der Erkenntnistyp hat Angst vor Stillstand, Routine und Einengung. Der endgültige Stillstand, Das-nicht-mehr-bewegen-können oder Handlungsunfähigkeit, bedeutet für ihn den Tod. Auch diese Angst ist nicht real, solange wir noch atmen.

Der Erkenntnistyp wird hin und wieder in Situationen kommen, in denen er nichts tun, nicht handeln, sich nicht entwickeln kann und damit seine Handlungsfähigkeit beschränkt ist. Es gibt Grenzen im raschen Handeln, darin, Lösungen zu finden, alles perfekt und richtig zu tun, Neues zu schaffen, es besser zu machen oder sich ständig zu entwickeln. Er tut gut daran zu lernen, dass die Stille und das Nichtstun Kräfte mobilisieren. Dass nur aus der Stille heraus Neues entstehen kann. Nicht immer sind rasche Lösungen zielführend. Manchmal brauchen gute Ergebnisse Zeit und Ruhe. Die innere Getriebenheit des Erkenntnistyps kann mit körperorientierten Verfahren wie Akupunktur, Craniosacraltherapie, Shiatsu, Yoga, Qigong, Spaziergängen in der Natur oder Meditation beruhigt werden.

Untenstehende Sätze, die ich „Mantras" nenne, kann sich der Erkenntnistyp repetitiv in Erinnerung rufen. Es sind Gewissheiten, die seine Themen und Ängste betreffen und denen er mit Achtsamkeit begegnet, bis die Ängste schwinden und sich eines Tages vollständig wandeln.

Einsicht

Ich bin mit und ohne Leistung ein vollwertiger Mensch

Mantras für den Erkenntnistyp:
„Mit genießender Gelassenheit schaue ich auf mein bisher Erreichtes – es ist alles da, nichts muss mehr hinzugefügt werden." „Ich habe alles Notwendige getan und nun ist vielleicht ja wirklich die Zeit gekommen, um loszulassen und anzunehmen, was daraus entsteht." „Was immer ist, etwas von dem, was ich in diese Sache hineingesteckt habe, wird sich gelohnt haben." „Etwas von mir steht schon jetzt in seiner Kraft und weiß um meine Fähigkeiten, auch wenn ich sie vielleicht im Moment nicht spüre." „Ich habe einen Stein ins Wasser geworfen und vielleicht ist es jetzt einmal die Zeit, um eine Pause zu machen. So kann ich beobachten, wohin die Wellen gehen." „Und manchmal darf das Gute auch ganz einfach gelingen." „Ich bin gut so, wie ich bin, und ich bin es wert, auf dieser Welt zu sein, auch wenn ich keine Leistung erbringe." „An Fehlern wachse ich, sie sind meine Wegweiser." „In der Ruhe liegt die Kraft, wirklich Neues entsteht in der Stille."

„Es ist der natürliche Verlauf, dass ich sterben werde. Es gibt keinen Weg, dem Tode zu entgehen" (Thich Nhat Hanh, 2020, S. 247).

2.2.3 Das Lernfeld des Ordnungsstrukturtyps

Der Ordnungsstrukturtyp erlebt Todesangst, wenn er seine Position bedroht sieht. In archaischen Gesellschaften oder im Mittelalter bedeutete Positionsverlust Ächtung, also das Verhängen von Friedlosigkeit oder Vogelfreiheit. Solche Menschen hatten keine Rechte mehr und waren damit akut gefährdet. Auch diese Todesangst ist in einem rechtsstaatlichen System nicht real.

Der Ordnungsstrukturtyp sollte lernen, sich der unterschiedlichen Facetten seiner Person bewusst zu werden. Seine Position ist nicht garantiert und dem Wandel unterworfen. Er kann nicht immer der Starke sein, jener, der souverän ist, immer recht hat, sich durchsetzen kann und bewundert wird. Er tut gut daran, zu erkennen, dass er unabhängig von einer Funktion oder Position in einer Gesellschaft überleben kann. Er hat andere Fähigkeiten. Diese Auswahl an unterschiedlichen Talenten sollte er in Betracht ziehen. Dann ist die Position eines von vielen Elementen, die ihn zufrieden machen. Gewinnt er Vertrauen in seine Fähigkeiten und zusätzlichen Eigenschaften, so ist er unabhängiger vom Urteil Dritter und vermag es, zu seinen Schwächen zu stehen, ohne dass er das Gefühl hat, dass andere ihn deswegen verachten. Kraaz (2021) bringt es auf den Punkt: „Seien Sie sich bewusst, dass sowohl Ihre Stärken als auch Ihre Schwächen zu Ihnen gehören […]. Wenn Sie vom Typ her eher ein Verteidiger sind, brauchen Sie nicht zu versuchen, der beste Goalgetter zu werden" (S. 17). Die Reflexion darüber, was ich gut kann und was andere gut oder besser als ich können, ist zu empfehlen. Es ist ja meist so, dass ein Team dann gut zusammenarbeitet, wenn alle ihre spezifischen Fähigkeiten einbringen können.

Untenstehende Sätze, die ich „Mantras" nenne, kann sich der Ordnungsstrukturtyp repetitiv in Erinnerung rufen. Es sind Gewissheiten, die seine Themen und Ängste betreffen und denen er mit Achtsamkeit begegnet, bis die Ängste schwinden und sich eines Tages vollständig wandeln.

Einsicht

Ich bin mit und ohne Position ein vollwertiger Mensch

Mantras für den Ordnungsstrukturtyp:
„Ich bin ich, und ich bin wie ich bin, und so, wie ich bin, ist es gut; ich bin es wert, hier auf dieser Welt zu sein. Keine Position kann meinen Wert erhöhen." „Ich kann mir vertrauen und ich kann auch dir vertrauen." „Was ich erreicht habe, ist in mir, das bleibt bestehen." „Verletzlichkeit zu zeigen, ist auch ein Zeichen der Stärke." „Was immer andere über mich sagen und denken, mein Wert bleibt derselbe." „Ich allein muss nicht alles können: Ein Team braucht Spieler mit verschiedenen Stärken – die richtige Mischung macht ein Team erfolgreich" (Kraaz, S. 17).

„Meine Taten sind meine einzig wirklichen Besitztümer. Den Folgen meiner Taten kann ich nicht entgehen. Meine Taten sind der Boden, auf dem ich stehe" (Thich Nhat Hanh, 2020, S. 247).

2.2.4 Abschließende Bemerkungen zum Wertemodell

Haben wir die Einsicht gewonnen, dass jeder Mensch eigene Wertvor-stellungen und dementsprechend eine andere Weltsicht hat, und wissen wir, zu welchem Persönlichkeitstyp wir gehören, dann haben wir eine Vor-stellung davon, welche Bedürfnisse wir haben, welche Ängste uns besonders triggern und wie wir denken, sprechen und welche Handlungsweisen wir an den Tag legen. Wir kennen also unser Erleben, Denken und Fühlen und können eine bewusstere Ordnung schaffen. Und wir wissen auch, dass andere die Welt möglicherweise ganz anders sehen. Außerdem ist uns bekannt, zu welchem dritten Typ wir keinen guten Zugang haben, weil er uns fremd ist. Die meisten von uns geben einem Wert stark den Vorzug und tragen einen zweiten Wert in sich, der ebenfalls gut zugänglich und stark vertreten ist. Beim Ausfüllen des Fragebogens kommt es vor, dass wir uns zwischen zwei Antworten fast nicht entscheiden können. Das ist meist dann der Fall, wenn wir zwei starke Wertehaltungen in uns tragen. Doch eines der drei Typenmuster ist den meisten Menschen fremd. Mit ihm können sie nicht viel anfangen. Bezogen auf den Fragebogen können wir meist eine Antwort rasch ausschließen. Treffen sie auf Menschen, die ihnen in dieser Hinsicht fremd sind, stehen ihnen diese nicht sehr nahe, denn die Reibungs-fläche ist meist relativ hoch und die Verständigung schwierig. Nun gibt es keinen Grund mehr, sich darüber aufzuregen, weil wir die unterschied-lichen Bedürfnisse, Ängste und daraus abgeleiteten Weltbilder kennen. Und wir kennen jetzt auch unsere Begrenzungen und Lernfelder. Wir sind uns bewusst, wonach wir im Leben ganz grundsätzlich streben, und das bildet einen wichtigen Teil unserer Identität. Die Identität, die sich basierend auf grundlegenden Werten aus unseren Gedanken, Gefühlen und Verhaltens-weisen gebildet hat. Im nächsten Abschnitt beschäftigen wir uns damit noch etwas eingehender.

2.3 Die Identität in Zeiten des Übergangs erhalten

Unsere Identität ist verstrickt mit dem, was die anderen von uns denken und was wir denken, dass die anderen von uns denken. Wunsch (2018, S. 5) bringt es in einem Satz auf den Punkt: „Somit wird das ‚gebende Du' zum Dreh- und Angelpunkt für die Entstehung eines ‚Ich', welches wiederum die Voraussetzung für das Entstehen und Wachsen von Zusammengehörigkeit und Verbundenheit im ‚Wir' ist". Ich gehe davon aus, dass das Selbstbild ebenfalls mit den erwähnten Typenmustern und Grundmotiven der Angst zusammenhängt.

Nachfolgend beschreibe ich die drei Persönlichkeitstypen, wie sie in Zeiten des Übergangs ihre Identität bewahren und psychisch stabil bleiben können. Ich fragte in kurzen Interviews bei einigen Persönlichkeiten nach, was sie in Zeiten des Übergangs hierfür getan haben. Die Persönlichkeiten kommen denjenigen Leserinnen und Lesern, die das Buch *Krisen erfolgreich bewältigen* gelesen haben, bekannt vor (Enzler Denzler & Schuler, Springer, 2018). Ich habe mich wiederum für dieselben Personen entschieden, weil sie sich bereits durch Krisenerfahrungen ausgezeichnet haben. Ich wollte wissen, wie sie nun in dieser Zeit der Pandemie, einer Zeit des Übergangs oder der Krise ihre Herausforderungen bewältigt haben, um psychisch stabil zu bleiben.

Was tut also der jeweilige Persönlichkeitstyp in unsicheren Zeiten, um sich zu sichern? Die Pandemiekrise ist an dieser Stelle besonders geeignet, um die drei Persönlichkeitstypen zu untersuchen, mit welchen Herausforderungen sie besonders konfrontiert sind und wie sie in Extremsituationen stabil bleiben können.

2.3.1 Strategien des sozialen Typs in Zeiten des Übergangs

Der soziale Typ strebt aufgrund seiner Angst vor Ausschluss nach Harmonie in der Gruppe. Darauf baut er seine Identität auf. Er will von den anderen als der gesehen werden, der allen alles recht macht, der die Probleme der anderen löst, der die anderen beschützt, niemanden enttäuscht, nicht aneckt, nicht auffällt und von allen geliebt wird. In Zeiten des Übergangs oder der Krise, zum Beispiel während des Lockdowns, als die Sozialkontakte eingeschränkt worden sind, hat er diese Rolle nur noch beschränkt wahrnehmen können. Werden soziale Typen zum Homeoffice aufgefordert, dann fehlen ihnen die Teamkollegen. Jene, die mit den Sorgen bislang zu ihnen gekommen sind, die Gruppe, zu denen sie sich zugehörig fühlen. Vielleicht haben sie Glück und eine Familie zu Hause, dann können sie ihre Grundsätze dort weiterleben. Doch ist dies nicht möglich, weil sie nur zu zweit oder gar allein leben, dann wird ihre Vorstellung von dem, was sie ausmacht, also ihre Identität bedroht. Ihr Wert „Gruppenzugehörigkeit" oder „Ich bin es wert zu leben, weil ich zu anderen Menschen gehöre, die mich lieben und für die ich da bin, die ich beschützen kann", fällt weg oder gerät stark unter

Druck. Eine Vorstellung von sich, die jedoch mit dem Lebenswert verknüpft ist, fällt teilweise oder ganz weg. Damit fällt in ihren Augen eine wesentliche Existenzgrundlage weg und die Wut und Trauer darüber sind groß:

- *„Wer bin ich nun, wenn ich mich nicht um andere kümmern kann?"*
- *„Braucht es mich dann noch auf dieser Welt?"*

Das sind existenzielle Fragen, die auftauchen können und die Existenzängste hervorrufen. Gerade in den unsicheren Zeiten einer Pandemie, in denen die Ablenkungsmöglichkeiten gering sind und wir aufgefordert werden, daheim zu bleiben und nicht auszugehen, können diese Frage drängend werden. Uns täglich einen neuen Sinn zu geben, weshalb wir auf dieser Welt sind, ist anstrengend und sind wir nicht gewohnt. Wie rasch hatten wir früher Möglichkeiten, neue Gruppen, Menschen und Kontakte zu finden, um unsere Wertigkeit und Identität unter Beweis zu stellen. Wir haben immer neue Felder gefunden, um uns um andere zu kümmern und unsere Vorstellung von uns zu zementieren. Was haben soziale Typen gemacht, um sich während des Lockdowns zu stabilisieren? Sie suchten neue Felder, um sich nützlich zu machen. Sie haben sich in der Nachbarschaft bemerkbar gemacht. Sie gingen für ältere Leute einkaufen oder hüteten die Kinder von Leuten, die ebenfalls im Homeoffice waren, damit diese in Ruhe arbeiten konnten, sofern ihnen dies erlaubt war. Andere kochten oder buken Brot und Kuchen, die sie in der Nachbarschaft anboten und zum Selbstkostenpreis verkauften. Schwierig war es für jene, die sich vor der Pandemie in der Gesellschaft vor allem dadurch nützlich machten, weil sie Enkelkinder hüteten oder betagte Eltern pflegten. Diese Aufgabe geriet in diesen Zeiten stark unter Druck und war teilweise nicht möglich auszuführen. Andersherum wurden älteren Menschen – gerade in Altenheimen – von Sozialkontakten abgeschottet. Der stimulierende Außenkontakt fehlte ihnen über lange Zeit. Ähnlich ging es den Alleinstehenden in Singlehaushalten. Soziale Typen, welche ihr Selbstbild basierend auf ihren Grundwerten – *„Ich bin nützlich für ein soziales System und merke, wie sehr ich von anderen geliebt werde"* – nicht leben können, neigen zu depressiven Verstimmungen. Wollen sie psychisch gesund und stabil bleiben, dann ist es wichtig, dass sie einen Weg suchen, um andere Wege für Sozialkontakte zu finden. Zum Beispiel Apéro über Video, gemeinsames „Zusammensitzen" am Kamin über FaceTime, Telefonanrufe mit Menschen oder ein Picknick im Wald, gemeinsame Spaziergänge mit Nachbarn oder das sich Treffen von Balkon zu Balkon. In verschiedenen Gärten wurden Holzöfen aufgestellt, Stühle und Decken bereitgestellt, um mit den Nachbarn oder engen Freunden,

Familien im Freien zusammensitzen zu können. Viele Sozialkontakte fanden – auch bei klirrender Kälte – draußen statt. Anstelle der Büro-, Vereins- und anderen Kollegen wuchsen Nachbarschaft, Familien und enge Freundeskreise zusammen. Viele zeigten sich hilfsbereiter und freundlicher als zu Zeiten vor der Pandemie. Mit Bankberatern, Coiffeuren, Garagisten, Verkäufern, Handwerkern und sonstigen Gelegenheitsbegegnungen unterhielten sich viele länger und tiefgreifender als früher. Im günstigsten Fall bleibt auf diese Weise das Selbstbild des sozialen Typs erhalten und die daraus resultierende Existenzangst kann kompensiert werden. Untenstehend finden Sie einige Antworten von Personen, die ich zu diesem Thema interviewt habe und die ich dem sozialen Typenmuster zuordne.

Zitate, die dem sozialen Muster zugeordnet werden können

Monisha Kaltenborn: *„Wir stehen vor der Herausforderung, dass die sozialen Kontakte massiv eingeschränkt sind und wir uns überlegen müssen, wie wir unsere Verhaltensweisen ändern, um dennoch miteinander im Austausch bleiben zu können. Wir müssen neue Wege gehen, um uns sozial zu engagieren. Jeder muss also selbst überlegen, was er in dieser Situation beitragen kann, was der Gemeinschaft von Nutzen ist."*

Eric Sarasin: *„Ich hoffe, dass wir aus der Krise Positives mitnehmen. Wir haben gelernt, wie wir sozial besser miteinander umgehen können und haben an kleinen Dingen wieder mehr Freude. Wir müssen mehr Rücksicht und Respekt gegenüber unseren Mitmenschen haben. Die Digitalisierung und Vernetzung werden uns positiv prägen. Ich will mich mehr zur Rettung dieses Planeten einsetzen, wir müssen sensibler werden auf Umweltthemen und wir Menschen müssen uns klar werden, dass der Unterschied zwischen Arm und Reich nicht noch größer werden darf!"*

Konrad Hummler: *„In Krisenzeiten soll man unter keinen Umständen den Humor verlieren, das ist das Wichtigste. Ich stellte mir während der ganzen Krise vor, live in einer Tragikomödie von Eugene Ionesco zu stecken, zum Beispiel den „Nashörnern". Der Tanz um die Masken hatte etwas absolut Komödiantisches: Zunächst schnöde als unnütz und unnötig abgetan, mauserten sich die Stoffstreifchen mit der Zeit zum behördlich verordneten Muss-Accessoire, sogar unter Bußandrohung. Die reale Welt liefert die besten Stories! Leider konnte man seinem Mitgefühl aus epidemiologischen Gründen aber physisch kaum Ausdruck verleihen. Franz von Assisi durfte noch Pestkranke umarmen. Uns ist es untersagt …"*

Franziska Tschudi: *„Ich mache mir schon Sorgen um gewisse Mitarbeitende, die allein wohnen, sich mit niemandem mehr treffen können und im Homeoffice sind. Wir organisieren regelmäßige Videocalls, sog. «Kaffeepausen»-Treffen, und ich mache vermehrt persönliche Ansprachen. Ich glaube, man schaut schon etwas besser zueinander als früher und kümmert sich mehr umeinander. Es reicht mir auch, mit weniger auszukommen. Ich genieße es, einfach zu kochen und mit meinem Partner zusammenzusitzen. Es wird mir bewusst, wie wenig es eigentlich braucht, um zufrieden zu sein. Ein paar wenige Menschen, die einem nahestehen, reichen aus."*

Allgemein stellt sich folgende Herausforderung für den sozialen Typ bezogen auf die Coronapandemie: Wie, wo und wie anders kann ich trotz Vereinzelung und eingeschränkten Sozialkontakten Verbundenheit spüren?

2.3.2 Strategien des Erkenntnistyps in Zeiten des Übergangs

Der Erkenntnistyp strebt aufgrund seiner Angst vor Stillstand nach Weiterentwicklung. Darauf baut er seine Identität auf. Er will vorwärts gehen, in Bewegung sein und braucht hierfür die notwendige Freiheit. Homeoffice kommt ihm eher gelegen. Kann er es sich einrichten, dass er in Ruhe arbeiten kann, dann ist er in seiner Arbeit zu Hause effizienter unterwegs als im Büro. Er kann ungestört von Unterbrechungen Projekte durchdenken und sich in seine Arbeit vertiefen. Er verliert keine unnötige Zeit mit Pendeln und kann seine Arbeit dann erledigen, wenn er sich dazu wach und fit fühlt. Das heißt, der Erkenntnistyp schätzt das Homeoffice aufgrund der freiheitlichen Gestaltung des Tages. Anders als der soziale Typ vermisst er die Kontakte mit seinen Kollegen weniger. Will er etwas von ihnen wissen, dann ruft er sie an oder beraumt eine Videokonferenz ein. Diese läuft dann strukturiert und sachorientiert ab. Dass dabei der Small Talk am Anfang, Ende oder in Sitzungspausen wegfällt, ist für ihn nicht weiter schlimm, solange er effizient zu seinen Informationen gelangen kann, die ihn in seiner Arbeit weiterbringen. Anders als der Ordnungsstrukturtyp mag es der Erkenntnistyp, sachorientiert zu führen oder geführt zu werden. Er definiert sich über Leistung und nicht über Hierarchie. Also stört es ihn auch nicht, wenn er seine Teammitglieder nicht kontrollieren kann, ob und wann sie ihre Arbeit erledigen. Ihn interessieren nur deren Ergebnisse. Führung als hierarchisches Instrument ist für ihn nicht relevant, weil er sich nicht über die Position definiert. Mit dem Team zusammen gute Ergebnisse zu erzielen, diesem Wert folgt er; wer darin welchen Rang einnimmt, ist für ihn unwichtig, Hauptsache, jeder bringt seine Fähigkeiten ein. Der Erkenntnistyp ist womöglich der einzige der drei Typen, der Homeoffice wirklich schätzt. Schwierig wird es für ihn dann, wenn er seine Fähigkeiten, seine Leistung nicht zur Verfügung stellen kann. Gehört er einem Wirtschaftszweig an, der vom Lockdown betroffen ist, wie Kulturschaffende, Restaurantbesitzer, Veranstalter, Tanzschulinhaber, Betreuer und Coaches von Mannschaftssportarten oder Seminarleiter, dann kommt sein Grundwert „Leistung und Weiterentwicklung" arg unter Druck und die Existenzangst vor Stillstand tritt hervor. Damit jene Betroffene gesund und stabil bleiben können, sind sie gehalten, erfinderisch zu werden. Wirte boten Take-aways an – nicht, weil sie damit viel verdienten, nur um weiter arbeiten zu können.

Kulturschaffende gaben Konzerte über Streaming oder in ganz kleinen Gruppen oder komponierten ganz neue Stücke. Schauspieler, Piloten und andere Berufsgattungen suchten Arbeit in der Landwirtschaft. Seminarleiter schrieben Bücher und Tanzschulinhaber bildeten sich in Akrobatiktanz und in neuen Feldern weiter, betreuten Kindertanzgruppen oder kochten für betagte Menschen. Solange der Wert „Leistung und Weiterentwicklung" gefunden werden konnte, blieben diese Menschen stabil. Sie arbeiteten sich in neue Felder ein, suchten neue Herausforderungen und waren zufrieden, dass diese Pandemie sie dazu trieb, ganz andere Dinge zu sehen und zu erleben, die sie ohne diese Einschränkungen nie erfahren hätten. Untenstehend finden Sie einige Antworten der von mir befragten Personen, deren Inhalt ich dem Erkenntnismuster zuordne.

Zitate, die dem Erkenntnismuster zugeordnet werden können

Monisha Kaltenborn: *„Es ist nicht sinnvoll, sich von Ängsten leiten zu lassen. Wir wissen nicht, was dieses Virus wirklich für Langzeitfolgen hat, und wir müssen uns auf die Forschung verlassen, welche wir nicht beeinflussen können. Wir können nur für uns selbst eine Lösung finden, wie wir trotzdem weitergehen. Wir sind gehalten, diese Situation zu akzeptieren, uns an sie anzupassen und daraus zu lernen, was wir in Zukunft anders machen könnten. Wir müssen also neue Strategien entwickeln. Ich bin schon lange in der virtuellen Welt unterwegs, darum fällt mir dieser Schritt relativ einfach. Dennoch bin auch ich gehalten, die Ruhe zu bewahren, mich der Situation anzupassen und neue Wege zu gehen. Weiter finde ich es ganz wichtig, dass wir die vom Staat verordneten Maßnahmen kritisch hinterfragen und uns selbst unsere Gedanken dazu machen. Es geht nicht darum, dafür oder dagegen zu sein und sich in den Extremen zu bewegen, dies würde ich unnützlich und falsch finden. Doch haben wir in Europa in den letzten Jahrzehnten etwas Großartiges erreicht, nämlich die Meinungsäußerungsfreiheit. Diese Errungenschaft der Freiheit müssen wir erhalten und darum gegenüber den Maßnahmen kritisch bleiben oder uns gegebenenfalls sogar dagegen wehren, das ist unsere Verpflichtung und unser Recht als Bürger und Bürgerin."*

Eric Sarsin: *„Als Präsident der Krebsliga Basel habe ich erfahren, dass krebskranke Personen und deren Angehörige durch die Pandemie in den Hintergrund gedrängt wurden. Es galt nicht mehr als Priorität, und auch die Spendenaktivitäten sind praktisch zum Erliegen gekommen. Ähnliches habe ich auch in meinen anderen fünf Stiftungsratsmandaten erlebt. Wir haben neue Wege gesucht und neue Konzepte lanciert, sodass wir einiges auffangen* *konnten. Ich hoffe, dass vor allem auch nach der Pandemie unsere Aktivitäten honoriert und eine Goodwill-Welle auslösen werden."*

Rolf Soiron: *„Ich habe das Glück, intensiv in ein analytisch-psychologisches Studium eingebunden zu sein, welches ich neu begonnen habe. Das schafft erstens weite Perspektiven und gibt zweitens viele Gelegenheiten zu einem spannenden Austausch."*

Konrad Hummler: *„In meiner Führungsspanne galt es zu entscheiden, was ich mit meinem großen und mittlerweile international erfolgreichen Kultur-projekt der Bach-Stiftung anfange. Wir hätten im Jahr 2020 rund 20 Chor(!)-Konzerte im In- und Ausland vorgehabt, darunter eine h-Moll-Messe im Petersdom in Rom. Ich erklärte bereits im März das Jahr 2020 zum „Sabbat-jahr" und verlegte die Tätigkeit auf mehrheitlich Edukatives im Internet. Zum Glück versuchten wir nicht, den Engagements nachzurennen. Das wäre höchst frustrierend geworden. Ich kann auch positive Resultate nennen: Unsere globale Internet-Community hat sich vermutlich verdoppelt in dieser Zeit. Die YouTube-Zugriffe haben die Zehn-Millionen-Grenze hinter sich gelassen, die Fangemeinde auf Facebook und Instagram wächst kontinuierlich. Wir erhalten sehr wertvolle Korrespondenz aus aller Welt, und wir selbst haben definitiv gelernt, für die Kamera und das Mikrophon zu produzieren. Live."*

Franziska Tschudi: *„Mir fehlen Konzerte und Kino. Doch eigentlich reicht mir etwas Zeit für mich und ein gutes Buch."*

Allgemein stellen sich folgende Herausforderungen für den Erkenntnis-typ bezogen auf die Coronapandemie: Wie, wo und wie anders kann ich mein Interesse trotz Erschöpfung und Einschränkungen meiner Tatkraft lebendig erhalten? Zu welchen Lernprozessen – auch in der Gemeinschaft – könnte ich anregen?

2.3.3 Strategien des Ordnungsstrukturtyps in Zeiten des Übergangs

Der Ordnungsstrukturtyp sucht aufgrund seiner Angst vor Positionsver-lust eine klar geregelte Position in einem sozialen System. Kennt er seine Verantwortung und sind seine Kompetenzen klar geregelt und zu anderen Positionen abgegrenzt, dann findet er psychische Stabilität. Denn darauf baut er seine Identität auf. Er will einen klaren Platz in einer Hierarchie und braucht hierfür klare Normen und Regelungen der Verantwortlich-keiten. Homeoffice kommt ihm eher ungelegen. Im fehlt dort die Sichtbar-keit des sozialen Systems, der Personen auf anderen hierarchischen Ebenen, die Kontrolle, was diese tun, wo sie sich aufhalten, wann sie arbeiten und wann sie Pausen machen. Im Homeoffice verliert er die Kontrolle über das Einhalten der Normen, darüber, ob seine Kollegen die hierarchischen Strukturen einhalten. Ähnlich wie dem sozialen Typ fehlt ihm der physische Kontakt zu den Mitarbeitenden, jedoch aus einer anderen Motivation. Daheim spürt er die klare Abgrenzung seiner hierarchischen Position zu den anderen nicht. Das verunsichert ihn. Denn anders als der Erkenntnistyp führt er andere nicht aufgrund von Ergebnissen, sondern hierarchisch. Er braucht deshalb die Kontrolle darüber, wer was wann genau erledigt, und will sehen, wie dieser arbeitet und über den Verlauf der Arbeiten informiert sein. Auch als Mitarbeitender braucht er die physische Nähe seiner Vorgesetzten, um sicher zu sein, dass er mit seiner Arbeit auf einem guten Weg ist und ihm keine Fehler unterlaufen sind, die seine Position gefährden könnten. Das heißt, er möchte in seiner Arbeit auch kontrolliert werden.

Schwierig wird es für ihn dann, wenn er um sich kein soziales System erfährt, das nach klaren Regeln strukturiert und organisiert ist. So, weil er vielleicht allein lebt oder seine Position nur im beruflichen System definiert hat, im familiären, privaten jedoch nicht. Fällt dann der Beruf weg oder sind die Arbeitskollegen nicht greifbar, ist es wichtig, dass er sich neu positioniert. Im Beruf wird er vielleicht regelmäßige Videokonferenzen einberufen, mit anderen Kollegen auf diese Weise in Kontakt treten oder so rasch als rechtlich möglich Homeoffice aufgeben. Vielleicht strukturiert er auch seine Familie neu, indem er zu Hause Aufgaben verteilt und Verantwortlichkeiten in Haushaltsangelegenheiten genauer als früher regelt.

Solange der Wert „Position" gefunden werden konnte, blieben diese Menschen stabil. In Übergangszeiten, zum Beispiel aufgrund der Pandemie, strukturieren sie sich neu, sie regeln oder kontrollieren Verantwortlichkeiten über Videokonferenzen, schauen, dass Homeoffice nur marginal gelebt wird, oder regeln zu Hause oder im privaten Umfeld die Verantwortlichkeiten neu. Sie sind darauf bedacht, die Oberhand zu behalten, sich durch Regelwerke und eine klare Strukturierung ihrer Umgebung als unverwundbar in ihrer Position zu fühlen. Ordnungsstrukturtypen gehören auch eher zu derjenigen Gruppe, die sich eine klare Meinung im klugen Umgang mit der Pandemie bilden und sich selbst eher als unverwundbar bezeichnen, indem sie die Gefahr einer Erkrankung für sich selbst ausschließen. Dies, weil sie den Grundsatz „Ich muss immer stark sein und gewinnen" verinnerlicht haben.

Untenstehend zitiere ich einige Antworten von Personen, die ich dazu interviewt habe, deren Inhalt ich dem Ordnungsstrukturmuster zuordne.

Zitate, die dem Ordnungsstrukturmuster zugeordnet werden können

Rolf Soiron: *„Ich habe bei einem jungen Menschen, der mir nahesteht, erlebt, wie rasch jugendliche Sorglosigkeit vergeht, wenn die Diagnose positiv ist. Es war keine Todesangst; die ist ja bei Jungen unbegründet. Aber da war erstens die Sorge, es könnte halt doch zu bleibenden Schäden kommen; und zweitens war der Verlust der bisher gefühlten «Unbesieglichkeit» eine Erfahrung, die nicht leicht war."*

Konrad Hummler: *„Die Pandemie des Zusammenbruchs der aufgetürmten Schuldenberge steht uns noch bevor. Das werden dann echt unsichere Zeiten. Man müsste sich mental darauf vorbereiten."*

Eric Sarasin: *„Ich bin überzeugt, dass aus dieser Pandemie ein positiver Ruck durch die Gesellschaft gehen wird. Ich sehe dies als Unternehmer, der in Jung-firmen investiert, täglich. Eine Aufbruchstimmung macht sich breit, und jeder sollte sich daranmachen, seinen Beitrag zu leisten. Von allein wird die Wende zu Besserem nicht kommen; wir müssen eine Ordnung schaffen, die erlaubt, einfacher und prominenter in Jugend- und Klimaprojekte, in denen auch ich mich engagiere, zu investieren. Die Politik sollte eine Stimmung „Jetzt erst recht" propagieren. Vermutlich werden wir in der Wirtschaft auch Härtefälle sehen, aber mit einem größeren Gemeinsamkeitsgefühl, einer neuen Ordnung, die sich breitmachen werden, werden wir es schaffen, uns zurückzumelden."*

Franziska Tschudi: *„Es gibt mehr Spaltung in der Gesellschaft. Der Umgang mit anderen Meinungen ist bösartiger geworden. Sei das bei der Konzern-initiative, Mobilfunkantennen oder Meinungen über Covid-Maßnahmen. Ich stelle eine Zunahme der Hassrhetorik fest, gerade in der Pandemiekrise wird das meiner Meinung nach sichtbar. Es geht um Rechthaben, das stelle ich fest, dass Leute zum Teil nicht mehr rational agieren, sondern einfach ideologisch auf ihren Standpunkten beharren. Ich glaube, dass hier vor allem Angst zugrunde liegt, die ist nun verstärkt worden. Diese Krise ist ein Katalysator für Themen, die schon vorher bestanden haben. Die Muster und Einteilung nach Böse und Gut gab es vorher, hat sich aber eindeutig verstärkt. Eigentlich bin ich auch darum froh, dass ich nicht mehr so viele physische Sitzungen habe. Klar, ich bin auch älter geworden, vielleicht ist es deshalb oder auch weil diese Krise mir ein gutes Argument liefert, doch ich brauche diese Positionierung eigentlich gar nicht mehr. Ich bin zufrieden, wenn ich einfach daheim ausruhen und Aufgaben und Funktionen abgeben kann. Außerdem brauche ich nicht mehr so viele verschiedene Kleider, um mich zu zeigen. Man kann also auch bei solchen Gütern reduzieren. Die Krise hat mir einen Anstoß gegeben, mich etwas aus dem Geschäft und verschiedenen Positionen zurückzuziehen, mich mehr auszuruhen, gesund zu kochen, obwohl ich im Moment eigentlich gar nicht wenig arbeite."*

Allgemein stellen sich folgende Herausforderungen für den Ordnungsstruktur-typen bezogen auf die Coronapandemie: Welche neue staatliche Ordnung gibt Sinn und wo sehe ich meine Verantwortung, um staatliche Maßnahmen zu hinterfragen und die Gesellschaft oder mein Umfeld zum Wohle der Betroffenen neu zu ordnen? Was könnten wir aus den neuen Maßnahmen für die Zukunft ableiten und wie könnten wir sie sinnvoll entwickeln?

3

Übergang von der Bewusstheit zum Bewusstsein

„A person who has given up all desires for sense gratification, who lives free from desires, who has given up all sense of proprietorship and is devoid of false ego – he alone can attain real peace" (Bhagavad Gita; 2.71).

„Jemand, der alle Wünsche nach Sinnbefriedigung aufgegeben hat, der frei von Wünschen ist, allen Anspruch auf Besitz aufgegeben hat und frei vom falschen Ego ist – er allein kann wirklichen Frieden erlangen" (Bhagavad Gita, 2.71).

Dieses Kapitel ist ein Übergangskapitel. Übergänge haben mit Leere und Stille zu tun, wie wir in diesem Buch bereits erfahren haben. Darum beginne ich hier mit einem Stilleexperiment. Die Bewusstheit ist die Ebene der Identität, des Selbstbildes, die Ebene des Egos. Wir müssen uns einen äußerlichen Rahmen schaffen, um uns zu nähren und psychisch zu stabilisieren. Nach dem Stilleexperiment befasse ich mich mit den Grundzügen des Egos. Im folgenden Kapitel tauche ich weiter in die Thematik Ego ein und schildere seine Existenz im Zusammenhang mit neuropsychologischen Vorgängen. Mir scheint es wichtig zu verstehen, wie es dazu kommt, dass wir mit unserem identitätsbildenden Ego so stark verhaftet sind. Damit verstehen wir auch, wie schwierig es ist, dieses zu überwinden und loszulassen. Ich leite anschließend langsam über zum Wertewandel und den veränderten Rollen- und Selbstbildern. Diese Gedanken scheinen mir wichtig, einerseits um das Wesen des Egos noch besser zu verstehen, und andererseits, um sich der Ebene des Bewusstseins anzunähern. Wir identifizieren auf diesem Weg unsere Schattenseiten, die mit dem Ego verbunden sind. Wir holen sie ans Licht. Die Schattenarbeit, das Erkennen, Annehmen und Wandeln der eigenen Schattenseiten, ist aus meiner Sicht unumgänglich, um Bewusstsein zu erfahren.

3.1   Bewusstheit erlangt, Angst besiegt? Selbsterfahrung im Stilleexperiment

Die von uns aufgebaute Identität gibt uns so lange Stabilität in der Welt, wie die äußeren Voraussetzungen hierfür gegeben sind. Das ist das Wesen des Egos. Es kreiert ein Selbstbild, damit wir jemand sind und Geschichten über uns erzählen können. Wir unterscheiden uns durch sie und fühlen uns als Individuum existent. Diese Geschichten und Zuschreibungen werden wiederum von der Außenwelt gespiegelt und womöglich verstärkt. Das gibt uns Sicherheit und Stabilität. Wir wissen, wer wir sind und womit wir es zu tun haben. Das ist die Ebene der Bewusstheit.

Erreichen wir mit Bewusstheit eine stabile Zufriedenheit? Wir wissen, wie wir ticken, haben gelernt, dass andere anders ticken und unsere Weltbilder unterschiedlich sind. Wir wissen, wie wir unser Selbstbild stabilisieren können. Wir wissen, wonach wir streben, was uns zufrieden macht, welches Umfeld und welche Umweltbedingungen uns guttun. Doch ist diese Stabilität wirklich stabil oder nur augenscheinlich stabil, ist diese Identität, die das Ego aufgebaut und gefestigt hat, auf Felsen oder doch eher auf Sand gebaut? In ruhigeren Zeiten fühlen wir uns stabil und sicher, wir erleben uns als handlungsfähig und finden das, was uns zufrieden macht. Wie wir gesehen haben, können wir uns auf der Ebene der Bewusstheit auch in Zeiten der Übergänge stabilisieren. Wir müssen vielleicht unsere Strategien etwas anpassen und ein paar Dinge dazulernen. Das haben wir im vorausgehenden Kapitel erfahren. Aber haben wir auch unsere Grundangst besiegt? Ist sie dadurch verschwunden?

Ich möchte nun einen Schritt weiter gehen, um die Ebene des Bewusstseins zu erkunden. Bevor es so weit ist, ermutige ich die Leserin und den Leser an dieser Stelle zu einem Experiment. Ein Stilleexperiment: Gehen Sie einen oder mehrere Tage in die Stille. Sie sind gesund und munter, verordnen sich jedoch einen oder mehrere Tage Alleinsein. Ohne zu sprechen, ohne jemanden zu treffen, ohne zu lesen, ohne fernzusehen, ohne Mails zu versenden, ohne zu putzen, aufzuräumen, Arbeiten zu erledigen, zu schreiben, zu telefonieren, einzukaufen, ins Kino, Konzert, Theater oder nach draußen zu gehen. Bleiben Sie einen Tag, einen zweiten oder ein paar mehr mit sich allein in einem Raum, in der Stille. Vielleicht fahren Sie zu diesem Experiment in eine einsame Alphütte, in ein Kloster oder in ein

Seminarhaus, welches solche Experimente zulässt. Vielleicht bleiben Sie auch allein zu Hause in den eigenen Räumen. Tun sie nichts und das mit ganzem Herzen. Schälen Sie eine Karotte, so schälen Sie sie im Bewusstsein, dass Sie eine Karotte schälen. Atmen Sie ein, im Bewusstsein, dass Sie einatmen. Atmen Sie aus, im Bewusstsein, dass Sie ausatmen. Gehen Sie ein paar Schritte, im Bewusstsein, dass Sie gehen. Sitzen Sie auf einem Stuhl, im Bewusstsein, dass Sie auf einem Stuhl sitzen. Essen Sie einen Apfel, im Bewusstsein, dass Sie in einen Apfel beißen und ihn kauen, schlucken, und werden Sie sich seines Geschmacks bewusst.

Was geht in Ihnen vor? Registrieren Sie Ihre Gedanken, Gefühle, Ihren Schmerz, Ihre Getriebenheit, alles, was sich zeigt. Lassen Sie es bewusst vorbeiziehen, beobachten Sie, was da ist. Was taucht auf? Seien Sie mutig und lassen Sie alles bewusst zu. Alles ist in Ordnung, weil es eh da ist und nur den Raum der Stille nutzt, um aufzutauchen. Nähern Sie sich Ihren Schattenseiten an. Sehen Sie in Ihre Lücke hinein, erfahren Sie die auftauchende Leerstelle. Das ist gut; Sie erkennen und identifizieren Ihre damit verbundenen Gedanken und Gefühle.

Stilleexperiment

Bevor Sie in diesem Buch weiter lesen, ist es günstig, sich mit dem Stilleexperiment vertraut gemacht zu haben. Denn das Lesen und Denken kann die Erfahrung selbst nicht ersetzen.

Von diesem Prozess, den Sie in der Stille vielleicht auch erlebt haben, handeln die nachfolgenden Abschnitte. Ich erkläre zunächst das Wesen des Egos anhand neuropsychologischer Grundlagen und erläutere die damit verbundenen Schattenseiten, Gedanken und Stress auslösenden Gefühle. Die Schattenarbeit ist ein umfangreiches Thema in diesem Buch. Zunächst ist es wichtig, die Schatten zu erkennen, sie liegen ja im Dunkeln und wir sind stets bemüht, sie auch dort zu belassen. Wir lenken uns ab und tun so, als hätten wir sie nicht. Doch hin und wieder machen sie sich bemerkbar. Anstatt sie weiterhin zu verdrängen, gehen wir sie aktiv an. Wir lassen sie zu, heißen sie willkommen. Wir danken denjenigen Menschen, die uns auf sie aufmerksam gemacht haben, danken den Umständen, die sie ans Licht gebracht haben, und gehen liebevoll mit uns um. Ich komme auf die Schattenarbeit in verschiedenen Abschnitten zu sprechen. Sowohl auf dem Weg zur Bewusstheit und ganz besonders auf dem Weg zum Bewusstsein ist es unumgänglich, uns mit den Schatten auseinanderzusetzen und sie zu integrieren und mit ihnen Frieden zu schließen. Nur wenn uns das gelingt, bauen wir unser Selbst auf Felsen und können jederzeit auf diesem festen Boden auftreten. Er bildet eine Basis in unserem inneren.

Lernmöglichkeit aus der Coronapandemie

Die Zeit des Lockdowns für Zeiten der Stille hin und wieder nutzen, um die Stille als Ressource kreativer Schöpfungskraft und innerer Kraftquelle wahrnehmen zu können. Ich empfehle, diese Übung auch nach den einschränkenden Coronamaßnahmen immer wieder einzubauen, um so die Entschleunigung weiter zu praktizieren.

3.2   Chancen in Zeiten des Übergangs: Die Natur des Egos erkennen

„Jeder Mensch erfindet sich früher oder später eine Geschichte, die er für sein Leben hält, ... oder eine ganze Reihe von Geschichten ..." (Max Frisch, 1964, S. 11).

Im vorhergehenden Abschnitt haben wir erfahren, dass wir die Existenz unseres Selbstbildes, welches unser Ego von uns kreiert hat, sichern können, indem wir das in unserer Umgebung finden, was uns zufrieden macht. Finden wir als sozialer Typ Zugehörigkeit, als Erkenntnistyp Weiterentwicklung und als Ordnungsstrukturtyp die gewünschte Position in einem sozialen System, fühlen wir uns stabil. Wir haben unsere Geschichten, die wir für unser Leben halten. Ändert sich nun aber die Realität grundlegend, wie dies zum Beispiel in Krisenzeiten, zum Beispiel im Fall der Pandemie vorkommen kann, dann ist es möglich, dass uns die äußeren Reize abhandenkommen. Das Ego findet in solchen stürmischen Zeiten seine Existenz bestätigende Reize nicht mehr. Wir beginnen zu ahnen, dass äußere Reize nicht stabil sind. Das Ego hat auf Sand gebaut. Plötzlich werden wir uns der Truthahn-Illusion bewusst: Nichts in der Außenwelt war je stabil, wir hatten einfach Glück, dass wir so lange von tiefgreifenden Krisen verschont geblieben sind und wir stets unsere Nahrung im Außen gefunden haben. Das löst denselben Stress aus, wie wenn ein Raubtier hinter uns her wäre. Stresshormone werden ausgeschüttet und wir suchen krampfhaft danach, wie wir unser Ego stabilisieren könnten.

Die Fragen, die in einer sich unfreiwillig ereignenden Krise oder im freiwilligen Stilleexperiment auftauchen, sind häufig diese:

- *Was ist der eigentliche Sinn?*
- *Wer bin ich, wenn ich meine grundlegenden Werte im Außen nicht mehr finde?*
- *Wer bin ich wirklich? Worum geht es im Leben eigentlich?*
- *Kann ich auch ohne das, was mich ausmacht, ohne meine Identität weiter existieren?*
- *Was brauche ich zum Leben wirklich? Wozu bin ich auf diese Welt gekommen?*
- *Kann ich ohne all dies, was ich gemeint habe so sehr zu brauchen, leben?*

Wir reißen die Augen auf und haben den Eindruck, dass das Höhlengleichnis des griechischen Philosophen Platon zum Greifen nah geworden ist. Das Höhlengleichnis vergleicht die sinnlichen Dinge der Welt mit einer unterirdischen Höhle, in der Menschen scheinbar gefangen und an Stühle angekettet leben und ein Schattenspiel betrachten, das sie für das echte Leben, die Realität halten. Weil sie immer nur nach vorne blicken, bemerken sie nicht, dass es ein Feuer ist, das von Ferne eine Lichtquelle darstellt, und dass sie nur Schatten betrachten. Würde eine Person losgebunden, sähe sie das Feuer und wäre so geblendet, dass sie sich sofort wieder umdrehen und die Schatten betrachten würde, die ihr vertraut sind. Nur unter Zwang würde sie die Höhe verlassen, um ans Sonnenlicht zu treten und die wahre Welt zu erblicken. Sie müsste sich langsam daran gewöhnen, weil sie dies zu sehr verwirrte, außerdem würden die anderen Gefangenen, kehrte die Person zu ihnen zurück, sie für verrückt erklären und ihr nicht glauben. Treten wir also durch eine Krise oder weil wir es selbst so entscheiden aus dem Schattenspiel heraus, erkennen wir, dass das, was wir bisher gelebt und gedacht haben, nicht die ganze Realität ist und nicht unser gesamtes Sein ausmacht, dass die Ängste, die wir analysiert haben, nicht verschwunden waren, sondern latent immer in uns schlummerten. Auf einen Schlag sind wir uns vielleicht unserer Fesseln bewusst, Fesseln, die eigentlich gar nicht existieren, und dieses Wissen verwirrt uns. In Zeiten des Übergangs ist diese Erfahrung unsere Chance. Wir haben jetzt die Möglichkeit, Bekanntschaft mit unserem Ego zu machen, es zu identifizieren und uns von ihm zu befreien. So gelangen wir allmählich zu einer inneren Sicherheit, die auf Fels – anstatt auf Sand – gebaut ist. Doch wie schaffen wir es, unabhängig von äußeren Gegebenheiten, äußeren Situationen, von der materiellen Welt unser Selbst stabil zu halten? Wir schaffen wir es, unser wahres Selbst zu erkennen und zu erahnen, was das „Eigentliche" im Leben ist? Wie schaffen wir es, diese wahre Realität, das „Sonnenlicht", zu sehen und die Schattenspiele des Egos zu entlarven? Wie können wir im Sturm, im

Regen, im Schneegestöber, bei Blitz und Donner unser Selbst stabil halten? Trotz widriger Umstände innerlich ruhig, friedlich und im Mitgefühl verbleiben? Der Stoiker Epiktet schreibt folgendes: „Bei allem, was deine Seele verlockt oder dir einen Nutzen gewährt oder was du liebhast, denke daran, dir immer wieder zu sagen, was es eigentlich ist. Fang dabei mit den unscheinbaren Dingen an. Wenn Du einen Krug liebst, so sage dir: ‚Es ist ein Krug, den ich liebe.' Dann wirst du nämlich nicht die Fassung verlieren, wenn er zerbricht. Wenn du ein Kind oder deine Frau küsst, so sage dir: ‚Es ist ein Mensch, den du küsst.' Dann wirst du nämlich nicht die Fassung verlieren, wenn er stirbt" (Epiktet, 2020, 3, S. 9).

Zunächst ist es wichtig zu verstehen, dass wir unser Ego nicht so einfach über Bord werfen können. Das Höhlengleichnis von Platon ist vielen von uns vertraut und die Weisheit von Epiktet würden wir unterschreiben, doch der Weg dahin scheint uns nicht begehbar. Das hat seinen Grund, und den erläutere ich im folgenden Abschnitt mit Erkenntnissen aus der Neuropsychologie. Wir können uns der Ebene des Bewusstseins nur in kleinen Schritten annähern und vermutlich werden wir unser ganzes Leben dahingehend Schritte tun. Denn haben wir das Ego und seine Natur erfahren, dann werden sich unsere Werte, unsere Rollen- und Selbstbilder wandeln, und wir werden immer wieder mit unseren Schattenseiten konfrontiert. All dies kommt in den folgenden Abschnitten zur Sprache.

3.2.1 Das Wesen des Egos und die Neuropsychologie

Alle vorhin genannten Persönlichkeitsmuster basieren, ob bewusst oder unbewusst, auf einer Ego-Illusion. Wir finden so lange innere Stabilität, als die äußeren Reize den eigenen Wertvorstellungen entsprechen. Und genau so lange dauert unsere innere Ruhe und unser Frieden. Scheinbarer Frieden und scheinbare Ruhe. Denn ich hinterfrage diese Aussage. Ist es nicht so, dass wir alle instinktiv wissen, dass sich diese äußeren Reize und Gegebenheiten, die uns glücklich machen, nicht verändern dürfen? Das innere Gleichgewicht basiert im Grunde auf instabilen und nicht kontrollierbaren Begebenheiten. Wir leben in der Anhaftung an die äußeren Reize, wir suchen sie und brauchen sie so sehr für unser Gleichgewicht, dass wir süchtig nach ihnen sind. Sucht ist jedoch – bewusst oder unbewusst – mit Leiden verbunden. Irgendwo in uns, wenn wir allein sind und keine Ablenkung haben, nichts lesen, nicht fernsehen, keine Partys haben, kein Gegenüber, keiner Tätigkeit nachgehen, dann kommt etwas in uns hervor, dass uns Angst macht. Eine Lücke, eine Leerstelle. Haben Sie das Stilleexperiment gemacht, dann wissen Sie vielleicht, wovon ich spreche. Etwas in uns macht sich bemerkbar und zeigt uns auf, dass wir nicht vollständig sind. Die meisten von uns schieben dieses Gefühl auf die Seite und konzentrieren sich wieder auf die äußere Welt, auf die Bedingungen, die unser Ego braucht. Wir suchen nicht freiwillig eine längere Zeit der Stille auf. Wir rufen jemanden an, wir versichern uns, dass wir noch Freunde haben und zu einem sozialen System gehören, wir nehmen ein Dossier hervor und beginnen zu arbeiten, lesen oder lernen etwas oder gehen ins Büro, um mit Mitarbeitenden zu sprechen und ihnen Aufgaben zu erteilen. Wir tun also das, was wir immer tun, was unser Ego – welches entweder nach dem sozialen, Erkenntnis- oder Ordnungsstrukturmuster funktioniert – braucht.

Dies nennen wir Schema. Unser Gehirn hat neuronale Netzwerke aufgebaut, in denen die Neuronen in denselben Mustern zusammen feuern. Ein einzelnes Neuron weiß im Grunde nichts. Es ist in ihm keine Bedeutung gespeichert. Die Bedeutung entsteht erst, wenn Neuronen gleichzeitig in einem Muster aktiviert sind. Nehmen wir etwas wahr, dann binden sich Nervenzellen im Gehirn zusammen, die gleichzeitig aktiviert werden, und dies führt zu „komplexen neuronalen Erregungsmustern" (Grawe, 2004, S. 63). „Cells that fire together wire together" (Grawe, 2004, S. 65). Was im Gehirn immer wieder gleichzeitig aktiviert wird, wächst zusammen, und das eine Erregungsmuster löst immer wieder auch das andere aus. Auf diese Weise verfestigen sich Gehirnstrukturen und es reicht ein kleiner Input, der uns an etwas Bekanntes und Vertrautes erinnert, um dieses Schema oder Erregungsmuster im Gehirn auszulösen. Und da dieses auch in Zukunft immer wieder gesucht und gefunden wird, können wir auch prognostizieren, wie sich jemand mit einem bestimmten Erregungsmuster oder neuronalen Schema in Zukunft verhalten wird. Wie er sich in der Welt sieht, was er für Werte hat, wie er handelt, fühlt und argumentiert. So wächst die Vorstellung von uns selbst und der Realität, in der wir uns bewegen. Unser inneres Schema, unsere Vorstellung von uns selbst, unsere Identität oder eben unser Ego ist so stark in uns gewachsen, dass wir an diesen bekannten Reizen festhalten und süchtig nach ihnen werden. Ja, wir können auch süchtig nach Reizen werden, die uns gar nicht guttun. Die Stress auslösend sind. Die in uns Wut, Trauer, Gier, Hass, Eifersucht oder Ablehnung, Ekel auslösen. Warum? Weil auch die negativen Reize unsere Vorstellung von unserer persönlichen Identität untermauern können. Ist unsere Vorstellung von uns selbst negativ, weil wir denken, wir sind nichts wert und verdienten es, schlecht behandelt zu werden oder Mangel erleiden zu müssen, dann wird auch dieses Selbstbild im Gehirn stabilisiert und es werden ständig Situationen aufgesucht, in denen dieses Denkmuster aufgerufen wird. Wir können also auch süchtig nach Wut, Trauer, Selbsthass, Angst, Scham, Eifersucht und Ekel, Demütigung, Erniedrigung werden. Gefühle, die Stress auslösen. Stress bringt den Stoffwechsel in Gang. Wir schütten zum Beispiel das langfristige Stresshormon Kortisol aus. Kortisol macht uns wach und leistungsfähig, weil es Energie für die Flucht oder den Kampf bereitstellt. Wir brauchen weniger Schlaf. Diese erhöhte Leistungsfähigkeit hat Suchtpotenzial – insbesondere in einer Leistungsgesellschaft wie der unsrigen. Vielleicht erinnern wir uns an das Beispiel unter dem Thema Wertekonflikte. Der soziale Typ, welcher sich so sehr an den Ordnungsstrukturtypen angepasst hat, dass er sich selbst ohne den Partner als lebensunfähig bezeichnet hat und in einer Opferhaltung seiner Umwelt gegenübergetreten ist. Sein Umfeld hat ihn denn auch als depressiven, misstrauischen, unselbstständigen und labilen Menschen erlebt. Sein Selbstwert war derart beschädigt, dass er sich selbst als verachtenswert befand und Scham, Reue und Selbsthass seine ständigen Gefühlsbegleiter waren. Dieser Mensch hatte ein Ego gebildet, das nicht förderlich für ihn war. Geändert hat er es deshalb nicht, weil er sich immer wieder in dieselben Situationen begeben hat, die dieselben Gefühle auslösten. Seine neuronalen Strukturen

- *„Ich bin nichts wert",*
- *„Ich kann mein Leben nicht selbst gestalten",*
- *„Ich darf nicht glücklich sein",*
- *„Ich habe keinen Respekt vor mir selbst",*
- *„Ich schäme mich"*

bekamen täglich Nahrung, um gemeinsam zu interagieren und zu feuern. Ein stabiles Neuronenmuster ist entstanden und hat sich verfestigt. Auf der anderen Seite hat er sich mit den vielen Stresshormonen, die diese negativen Gefühle ausgelöst haben, beruflich emporgearbeitet. Er ist aus der privaten Situation geflohen und hat sich im Beruf kämpferisch gegeben. Wir sehen das Muster „flight and fight". Was bedeutet das? Die missliche private Situation hat ihm die nötige Energie bereitgestellt, um beruflich sehr erfolgreich zu sein. Die Basis des Erfolgs war allerdings nicht Freude, sondern die Kompensation des Mangels an Selbstwert und die Angst, dass andere erkennen könnten, dass eine gefühlte Lebensuntauglichkeit dahintersteht. Würde also die missliche Situation im privaten Umfeld sich verändern, könnte sich auch der Berufserfolg verändern. Was bedeutet, dass sich das gesamte Leben verändern könnte. Die persönliche Welt würde vielleicht für eine Zeit aus den Fugen geraten. Da wir aber Vorsehbarkeit, Berechenbarkeit, Stabilität und Kontrolle brauchen, um unser Ego zu nähren, wird es sehr schwierig sein, ein solches System, welches ja in der Balance zu sein scheint, zu verändern. Wir haben also aus neuronaler Sicht die Verschaltungen im Gehirn, die immer und immer wieder im selben Muster feuern, und dazu kommt die fehlende Motivation, eine Veränderung einzuleiten, weil äußerlich eine stabile Situation vorliegt. So heben wir auch Erinnerungsgegenstände und Liebesbriefe von Ex-Freunden auf, die uns täglich umgeben. Erstaunt es dann, dass wir damit immer und immer wieder mit den damit verbundenen Gefühlen, die ja zu einem Abbruch der Beziehung geführt haben, konfrontiert werden? Dass wir auf diese Weise uns in den alten Mustern aufhalten? In den alten Gefühlen, die mit diesem Ex-Freund, dieser Ex-Freundin verbunden sind? „Cells that fire together wire together", und damit rufen wir ständig und immer wieder das alte Muster ab. Damit machen wir die Vergangenheit zur Zukunft. Das Ego will existent sein; ob sich dieses nun an einem positiven oder einem negativen Selbstbild festhält, ist im Grunde irrelevant. Ich finde es daher nachvollziehbar, dass eine Änderung erst dann eingeleitet werden kann, wenn diese Stabilität durch äußere Veränderungen der Situation aus den Fugen gerät. Wenn also das alte neuronale Muster seinen Dienst versagt und nicht mehr abgefeuert werden kann. Das kann dadurch geschehen, dass beruflich gravierende Misserfolge eintreten oder der Job gekündigt wird, durch Pensionierung oder durch andere Diese Einflüsse führen dazu, dass die Gedanken an den geringen Selbstwert nicht mehr verdrängt werden können, weil äussere Ablenkungs- oder Kompensationsmöglichkeiten fehlen. Nehmen wir das jüngste Beispiel der Pandemie: Viele Menschen sind in der Folge des Lockdowns mit sich selbst konfrontiert worden.

Der Beschluss des Bundesrates, alle Kinos, Fitnesscenter, Restaurants, Konzerte und andere Vergnügungen zu schließen und Ausreisebeschränkungen zu verhängen, haben daran gehindert, beruflich unterwegs zu sein und sich abzulenken. Im Homeoffice sind viele Menschen ihrer privaten Situation direkter ausgesetzt als sonst. Führungsqualitäten sind anders gefragt als vorher. Es ist plötzlich nicht mehr nötig, sich über Kleidung und Schmuck zu definieren. Es ist nicht mehr gefragt, durch die Büros zu gehen, um von den Angestellten bewundernde und ehrfürchtige Blicke einzufangen. All dies ist im Homeoffice nicht mehr relevant. In Zeiten ohne Ablenkung, ohne diese bekannten Reize könnte sich in uns allen etwas öffnen. Etwas, das wir nicht definieren können, eine Leerstelle. Vielleicht stellte sich der eine oder andere die Frage: Wer bin ich wirklich? Worum geht es im Leben eigentlich? Solche Fragen sind möglich, weil das Gehirn das alte vertraute Schema nicht mehr findet, um im gewohnten Muster zu feuern. Das Ego wird mit den altvertrauten, gewohnten

Verhaltensweisen und Reizen nicht mehr genährt. Dieser Zustand wird in der Regel als äußerst unangenehm erlebt. Im Grunde ist aber gerade eine solche Situation eine gute Gelegenheit für einen Frühjahrsputz. Innen wie außen. Wir haben nun die Möglichkeit, uns von alten Mustern zu befreien und neu zu denken. Und neu denken heißt, Neues zu erleben und Neues zu fühlen. Bei dieser Gelegenheit könnten wir alle Gegenstände, die uns an die alten vertrauten Geschichten und Stress erzeugenden Gefühle erinnern, aussortieren, damit neue Gedanken und Gefühle noch mehr Raum erhalten können! Doch wie kommt es, dass wir uns so schwer damit tun?

Klingt es für Sie absurd, süchtig nach Problemen und negativen Gefühlen zu sein? Ein für uns ungünstiges Selbstbild aufrechtzuerhalten? In Situationen zu verharren, die für unser Wohlbefinden schädlich sind und Stress auslösen? Sie kennen bestimmt Menschen, die in einer ständig entwertenden Partnerschaft, an einer frustrierenden Arbeitsstelle, unsicheren Wohnumgebung verharren, obwohl diese Situation schädlich für sie ist. Wie kommt es dazu, fragen wir uns dann, dass dieser Mensch lieber unglücklich bleiben will, anstatt etwas in seinem Leben zu verändern? Es scheint, dass solche Menschen auf diese Situationen konditioniert sind, wie wir es im oben beschriebenen Fall erfahren haben. Würden solche Menschen ihre Umgebung ändern, ohne dass sie die neuronalen Schaltkreise verändern, dann würden sie ähnliche Situationen wieder erleben, weil sich das Gehirn – also ihr Denken und Wahrnehmen – auf solche Situationen spezialisiert hat. Eine Veränderung der Arbeitsstelle könnte bedeuten, dass dieselben Schwierigkeiten an der neuen Stelle wieder auftreten, weil wir das Vertraute anziehen und aufsuchen. Die inneren *Glaubenssätze*

- *„Arbeit ist reiner Broterwerb und hat nichts mit Freude zu tun",*
- *„Das Wichtigste ist, seinem Pflichtgefühl nachzukommen",*
- *„Partnerschaft ist eine reine Zweckgemeinschaft und hat nichts mit Liebe zu tun",*
- *„Das Wichtigste ist, Zugehörigkeit zu empfinden"*

verbunden mit den Gefühlen von Frust, Wut, Hass, Angst und Trauer werden deshalb auch an anderen Arbeitsstellen und in anderen Partnerschaften aktiviert. Grawe nennt diesen Vorgang „Kontextkonditionierungen" (S. 96). Ein zentraler Teil in unserem Gehirn ist der Hippocampus, er ist spezialisiert darauf, Konfigurationen und Situationen in Raum und Zeit zu verarbeiten, und er ist es, der die Verbindung zur Amygdala herstellt, um die erlebte Situation gefühlsmäßig zu verbinden und abzuspeichern. Die Amygdala, der Mandelkern, ist vor allem für Gefühle, insbesondere für die Angst zuständig. Bei Angst feuert sie stark, nicht nur bei realen Bedrohungen, sondern auch dann, wenn kein freier Tiger in Sicht ist. Sie feuert auch dann, wenn eine Erinnerung (Kontextkonditionierung) an eine unangenehme Situation aus der Vergangenheit aufkommt. Es ist sogar möglich, dass die Amygdala feuert und der Betroffene merkt gar nicht, dass er Angst hat. Die Amygdala weiß gar nicht, wovor sie Angst haben muss. Dennoch setzt das Gehirn die Hormonausschüttung in der Nebennierenrinde in Gang, die auf Dauer schädigende Auswirkung haben kann. Dieser Mechanismus kann so vertraut sein, dass der Betroffene sich an die ständige Angst gewöhnt und dieses Muster, inklusive die Ausschüttung von Stresshormonen, ständig hervorruft. Der Betroffene sucht also immer wieder ähnliche Kontexte auf, die diesen Vorgang evozieren. Das heißt auch, dass er immer wieder in ähnlichen Mustern denkt und ähnliche Gefühle hat, die dann zu seinem Selbstbild werden. Wie kommt es dazu? Ich knüpfe an das oben erwähnte Beispiel an. Nehmen wir an, ein Kind bekommt zu verstehen, dass es im Grunde von seinen Eltern unerwünscht ist. Die Eltern wollten sich scheiden lassen und dann entschieden sie sich, dies nicht zu tun, weil sie noch ein Kind erwarten. Dieses Kind wird von beiden Elternteilen als Störfaktor wahrgenommen. Es verhindert die Freiheit der Eltern, das zu tun, was sie längst wollten, nämlich je ihr eigenes Leben zu leben. Ohne dass dies die Eltern je ausgesprochen hätten, spürt dies das Kind. Oder es meint, es zu spüren, das ist für das Kontextlernen nicht wichtig. Dieses Kind gelangt – unbewusst – zur Idee, es hätte die Ehe der Eltern gerettet. Dies sieht es als wichtig für sein Überleben an. Ohne das Zusammenleben der Eltern, so meint es, würde es nicht überleben. Dass der Partnerschaft keine Liebe zugrunde liegt, ist für das Kind nicht wichtig. Es hat die Überlebensstrategie und den Grundsatz für sich gebildet: „Das physische Zusammenbleiben von Partnern rettet mein Leben. Ich bin fähig, eine Ehe zu retten und mein Überleben damit zu sichern und Zugehörigkeit zu empfinden." Das Kind entwickelt unbewusst ein neuronales Schema: „Partnerschaft bedeutet überleben, Zugehörigkeit ist wichtig. Liebe ist hierfür nicht wichtig. Ich bin fähig, Abhängigkeiten zu schaffen." Diese Weltanschauung löst, wie man sich leicht vorstellen kann, zwar Angst, Wut, Trauer und Frust aus, wird aber, weil vertraut, auch im Erwachsenenalter aufrechterhalten. Angenommen, dieses Kind hat keine Liebe erfahren, dann ist die Liebe in keinem neuronalen Netzwerk „verdrahtet". Die langfristigen emotionalen Reaktionsmuster, die wir nach außen hin beobachten können, sind Bitterkeit, Depression und emotionale Verschlossenheit. Nehmen wir weiter an, das Kind gehört zum sozialen Persönlichkeitstyp. Dann strebt es nach Zugehörigkeit zu einem sozialen System. Der Ausschluss aus einem solchen löst extreme Angst aus. Dazu passen seine Grundannahmen, dass eine Partnerschaft dem Überleben dient und unter allen Umständen aufrechtzuerhalten ist und es diese Fähigkeit dazu auch hat. Auf der Ebene des äußerlich sichtbaren Verhaltens wird dieses Kind auch als Erwachsener ein hohes Maß an Anpassung, Konfliktvermeidung, fehlender Eigenpositionierung, Entscheidungsschwierigkeiten zeigen und sich auf Vermittlerrollen spezialisieren. Auf der Gefühlsebene wird es zynisch, verbittert und depressiv verstimmt wahrgenommen. Es wird diese Gefühle zu einem dominierenden Persönlichkeitszug machen. Und es wird dies alles als „normal" ansehen, weil es keine anderen neuronalen Schemen im Gehirn gebildet hat. Es weiß gar nicht, dass es sich auch anders fühlen könnte. Es ist die einzige Realität, die es kennt, und es meint, „so ist das Leben". Es wird vielleicht nicht einmal sagen können, dass es unglücklich ist. Weil es nicht weiß, was „Glück" bedeutet und wie sich diese Emotion anfühlt. Alles, worauf es sich fokussiert hat, war, dass es sein Überleben sichern muss, und dieses ist ihm gelungen. All dies kann mehr oder weniger bewusst geschehen und durch Kontextkonditionierung zur unbewussten Programmierung werden. Mit der Zeit spiegeln sich Verhalten, Gedanken und Gefühle in der äußeren Körperhaltung wider. Als Mann fällt er durch seinen gekrümmten Rücken, durch einen leeren Blick und herunterhängende Mundwinkel auf. Aufgrund der ständig ausgeschütteten Stresshormone bilden sich Krankheiten, wie Bluthochdruck, zu hoher Cholesterinspiegel, Magen-Darm-Beschwerden, Schlafstörungen und schwere depressive Verstimmungen mit Antriebslosigkeit, Nervosität und erhöhter Reizbarkeit. Dennoch: Trotz der fortschreitenden Erkrankung sucht er diese äußeren Reize – eine lieblose und auf Manipulation begründete Partnerschaft – immer wieder auf, weil dieser Kontext ihm vertraut ist. Weil sein Ego danach süchtig geworden ist und er schließlich „jemand sein" will. Er bestätigt auf diese Weise seine Existenz. An diesem Beispiel sehen wir, dass nicht nur das positive Ego nach Bestätigung strebt, sondern auch das negative Selbstbild immer und immer wieder bestätigt werden will. Deshalb werden immer und immer wieder dieselben Lebenssituationen aufgesucht, damit dieselben neuronalen Schaltmuster zusammen feuern können. Diese lösen immer wieder dieselben Gedanken, Gefühle und Verhaltensmuster aus. Dies alles steht in einer Wechselwirkung. Auf diese Weise lässt sich die Zukunft prognostizieren, weil sie ein Abbild der Vergangenheit darstellt.

Nichts Wesentliches verändert sich. Das Gehirn speichert einzig erlebte Episoden ab und verknüpft diese mit einer Emotion. Hat es einmal etwas abgespeichert, fokussiert es auf schon Erlebtes und Bekanntes und ruft seinen Speicher auf. Das Gehirn ist im Grunde ein Prozessor für

Vergangenes. Neues zu erfahren, heißt lernen, und lernen ist ein Vorgang, der mit Aufwand und Energieeinsatz verbunden ist. Ich werde oft gefragt, ob unser Ego anerzogen, geprägt durch die Umwelt ist oder es aus dem Menschen selbst entsteht. Es ist die Frage nach Huhn oder Ei. Ich meine, dass wir von Geburt an eine Veranlagung mitbringen. Wir neigen dazu, uns über eine Position zu definieren, über Status, oder wir definieren uns eher über Zugehörigkeit oder andere definieren sich über den Intellekt, Leistung, Lernen und Entwicklung. Das Umfeld kann unsere eigenen angeborenen Eigenschaften und Neigungen verstärken oder aber wir finden diese Werte in unserer Familie nicht, dann ist es möglich, dass wir lernen, fremde Werte zu unseren eigenen zu machen. Letzteres ist oft verbunden mit dem Gefühl, nicht ganz dazuzugehören oder nicht aus demselben Holz geschnitzt zu sein wie die übrigen Familienmitglieder. Die Prägung der Bezugspersonen ist also ebenso maßgebend wie die Anlage des Kindes. In den ersten Lebensjahren verarbeitet das Kind seine Erlebnisse im basalen Gehirnteil, weitgehend im limbischen System, dort wo die Gefühle verortet sind. Es hat noch keine Sprache und das Frontalhirn, welches Ordnung schaffen kann, ist noch nicht ausgebildet. Das Kind hat eine diffuse Ahnung, ein Gefühl dafür, was Beziehungen sind, wie sie funktionieren, welche Rolle es in der Herkunftsfamilie spielt, was es tun muss, wie es zu sein hat, wie es schauen soll, um gut behandelt und geliebt zu werden, um zu überleben. Schon früh feuern im basalen Gehirnteil Neuronen zusammen und bilden Schemen. Bestimmte Gefühle kommen hoch. Wunsch (2018, S. 19) bringt es entwicklungspsychologisch auf den Punkt: „9 Monate Schwangerschaft und die ersten 36 Monate nach der Geburt machen 90 % von dem aus, was Kinder und Jugendliche im weiteren Leben – ob unter positivem oder negativem Vorzeichen – prägt." Um bei unserem Beispiel zu bleiben: Angst, Hilf- und Wertlosigkeit, vermischt mit Wut und Trauer könnten damals schon die vorherrschende Gefühlslage gewesen sein. Mit der Zeit hat das Kind eine Sprache und findet Worte für seine Gefühle. „Ich bin nichts wert, ungeliebt, unerwünscht", darum fühle ich mich wütend, traurig und habe Angst, nicht überleben zu können. Diese Gedanken sind noch diffus, das Sprachareal noch nicht ausgebildet und daher geschieht dies alles im Unbewussten. Was ebenfalls ausgebildet wird, ist die entsprechende Körperhaltung, die zu diesen Gefühlen passt. Ein solches Kind wird eher gebückt laufen, sich ducken, anpassen, sich verstecken und bei Problemen die Flucht ergreifen. Es wird ängstlich in die Welt blicken und oft den Blick gesenkt halten. Die Körperhaltung verstärkt dann die Gefühle und die Gefühle die Glaubenssätze („Ich bin nichts wert") und die Glaubenssätze bedingen das Verhalten („konfliktscheu, antriebslos"). All dies steht in einer Wechselwirkung und bedingt sich gegenseitig und löst sich gegenseitig aus. Schon allein eine spezifische Körperhaltung kann Gefühle und Gedanken auslösen. Probieren Sie es aus: Stehen Sie mit gebücktem Rücken da, wie können Sie da Freude empfinden? Mit gebücktem Rücken werden Sie eher negative Gedanken haben und damit auch eher das Gefühl von Trauer abrufen. Richten Sie sich hingegen auf, atmen tief durch, dann verschwindet das Gefühl der Trauer und die Gedanken verändern sich. Und so, wie sich die Gedanken verändern, verändern sich auch die Neuronen und bilden neue Verknüpfungen. Ihr Körper wird aufrecht und in einer guten Grundspannung besser durchblutet. Cantieni, Hüther et al. (2017) haben Wärmemessungen durchgeführt. Sie zeigen, dass die aufrechte Körperhaltung eine höhere Energiefrequenz in den einzelnen Organen auslöst als eine gebückte und niedergeschlagene Haltung. Freude, Glück, Liebe können im Körper energetisch gemessen werden, sie haben ebenfalls energetisch die höhere Schwingungsfrequenz als Trauer, Wut und insbesondere Angst. Wie wir später im Buch sehen werden, stimmt diese Aussage mit Beobachtungen an Gehirnfrequenzen überein. Freude, Glück, Mitgefühl, Dankbarkeit schwingen in synchronen, sehr hohen Gammafrequenzen, während Wut, Angst, Trauer Stress auslösend sind und im Gehirn tiefere und asynchrone Frequenzmuster im Betaband zeigen.

Das Gehirn ist jedoch keine fixe Struktur. Es zeigt auf schädigende als auch auf förderliche Einflüsse eine große Anpassungsbereitschaft. Aktivieren wir bestimmte neuronale Schaltkreise nicht mehr, dann werden sie erstaunlich schnell schwächer und feuern nicht mehr im selben Schema. Die neuronalen Verbindungen bilden sich zurück und neue Verbindungen können entstehen. Umgekehrt haben wir gelernt, dass intensive wiederkehrende Einflüsse immer wieder dieselben Synapsen aktivieren, die mit der Zeit eine Gehirnstruktur bilden und die bekannten Prozesse immer leichter ablaufen lassen, bis sie automatisiert sind (Grawe, 2004, S. 139). Die gute Botschaft ist die Feststellung, dass das Gehirn anpassungsfähig ist. Auch sehr gut entwickelte Hirnstrukturen, die über längere Zeit nicht mehr genutzt werden, entwickeln sich zurück, und dadurch kann sich ein Schema auflösen. Damit sind neue Gefühlszustände, Gedanken- und Verhaltensmuster möglich. Wir sind nicht gezwungen, uns in denselben Kontexten aufzuhalten, und damit ist es uns möglich, unser Selbstbild, unser Ego zu verändern. Es ist also möglich, wie Platon es im Höhlengleichnis beschreibt, unsere Fesseln zu lösen und an die Sonne zu treten. Wir werden sogar feststellen, dass da gar keine Fesseln waren und das Licht in uns selbst ist.

Die neuronale Plastizität des Gehirns kommt uns entgegen. Bereits eine veränderte Körperhaltung löst andere Gefühle und dadurch veränderte Gedanken aus. Wir können also durch intensive neue Einflüsse das Gehirn so verändern, dass neue tragende Strukturen entstehen und neue Einsichten und Gedanken und Gefühle möglich werden (Grawe, 2004, S. 139). Neuronale Veränderungen von spezifischen motorischen Trainings über drei Wochen, 10–20 min pro Tag, zeigen nachweisbare Veränderungen im Gehirn (Grawe, 2004, S. 139). Dies löst auch einen anderen Stoffwechsel im Körper aus. Die Gefühle wie Angst, Wut und Trauer lösen in uns Stress aus. Was auf lange Sicht ungesund ist. Wir können rein durch eine veränderte Körperhaltung andere Gefühle evozieren und andere Gefühle bringen andere Gedanken mit sich. Tun wir dies immer und immer wieder, bauen wir ein neues neuronales Schema auf. Wir denken anders über uns, über unsere Umwelt. Wir haben neue Gedankenmuster, eine neue Haltung und wir können damit unser Ego verändern. Die gute Nachricht ist also, dass unser Ego instabil ist, es ist veränderbar. Wir müssen nicht länger eine verbitterte und depressive Person sein. Wir können uns entscheiden, uns anders zu sehen. Doch Achtung, dies ist mit viel Aufwand und möglicherweise mit einem steinigen Weg verbunden, eine hohe Motivation ist nötig. Sind wir nicht länger diese Persönlichkeit, dann ist es möglich, dass wir nicht mehr zur bisherigen Umwelt, zur bisherigen Familie, ins bisherige Team, zum bisherigen Job passen. Hier befinden wir uns an einem kritischen Punkt. Die meisten fallen in Kenntnis dessen in ihr altes Ego zurück, weil es ihnen zu risikoreich erscheint, neue Wege zu gehen und dem bisherigen Umfeld ein verändertes Ich zuzumuten. Das Umfeld reagiert vielleicht auch entsprechend mit den Worten: *„Jetzt kenne ich ihn nicht mehr, er ist nicht mehr er selbst, er ist in einer Midlife-Crisis."* Das Umfeld wird einiges daransetzen, diesen Menschen von seinem Weg abzubringen. Schließlich haben auch sie Schemen im Gehirn gebildet, die zu diesem Menschen passen. Sie haben sich von ihm ein Bild gemacht, welche Identität er hat. Dieses Bild, ebenfalls eine Illusion, passt womöglich zu ihren Schaltkreisen im Gehirn, zu ihren Glaubenssätzen und Wertvorstellungen. Auch das Umfeld ist nicht interessiert daran, die eigenen Muster und Schemen zu verändern, und strebt danach, dass alles beim Alten bleibt. Ansonsten wäre es gehalten, bei sich etwas zu verändern und die eigene Haltung und Wertung zu hinterfragen. Wie wir in verschiedenen Beispielen in diesem Buch gesehen haben, passen verschiedene – auch ungünstige – Verhaltensmuster zueinander und stabilisieren ein soziales System. Dies droht aus den Fugen zu geraten, wenn sich eine Person in diesem System verändert. Ist der Veränderungswille also nicht vollkommen ausgebildet, was passiert dann? Klar, das alte neuronale Muster tritt – wenn immer irgend möglich – sofort wieder in Aktion. Denn so rasch werden diese Schemen eben doch nicht vergessen, so rasch lösen sie sich nicht auf. Wir sehen, wie schwierig es ist, ein vertrautes Ego mit seinen vertrauten Sicht- und Fühl- und Verhaltensweisen abzulegen. Auch deshalb wirken Selbstbilder sehr stabil, weil das Risiko einer Veränderung meist gescheut wird und die Sucht nach dem Vertrauten zu stark ist. Die Grundwerte und daraus abgeleiteten und in diesem Buch vorgestellten Persönlichkeitstypen sind deshalb meist sehr stabil und lebensbestimmend. Unter welchen Bedingungen erfolgt eine Veränderung des Selbstbildes, des Egos? Eine Veränderung erfolgt, wie der Leser und die Leserin schon an anderer Stelle dieses Buches erfahren hat, in den meisten Fällen über eine Krise. Dann, wenn in der Außenwelt die aufrechterhaltenden Bedingungen, die für die Existenz des Egos wichtig sind, ganz und gar und unwiederbringlich wegfallen. Werden wir gezwungen, in die Stille zu gehen, indem wir auf uns selbst zurückgeworfen werden, weil äußere Ablenkung nicht mehr funktioniert, dann ist es unumgänglich, dass wir uns mit unserer Lücke, dieser inneren Leerstelle, auseinandersetzen. Wie das vorhin erwähnte Beispiel des Lockdowns in der Pandemie. Viele von uns wurden auf sich selbst zurückgeworfen, die Bewegungsfreiheit war stark eingeschränkt und die Ablenkung spärlich. Manch einer wurde zur Innenschau gezwungen. Selbstbilder wurden in Frage gestellt. Viele Egos wurden von außen zu wenig genährt. Viele neuronalen Schemen wurden unterbunden und konnten nicht mehr in gewohnten alten Mustern feuern. Die äußere Krise der Pandemie und der Wirtschaft wurde für viele von uns zu einer inneren, persönlichen Krise. Im Grunde bot die Pandemie auch die Gelegenheit, sich vollständig neu auszurichten, das Ego zu hinterfragen und neue Schemen im Gehirn zu bilden. Die Motivation in einer Krise ist deshalb hoch, weil uns meist gar nichts anderes bleibt, außer Neues zu lernen. Wir sind gezwungen, uns zu fragen:

- *Wer bin ich?*
- *Was brauche ich wirklich?*
- *Was gibt es, was mich unabhängig von Äußerlichkeiten stabilisiert und wirklich zufrieden macht?*
- *Wie komme ich trotz Wegfall meiner lieb gewonnenen äußeren Reize zur inneren Ruhe und Stabilität?*
- *Woraus besteht diese Lücke, diese Leerstelle in mir und wie könnte ich sie schließen?*

Wir erfahren die Instabilität unseres alten Egos. Wir sehen ein, dass wir auf Sand gebaut haben und die Stabilität, die wir meinten zu haben, eine Illusion war. Wir merken – gerade aufgrund eines unsichtbaren Virus –, dass alles dem Wandel unterworfen ist. Aufgrund staatlicher Einschränkungen ist es vielen verwehrt, Dinge, die uns vorher scheinbar glücklich machten, zu erreichen. Es wird uns schmerzlich bewusst, dass wir über diese Dinge nicht mehr gebieten können. Und was empfiehlt der Stoiker Epiktet in seinem Handbüchlein der Moral (2019)? *„Wenn er (der Eindruck) mit etwas zu tun hat, über das wir nicht gebieten, dann habe die Antwort zur Hand: ‚Es geht mich nichts an' (2, S. 7)".* Die Buddhisten nennen diesen Zustand „in Gleichmut verweilen". Das hat nichts damit zu tun, dass uns einfach alles Äußere „Wurst" sein soll, es hat vielmehr mit der Einsicht zu tun, dass wir keinen Einfluss über äußere Dinge haben. Und dass wir uns vielleicht anders aufstellen müssen, um die innere Zufriedenheit zu stabilisieren. Wir sollten uns auf etwas konzentrieren, was in unserer Macht liegt. Was liegt denn in unserer Macht? Der Atem. Der Atem, der uns zu unserer wahren Natur führt. Er ist die Verbindung zwischen innen und außen. Er führt uns zu unserem wahren Selbst, auf jenes Ich, das auf Felsen gebaut ist und kraftvoll und stabil bleibt, auch wenn es draußen stürmt, schneit, windet und rüttelt. Die nächsten Abschnitte führen den Leser in diese Richtung.

3.2.2 Wertewandel

„Ändere Deine Ansicht und – Du hörst Dich auf zu beklagen. Beklagst Du Dich nicht mehr, ist auch das Übel weg" (Aurel, M. 1875/2016, S. 28, 7).

Die Grundwerte, die wir im Leben anstreben, habe ich in den vorherigen Kapiteln ausführlich beschrieben. Auch, dass dahinter ein grundsätzliches Angstthema steht. Angst, die, wenn wir sie in der Tiefe anschauen, mit unserem Tod zu tun hat. Weil wir uns dessen kaum bewusst sind und wir diese Angst verdrängen wollen, bilden wir Bedürfnisse aus, die diese Angst klein und unsichtbar hält. Nach der Zugehörigkeit zu einer Gruppe, nach Leistung, nach Position. Daraus leiten sich unsere Gedanken und Gefühle ab und ein immer wiederkehrendes Verhaltensmuster bildet sich heraus. Wir bilden damit ein Ego aus und bezeichnen es als Ich. Wir schreiben uns bestimmte Eigenschaften zu und betrachten dies alles zusammen als eigenständigen, unveränderlichen Kern unserer Identität. *„Das Ego ist auch eine gefühlsbetonte Reaktion auf unsere Umwelt, ein geistiger Rückzug aufgrund von Angst",* so treffend formuliert es der Zenmönch Matthieu Ricard (2009, S. 118). Wir erzeugen die Illusion einer von der Welt getrennten Existenz und hoffen damit, das mit dem Tod verbundene Leiden abwenden zu können. Buddhisten, wie Matthieu Ricard, bezeichnen diese Auffassung von Existenz als das Resultat eines *„verwirrten Geistes"* (2009, S. 117). Und genau in dieser Ansicht, aus dem verwirrten Geist, die andere Buddhisten als „Verblendung" bezeichnen, liegt nichts anderes als Leiden. Jede Anhaftung an etwas bringt Leiden hervor. Wir meinen, dass uns etwas gehört, etwas, das wir beibehalten könnten, etwas, das stabil ist. „Mein" Mann, „mein" Haus, „mein" Auto, „meine Position", „mein Berufserfolg", „meine" Leistung, „mein" geschriebenes Buch. Dies alles führt zu einer starken Anhaftung an ein „Ich" oder „Ego". Wir unterscheiden zwischen „Ich"/ „mein" und dem „Anderen". Diese Vorstellung kann nur über Abgrenzung, über Dualität, über die Entfremdung von der Natur geschehen. Und genau diese Haltung zieht leidvolle Gefühle wie Gier, Hass, Eifersucht, Hochmut, Neid, Ekel, Trauer, Wut, Scham oder Selbstsucht nach sich. Angenommen, ihr Nachbar fährt mit seinem nagelneuen, schönen roten Maserati in einen Baum. Sie werden die Achseln zucken und sagen: „Nun ja, Hauptsache, dir ist nichts passiert! Es ist nur ein Maserati. Schade drum, aber he nu!" Wie anders würden Sie wohl reagieren, wenn es ihr eigener neuer, roter Maserati gewesen wäre? Sie hätten wohl ausgerufen: „Nein, MEIN schöner, neuer, roter Maserati, eingebeult, das darf doch nicht wahr sein. Wie schade!" Zweimal ist es ein neuer, roter Maserati, die Unterscheidung in der Reaktion erfolgt aufgrund des Wortes „mein". Wir sind auf unser „Ich", unsere eigene Welt und Realität fixiert. Wie in den Beispielen, in denen die Werte und Ängste von verschiedenen Persönlichkeitsmustern zusammenkommen. Jeder bezieht die Aussage des anderen auf sich selbst und meint, der andere hätte doch wissen sollen, wie es MIR dabei geht. Die Verletzung geschieht nicht physisch. Die Verletzung betrifft oft das „Ego" und solche Verletzungen halten meist länger an als physische. Wollen wir ein stabiles Selbst erreichen, dann gilt es das Ego zu entlarven und diese Illusion hinter sich zu lassen. Dabei ist es wichtig, dass das gesunde Selbstgefühl oder echtes Selbstvertrauen nicht mit dem Ego verwechselt werden (Ricard, 2009). Das Selbstgefühl beruht auf einem gesunden Selbst, welches sich aus dem Über-Ich und dem Es herausgebildet hat und Sigmund Freud als „Ich" bezeichnet. Es ist das Produkt des gesunden Organisationsprinzips des Geistes.

Das Über-Ich wird aus der Gebots- und Verbotsinstanz, die an das Kind von außen durch Erziehung herangetragen wird, gebildet. Das Es ist angeboren und beinhaltet die unbewussten Triebe. Das aus dem Über-Ich und Es im Verlaufe der Jahre gebildete Selbstgefühl führt zur Fähigkeit, das Leben zu gestalten, mit Frustrationen umzugehen, Impulse zu kontrollieren, Ressourcen aufzubauen, um Ziele zu erreichen und Hindernisse zu überwinden. Hierbei handelt es sich um einen natürlichen Prozess, den wir bereits im Kindesalter durchlaufen. Wir nehmen uns als eigenständige Wesen wahr und können im Idealfall unser eigenes erwachsenes Ich entwickeln. Es ist für unsere psychische Gesundheit wichtig, dass wir lernen, eigene Grenzen zu schaffen, sie zu respektieren und uns getrennt von anderen Wesen wahrzunehmen. Dies hat jedoch nichts mit dem Ego zu tun, mit dem Selbstbild, das wir uns von uns machen und von dem wir glauben, dass unsere Existenz davon abhängt. Dieses natürliche Selbst, das gesunde Selbst, welches ein echtes und stabiles Selbstvertrauen beinhaltet, ist es, was uns hilft, in stürmischen Zeiten stabil zu bleiben. Dieses hilft uns auch jetzt, den Schleier des verblendeten Geistes zu lüften und Klarheit darüber zu schaffen, was wirklich ist. Nur wer sich einen Zugang zu seiner wahren Natur, zum echten Selbst-Vertrauen schaffen kann, ist in der Lage, das Ego zu entlarven und den Schleier der Illusion zu heben. Erkennen wir, dass unsere Existenz nicht an Haltungen, Objekten oder Vorstellungen festzumachen ist, dass die Welt sich wandelt, wie sich auch das Selbstbild wandeln kann, alles Äußere instabil und im Fluss ist, dann befinden wir uns auf der Ebene des Bewusstseins. Wir haben bis hierhin in diesem Buch die Ebene des Unbewussten und die Ebene der Bewusstheit mit dem Erkennen der drei Typenmuster kennengelernt und machen uns nun allmählich auf den Weg zum Bewusstsein.

Die Ebene des Bewusstseins zieht nochmals einen Wertewandel nach sich. Auf der Ebene der Bewusstheit haben wir erkannt, dass wir selbst nach bestimmten Werten streben und andere Menschen andere Werte verinnerlicht haben. Wir haben schon auf dieser Ebene begonnen, die Dinge und Situationen, das was uns geschieht nicht allzu sehr persönlich zu nehmen. Wir haben gelernt, dass erlebte Konflikte und daraus resultierende Verletzungen mit Distanz angesehen werden können. Es sind Werte, persönliche Ängste, unerfüllte Bedürfnisse, die aufeinandertreffen.

Auf der Ebene des Bewusstseins geht es darum, sich auch von diesen Werten zu distanzieren. Sie als instabil zu entlarven und keine Persönlichkeitsbildung daraus abzuleiten. Nun kommt der schwierigere Teil in diesem Prozess. Wollen Sie das? Sind Sie bereit dazu, sich mit Ihrer Leerstelle auseinanderzusetzen? Sind sie bereit, in die Tiefen aller Tiefen Ihrer Seele zu blicken? Sind Sie zu einem bewussten Wandel bereit? Sind Sie auch bereit dazu, Ihre Vergangenheit hinter sich zu lassen? Sind Sie bereit für eine neue Sichtweise der Welt? Und sind Sie auch bereit dazu, diesen Weg weiterzugehen, wenn Ihr Umfeld Sie daran hindern will? Werden genügend Zeit und Muße dafür verwenden? Haben Sie mit sich Geduld? Das wahre Selbst ist schon in Ihnen, das ist die gute Nachricht. Es zu entdecken, heißt, sich wie eine Zwiebel zu schälen, sich auf die eigenen Schattenseiten mit all den damit verbundenen Gefühlen zu konzentrieren, sie zu betrachten, anzunehmen und zu wandeln. Es bedeutet, dass Sie den

Blick nach innen statt nach außen wenden. Es bedeutet Mühsal, Disziplin und Standvermögen. Der Gewinn ist ein stabiles Selbst. Ein Selbst, das in Ihnen zufrieden ruht, auch wenn es draußen stürmt. Vergleichbar einem See, der in seiner Tiefe still und friedlich bleibt, auch wenn die Oberfläche sich kräuselt. Es heißt, das Leiden zu sehen, Leiden anzunehmen, ohne im Leid zu versinken – ohne wirklich zu leiden. Es heißt, die innere Zufriedenheit im Leiden aufrechterhalten zu können. Es heißt tun und handeln, ohne zu tun. Planen, ohne zu planen. Aus dem Seinszustand heraus in Gleichmut annehmen und sehen, was ist, und dabei in Gleichmut verweilen, ohne gleichgültig zu sein. Es heißt unten ankommen und sehen, da ist etwas, was mich bewegt, was sich durch mich hindurchbewegt, was immer da war und immer sein wird. Ohne Urteil, ohne Bewertung. Es ist, was es ist. Es beinhaltet den Willen, loszulassen, den stetigen Wandel anzuerkennen und mit dem Fluss zu gehen. Wir wissen, dass dieser Weg erst bei unserem letzten Atemzug endet. Wir wissen auch, dass es ein langer und steiniger Weg ist. Doch werden wir bald auch erste Früchte ernten können. Und manchmal haben wir auch keine andere Wahl, als uns auf genau diesen Weg zu begeben. Wenn Sie jetzt noch dabeibleiben und weiterlesen, dann lautet Ihre Antwort „Ja, ich will!" und so werden Sie nach und nach in diesem Buch weiter in diesem Prozess zum stabilen Selbst, zu einem stabilen Selbstvertrauen und zur stabilen Zufriedenheit begleitet.

3.2.3 Veränderung von Rollen- und Selbstbildern

„Sag nie von einer Sache: ‚Ich habe sie verloren‘, sondern: ‚Ich habe sie zurückgegeben.‘ Dein Kind ist gestorben? Es wurde zurückgegeben. Deine Frau ist gestorben? Sie wurde zurückgegeben. ‚Man hat mir mein Grundstück gestohlen.‘ Nun, auch das wurde zurückgegeben. ‚Aber es ist doch ein Schuft, der es mir gestohlen hat.‘ Was schert es dich, durch wen es der Geber von dir zurückforderte? Solange er es dir zur Verfügung stellt, behandle es als fremdes Eigentum wie die Reisenden ihre Herberge" (Epiktet, 2019, 11, S. 17).

Wir sind alle in mehreren Rollen im Leben unterwegs. So werden wir als Tochter oder Sohn geboren und nehmen in einer Familie eine bestimmte Position verbunden mit einer Rolle ein. Wir sind Schüler, Studierender, Lehrling, Arbeitnehmer, Chef, Ehemann, Ehefrau, Mutter, Vater, Freundin, Geliebte, Verlobter, Trainer, Coach, Psychologin, Unternehmerin, Autorin, Präsident, Verwaltungsrätin und vieles mehr. Wir schreiben uns auch Charaktereigenschaften zu, die uns in bestimmte Rollen bringen: Führungspersönlichkeit, Dienende, Empfangende, Kämpfende, Lehrende, Urteilende,

Wohlhabende, Introvertierte, Extravertierte, Zugängliche, Verschlossene, Bewertende und so weiter. Gewisse Funktionen erhalten wir meist aufgrund unserer Charaktereigenschaft, weil wir so gesehen werden oder wir uns selbst so sehen und präsentieren. So wird eine Führungspersönlichkeit vielleicht eher als Teamchef anerkannt als ein Dienender oder Introvertierter. Kommt jemand neu in eine Führungsposition, so wird er seine diesbezüglichen Qualitäten noch etwas ausbauen und in diese Rolle hineinwachsen, weil ihm sein Umfeld diese Eigenschaften täglich spiegelt. Sie können solches beobachten, wenn ein ganz neuer CEO im Fernsehen auftritt. Oft wirkt er noch etwas steif und fade. Einige Zeit später präsentiert er sich vor laufender Kamera viel staatsmännischer. Er verändert sein Aussehen. Wir können dies oft auch bei den Bundesräten beobachten, wie sie ihr Aussehen, Auftreten und ihre Wirkung verändern, nachdem sie einige Zeit im Amt sind. Wir wachsen also in Rollen hinein, was ebenfalls einen Wandel darstellt, und wir entwachsen ihnen auch wieder.

Wie wir in den vorherigen Kapiteln erfahren haben, sind alle Rollen dem Wandel unterworfen. Wer einmal Mutter geworden ist, bleibt dies natürlich ein Leben lang, auch Autorin ist man, wenn schon einige Bücher veröffentlicht worden sind. Allerdings wandelt sich das Rollenverständnis. Doch verändern sich die Rollenbilder, die Mutter wird von der Fürsorgerin zum Sparringspartner der Kinder, die Autorin hört irgendwann mit dem Schreiben auf. Wir sollten immer wieder unsere Rollen hinterfragen: „Welche Rolle habe ich jetzt? Wie sehe ich mich nun? Wie stehe ich heute neu zu meinen Kindern oder meinem Ehepartner?" Ähnliche Fragen stellen sich bei einer Scheidung, bei der Pensionierung, beim Tod von Eltern, Partnern, Kindern, bei Krankheiten, gravierenden gesundheitlichen oder psychischen Beeinträchtigungen, bei Entlassungen und in vielen anderen Lebensübergängen auch. Durch diese vielen Erfahrungen werden wir uns bewusst, dass Rollen und Selbstbilder niemals stabil sind. Sie unterliegen dem Wandel, wie alles in der Welt dem Wandel unterliegt. Darum ist es sinnvoll, sich nicht an sie zu binden. Sich nicht mit ihnen zu identifizieren. Nicht anzuhaften. Wer anhaftet, der leidet. Es gibt, wie sie sehen, einen natürlichen Fluss, der den Wandel mit sich bringt. Sie können sich dagegen wehren. Ihr Kind nicht ziehen lassen, ihrem Ehepartner die Scheidung erschweren, die Kündigung anfechten, von einer verstorbenen Person nicht loskommen und Jahre um sie trauern, der Wandel geschieht dennoch, sie leiden einfach stärker. Widerstand bedeutet leiden. Und Widerstand, das ist das Wesen des Egos, es will sich um jeden Preis erhalten. Die Intensität des Schmerzes ist Widerstand multipliziert mit Leiden. Hört der Widerstand auf, dann verschwinden die Schmerzen und das Leiden, dann hört das Ego auf zu sein.

Sind wir uns also bewusst, dass alle Rollen und Selbstbilder dem Wandel unterliegen. Dass aller Besitz eine Leihgabe ist, die wir benutzen, aber nicht behalten können. Es gibt im Grunde kein Eigentum. Wir können keinen Menschen besitzen, kein Kind, keinen Partner, keine Freundin und auch keine materiellen Güter und auch keine Rollen. Epiktet drückt dies so aus: *„Bedenke: Du bist Darsteller eines Stücks, dessen Charakter der Autor bestimmt, und zwar eines kurzen, wenn er es kurz, eines langen, wenn er es lang wünscht. Will er, dass du einen Bettler darstellst, so spiele auch diesen einfühlend; ein Gleiches gilt für einen Krüppel, einen Herrscher oder einen gewöhnlichen Menschen. Deine Aufgabe ist es nur, die dir zugeteilte Rolle gut zu spielen; sie auszuwählen, steht einem anderen zu"* (Epiktet, Handbüchlein der Moral, 2019). Ich bin mit der deterministischen Weltsicht der Stoiker nicht immer einig. Ich entnehme aber aus diesem Zitat die Fähigkeit zur Distanzierung von der eigenen Rolle und dem eigenen Selbstbild. Mit Gleichmut und wertfrei sieht der eine sich in der Rolle als Bettler oder Krüppel und der andere als Herrscher. Es geht darum, sich bewusst zu sein, dass diese Rollen austauschbar sind und dass alle ihre Aufgaben haben. Es geht nicht darum, dass der Bettler danach streben soll, Herrscher zu werden oder etwas Besseres sein zu wollen, sondern darum, seine Rolle als die Rolle anzuerkennen, anzunehmen und zu tun, was seine Bestimmung ist. Und er weiß, dass er genauso gut eine andere Rolle inne-haben könnte, dies aber im Moment nicht sein Schicksal ist. Jeder nimmt also seine Rolle an, akzeptiert sie, übt sie aus und gibt sie, wenn es Zeit ist, wieder zurück. Es ist nichts von Dauer und die Rolle an sich ist einem zu-gefallen, sie ist zufällig und damit wertfrei. Es braucht für ein Schauspiel jeweils alle Rollen.

Sind wir uns also bewusst, dass wir Rollen innehaben, dass wir sie jedoch nicht besitzen. Sie sind uns zufällig gegeben, wir üben sie aus im Wissen, dass es nicht um die Form der Rolle, sondern um den Inhalt geht. Wir bewerten daher andere Rollen nicht, weil wir wissen, dass es für ein Schauspiel, also für die Existenz der Gemeinschaft alle Rollen braucht. Wir sind uns auch bewusst, dass diese Rollen nicht starr sind, sondern einem Wandel unter-worfen. Wir erkennen auch, dass wir nicht für uns selbst diese Rollen aus-üben. Wir sind abhängig von anderen Rollen. Nicht alle üben dieselbe aus, das gäbe sonst ein eigenartiges und langweiliges Schauspiel! Wir stehen mit den unterschiedlichen Rollen in gegenseitiger Abhängigkeit. Würde niemand unsere Straßen fegen, würden sich Ratten und andere Krankheitsträger ausbreiten. Die Folge davon kennen Sie seit der Pandemie bestens. Die Wirtschaft funktioniert nicht mehr, Zusammenkünfte werden schwierig und viele Menschen verlieren ihre Arbeitsstelle. Wir sollten unsere Rollen also nicht bewerten, schon gar nicht überbewerten, uns nicht einbilden, es gäbe eine bessere oder schlechtere Rolle. Wir üben sie so gut als möglich aus und nehmen eine gewisse Distanz ein. Wir identifizieren uns nicht mit ihr, wir sind nicht die Rolle. Denn irgendwann geben wir jede Rolle zurück. Zurück an den Autor, würde Epiktet wohl sagen. Wir sind uns also auch der Endlichkeit der Rollenausübung bewusst. Die Identifikation mit der Rolle, das ist eine Leistung, die das Ego vollbringt und für sein Überleben braucht.

> **Merksatz** *Ich bin in ein Netzwerk eingebunden. Alle Teile sind für das Funktionieren des sozialen Netzwerks gleich wichtig. Ich verschwende keinen Gedanken daran, ob meine Position von anderen anerkannt wird. Ich weiß, dass meine Position, meine Rolle und alles, was zu mir gehört, eine Leihgabe sind und ich ein Gefäß, ein Instrument und Verwalter. Was immer ich erhalten habe, gebe ich irgendwann zurück. Denn was heute mir gehört, gehörte gestern einem andern und wird morgen wiederum einem anderen gehören.*

Lernmöglichkeit aus der Coronapandemie bezüglich Rollenverständnis

Insbesondere während des Lockdowns konnten wir eine Verschiebung der Gewichtung von Rollen beobachten. Wir klatschten für das Pflegefachpersonal. Wir wertschätzten den Kassierer und die Kassiererin während unserer Einkäufe vermehrt und blickten mitfühlend auf deren tägliches Wirken mit Masken hinter Plexiglasscheiben. Wir vermissten den Wirt, die Wirtin, den Kellner, die Kellnerin in unserem Lieblingsrestaurant. Wir gingen vermehrt zu den lokalen Bauern, um einzukaufen, und waren vielleicht etwas neidisch, dass jene weiterhin ihre Arbeit verrichten konnten und keine Einbußen erlitten haben. Wir nahmen Menschen zur Kenntnis und interessierten uns für sie, denen wir früher vielleicht keine Beachtung geschenkt haben. Wir schätzten die sozialen Kontakte vermehrt und waren froh, einmal mit Reinigungspersonal, Friseur, Friseurin ein Gespräch zu führen. Ein Jemand als Gegenüber zu haben, außerhalb unserer sozialen Kleinzelle. Während der Pandemie wuchs das Bewusstsein, dass Rollen und Funktionen äußere Formen sind und der Inhalt, der Mensch das Eigentliche ist, was uns Kraft gibt. Wir sollten auch in der Zeit danach solchen Gedanken und neuen Sichtweisen weiterhin Beachtung schenken! Achten wir weniger auf die äußere Form, sondern auf deren Inhalt. Denn es ist das Ego, dass die äußere Form bewertet, es ist das Ego, dass sich ständig mit anderen vergleicht, es ist das Ego, welches bewertet, urteilt und verurteilt. Die Essenz, das Eigentliche, ist nicht das Wesen des Egos, es ist das Wesen des Bewusstseins. Jenes, das mit Gleichmut annimmt, was ist, jenes, das nicht bewertet, jenes, das den Inhalt und nicht die Form erkennt.

3.2.4 Schattenarbeit

„Finde jemanden, der in die dunkelsten Tiefen seines Charakters herabgestiegen ist, wo er ganz dicht an der eigenen Selbstzerstörung war, und dann einen Weg gefunden hat, um wieder hoch und da rauszukommen: Auf Knien werde ich mich vor dir verbeugen. Du bist mein Lehrer" (Shetty, 2020, S. 379).

Um das Ego zu identifizieren und dessen Illusion zu erkennen und zu überwinden, um also die Ebene des Bewusstseins zu erfahren, ist es nötig, dass wir unsere Schatten, die das Ego wirft, ans Licht bringen und sie bearbeiten, damit sie sich wandeln können. Um das Höhlengleichnis von Platon wieder aufzunehmen, müssen wir erkennen, dass wir in einer Höhle sitzen und ein Schattenspiel beobachten, von dem wir meinen, es sei unsere wahre Realität. Wenn wir dies anerkennen, dann ist es uns möglich, die Höhle zu verlassen und ans Sonnenlicht hinauszutreten. Dort ist die Welt klarer, heller und bunter, mehrdimensional und tiefer. Wie aber können wir unsere Schatten erkennen und ans Licht bringen? Schatten liegen naturgemäß im Dunkeln und sind uns häufig verborgen. Außerdem mögen wir sie nicht und wollen sie nicht sehen, darum haben wir sie ins Unbewusste abgeschoben. Ich vermute, dies ist die schwierigste Arbeit auf dem Weg zum stabilen Selbst. Ohne konsequente Schattenarbeit werden wir uns jedoch nie ganz erkennen und uns demnach auch nicht vollständig annehmen, lieben und wertschätzen können. Es gibt verschiedene Methoden dazu. Die eine habe ich bereits vorgestellt. Es ist das Anerkennen unserer Werte und der damit verbundenen Ängste. Das, was das Ego nährt, damit wir uns im Außen stabilisieren können, sind gleichzeitig unsere Schatten. Nun machen wir uns mit verschiedenen Methoden vertraut, um uns innerlich zu stabilisieren und von der Ebene der Bewusstheit auf die Ebene des Bewusstseins zu gelangen.

Bei diesem Thema geht es um Gefühle. Unsere negativen Gefühle, wie Hass, Trauer, Wut, Neid, Scham, Angst, Gier, Neid, Eifersucht, Entwertung, Zynismus, Niedertracht, Verachtung oder Ekel. Diese Gefühle leiten uns zu unseren Schattenseiten. Meistens lösen andere Personen von außen bei uns im Inneren solche Gefühle aus. Dann meinen wir, der andere müsste sich verändern. „Er geht uns auf den Wecker", „er macht mich wütend", „traurig" und er „beschämt" mich. Er „verletzt" mich! Jetzt lenken wir die Sichtweise um: Statt ihn verändern zu wollen, nehmen wir ihn als Spiegel für die eigene Seele. Wir konzentrieren uns nicht länger auf ihn, auf die äußeren Rahmenbedingungen, sondern legen den Fokus auf unser Inneres und fragen uns stattdessen: „Was ist es, das mich wütend und traurig macht, dass ich so verletzt bin? Worum geht es wirklich? Was genau hat diese Verletzung in mir ausgelöst? Woran werde ich erinnert? Kommt mir etwas dabei bekannt vor? Wie kommt es, dass ich solche Situationen immer wieder anziehe?" Nach dem Gesetz der Resonanz ziehen wir Situationen an, die mit uns zu tun haben. Wir werden an unsere eigenen schwierigen Themen herangeführt. Der andere bringt sie uns nur auf dem Silbertablett. Wir sehen in unserem Gegenüber den Themengeber. Was er in uns auslöst, ist im Grunde nur eine Anregung, um nachzudenken, was diese Situation mit mir zu tun haben könnte. „Was will ich bei mir nicht sehen? Welche bereits bestehende Verletzung klingt in dieser Situation bei mir an?" Können wir eine solche Sichtweise einnehmen, haben wir bereits eine innere Distanz zu dieser Situation gewonnen. Wir wollen nun nicht mehr den anderen ver-ändern, sondern nehmen seine Verhaltensweise entgegen, um bei uns selbst Nachforschungen anzustellen. Auf diese Weise tappen wir uns im Dunkeln vor und bringen etwas Licht in uns hinein. Und wir tun noch etwas ganz anderes: Wir konzentrieren uns auf etwas, das in unserer Macht steht, es zu verändern. Den anderen zu verändern, die Situation anders haben zu wollen, als sie ist, bedeutet, in den Widerstand zu gehen. Das kostet einerseits Kraft und bringt andererseits weiteres Leiden hervor. Wir kämpfen gegen etwas, was nicht in unserer Macht steht zu wandeln. Epiktet drückt es so aus: *„Worüber wir gebieten, ist von Natur aus frei, kann nicht gehindert oder gehemmt werden; worüber wir aber nicht gebieten, ist kraftlos, abhängig, kann gehindert werden und steht unter fremdem Einfluss. Denk also daran: Wenn du das von Natur aus Abhängige für frei hältst und das Fremde für dein eigen, so wird man deine Pläne durchkreuzen und du wirst klagen, die Fassung verlieren und mit Gott und der Welt hadern* (2019, 1, S. 6)."

Nehmen wir das zweite Fallbeispiel aus Kap. 2 von Dieter, dem Abteilungsleiter, und Marianne, der Teamleiterin. Marianne schlägt Dieter vor, er solle sein Projekt noch etwas anpassen und mit ihren Ideen anreichern, damit bessere Ergebnisse erzielt werden können. Worauf Dieter etwas ungehalten reagiert und ihr eine komplizierte, ineffiziente Arbeitsweise vorwirft. Zudem lässt er verlauten, dass Marianne nicht in dieser Funktion tätig sei, weil sie sich das verdient hätte, sondern weil er dafür gesorgt habe. Folgende Gedanken gingen Marianne durch den Kopf: „Was? Bin ich nicht genügend effizient? Ich bringe hier den höchsten Umsatz der Abteilung! Fehler? Nun, Dieter ist auch ein Kontrollfreak, korrigiert mir jedes Komma, alles unwesentliche Dinge, die materiell nichts bringen. Wenn das effizient ist! Viel zu kompliziert ist der! Mit dem kommt man nirgends hin. Und jetzt soll ich diejenige sein, die ohne ihn keine Anstellung mehr findet? Krass! Da fehlen mir die Worte! Was muss ich noch tun, damit er meine Leistung anerkennt? So redet er mit mir vor all meinen Leuten! Der will mich draußen haben, ich habe hier wohl nichts mehr verloren! Ob er mir wohl Ende des Monats kündigt?" Sie können sich vielleicht vorstellen, in welchem Gefühlschaos Marianne steckt. Da sind Gefühle von Wut, Hilflosigkeit, Scham, Entwertung, Zurückweisung, Hilflosigkeit, Ohnmacht, Angst. Diese Gefühle könnte sie an verschiedenen Stellen in ihrem Körper lokalisieren. Angst spüren die meisten Menschen daran, dass sich der Brustkasten verengt und die Atmung schwerer fällt, sie wird oberflächlicher. Wut wird meist im Bauch wahrgenommen. Trauer unterhalb des Halses, nahe bei der Angst, Entwertung, Scham und Zurückweisung im Solarplexus (unterhalb des Rippenbogens), Ohnmacht und Hilflosigkeit äußert sich meistens an der Unbeweglichkeit der Arme, sie werden schwerer, die Handlungsfähigkeit ist eingeschränkt. Treten alle Gefühle zusammen auf, ist dies ein sehr unangenehmer Zustand. Er wird meist mit einer Lähmung des gesamten Bewegungsapparates und des Denkvermögens beschrieben. Der Hals schnürt sich zu, was heißt, dass Trauer und Wut sich mischen und die Luft zum Atmen dünner wird. Selbstredend kann das alles auch kaum in Worte gefasst werden. Die Konzentration geht fokussiert auf diese Situation, darauf, dass der Chef, also Dieter, ein unmöglicher Kerl ist, der Marianne in ihren Bemühungen und in ihrer Leistungsfähigkeit nicht sehen will. Sie beginnt sich mit Dieter zu beschäftigen und will ihm beweisen, dass sie zu mehr Leistung fähig ist, sie will ihn dazu bringen, sie zu anzuerkennen und wertzuschätzen. Sie will, dass er ihr nicht kündigt, sondern sie lobt. Weil er dies jedoch nicht macht, tritt das Gefühl von Ohnmacht und Hilflosigkeit auf. Die Wut, eine Vorwärtsenergie wird blockiert durch Trauer aufgrund von Selbstmitleid: „Er sieht mich nicht, das ist ungerecht und fies!" Wo sollen nun die Schattenseiten von Marianne verborgen sein? Dieter ist es ja, der sich völlig daneben verhält!

Sie sehen, liebe Leserinnen und Leser, wie schwierig es ist, seine eigenen Schattenseiten zu erkennen. In einer solchen Situation könnte es sogar zynisch auf Marianne wirken, wenn ich ihr erklären würde, dass sie selbst es ist, die sich in diese Situation gebracht hat. Sie bringt ihr ihre eigenen Themen und es sind ihre, weil diese unangenehmen Stressgefühle in ihr ausgelöst werden. Nur Sie selbst vermag es, ihre Situation und ihre eigenen Gefühle dazu zu verändern. Dies klingt nach Arbeit an sich selbst. Der Fokus geht vom Außen hin zum Inneren. Auf Dieter hat sie keinen Einfluss, er kann sich zwar ändern, das wäre schön, steht aber nicht in ihrer Macht. Und womöglich wird er es nicht tun. Marianne hat durch Dieters Verhalten die Chance, einerseits zu erkennen, dass er eine andere Sicht auf die Welt hat und nach anderen Wertekriterien handelt, dass also ein Wertekonflikt vorliegt, und andererseits hat sie die Möglichkeit, sich mit ihren

Schattenseiten, ihren Ego-Themen auseinanderzusetzen. Der erste Schritt ist der Schritt hin zur Bewusstheit. Wir lernen die unterschiedlichen Werte und Weltbilder kennen und bekommen dadurch die Möglichkeit, uns aus der Ohnmacht zu befreien. Doch damit hat Marianne noch nicht ihre eigene Angst bewältigt und gewandelt. Sie wird immer wieder in diese Situation geraten, auch mit neuen Abteilungsleitern, Vorgesetzen oder Freunden. Das Thema „meine Stabilität erhalte ich dadurch, dass man mich in meiner Leistungsfähigkeit anerkennt" bleibt aktiv. Die Angst vor Stillstand, Blockade, Einengung und der Frust, dass Leistungsergebnisse nicht gesehen werden, auch. Frage ich Marianne, ob ihr solche Situationen, wie sie sie mit Dieter erlebt, bekannt vorkommen, dann würde sie vermutlich so antworten: „Ja, ich wurde von meinem Vater nur dann beachtet und gelobt, wenn ich gute Schulnoten nach Hause brachte, ansonsten war er mir gegenüber eher kühl, abwertend und abgewandt. Meist reichten allerdings auch meine herausragenden Leistungen nicht aus, um von ihm gesehen und anerkannt zu werden." Wir sehen eine Möglichkeit, wie die Dynamik „Ich werde nur beachtet, wenn meine Leistungen herausragend sind" zustande gekommen sein könnte. Marianne als Kind und junge Frau fühlte sich nur dann angenommen und anerkannt, wenn sie Außerordentliches geleistet hat. Sie spürte in diesen Momenten ihre Wertigkeit. So verknüpfen sich manchmal bereits im Kindesalter Lebenswert und Leistung. Leistungserbringung wird zur Überlebensstrategie und zum Muss-Satz: „Nur wenn ich mich mit Leistung von anderen abhebe, bin ich es wert zu leben." Diese beiden Reize von „Leistung" und „Lebenswert" werden verbunden, gelernt und im Gehirn als Muster gespeichert. Wir nennen diesen Vorgang Konditionierung. Unabhängige Reize werden miteinander verknüpft und voneinander abhängig gemacht. Vergleichbar mit dem Pawlowschen Reflex: Pawlow klingelte mehrmals eine Glocke, bevor er den Hunden zu fressen gab. Nur nach wenigen Wiederholungen verknüpften die Hunde diese beiden unabhängigen Reize. Sie produzierten bereits beim Glockenton Verdauungssäfte und speichelten. Sie wurden also auf den neutralen Reiz der Glocke konditioniert und so fand unbewusstes Lernen statt. Auch wir lernen unbewusst. Marianne verknüpfte das Lob ihres Vaters mit überdurchschnittlicher Leistung. Und weil ein Kind existenziell abhängig von den Eltern ist, beobachtet es sehr genau, was es tun muss, um von den Eltern angenommen und akzeptiert zu werden. Die Akzeptanz von Eltern sichert das Überleben des Kindes. Im Fall von Marianne geschah dies über Leistung, und weil die Annahme von Eltern auch Existenzsicherung bedeutet, brachte sie Leistung mit Überleben und Existenzberechtigung in Verbindung. Ich möchte hierzu bemerken, dass es in keiner Weise darum geht, die Eltern hierfür verantwortlich zu machen. Es geht nicht darum, dass die Eltern sich anders hätten verhalten sollen. Den meisten Eltern ist die Verknüpfung, die das Kind macht, nicht bewusst. Meist tragen die Eltern auch ähnliche Muster und Wertekategorien in sich und haben Ähnliches erlebt, weshalb sie in bester Absicht und im Sinne des Kindes handeln wollen. Es geht mir darum, zu untersuchen, welche Verknüpfungen gemacht wurden, um sie hernach zu bearbeiten. Wir alle tragen solche Verknüpfungen in uns. Gerade weil wir unsere unbewussten Muster an die nächste Generation weitergeben, finde ich es wichtig, diese Zusammenhänge wertneutral zu beleuchten.

Marianne gewinnt Klarheit darüber, dass sie überdurchschnittliche Leistung mit Existenzberechtigung verknüpft. Daher geht ihr die Aussage von Dieter: „Du kannst den Job nur halten, weil ich für dich da bin, ohne mich könntest du eine solche Position gar nicht bekommen", durch Mark und Bein. Im Grunde glaubt sie ihm das, weil sie selbst nach diesem Grundsatz lebt. Nun erkennen wir, dass Dieter der Spiegel von Marianne ist. Er gebraucht genau diese Worte intuitiv, die bei Marianne existenzielle Ängste hervorrufen. Als Erwachsene ist Marianne selbst für sich verantwortlich. Sie selbst gibt sich eine Existenzberechtigung und diese ist unabhängig von ihrer Leistungsfähigkeit. Sieht sie dies anders, spricht sie sich selbst ihre Existenzberechtigung ab. Forschen wir weiter, so entdecken wir, dass auch sie anderen Menschen in derselben Situation die Existenzberechtigung absprechen würde, wären deren Leistungen in ihren Augen nicht genügend. Es ist meines Erachtens nicht möglich, sich selbst die Existenzberechtigung bei mangelnder Leistung abzusprechen, ohne diesen Grundsatz auch nach außen hin, auf andere zu übertragen. Die inneren Prozesse spiegeln sich auch im Außen wider. Letztlich definiert sie Dieter über seine Leistung und empfindet ihn als ineffizient und seiner Position – und seiner Existenz – nicht würdig. Sie bewertet ihn ebenso. Damit treffen wir auf einen allgemeinen Grundsatz: „Ich werde bewertet und verurteilt und ich selbst bin eine Bewerterin und verurteile auch andere."

Erfahrungsgemäß ist jemand nie nur Opfer, er ist in ähnlichen Situationen hin und wieder auch Täter. Diese Erkenntnis ist für den Betreffenden meist schwierig anzunehmen. Wir erforschen die Schattenseite von Marianne. Sie selbst verurteilt sich, wenn sie denkt, ihre Leistung genüge nicht, sie sei nicht herausragend genug. Sie selbst trägt den Grundsatz in sich: „Ich genüge nicht!" Daher ist sie ständig angetrieben zu beweisen, dass ihre Leistungen außerordentlich sind. Und darum gibt sie ihrem Chef Empfehlungen, die auch ihn zu außerordentlichen Leistungen befähigen. Dieses Verhalten basiert nicht auf einer inneren Zufriedenheit und Gleichmut. Es basiert auf einer Verletzung, die unbewusst im Schatten existiert. Das ist die Leerstelle in Marianne, die Lücke, die sie bei sich nicht sehen will oder kann. Dieser Grundsatz ist eine Entwertung ihrer selbst und verbunden mit Schmerz. Der Schmerz, nicht bedingungslos akzeptiert und geliebt worden zu sein. Marianne ist gehalten, sich mit diesem Schmerz auseinanderzusetzen. Wie fühlt er sich an? Wo ist er im Körper? Was löst er aus? Welche Gefühle sind mit ihm verbunden, welche Gedanken? Bei Marianne sitzt dieser Schmerz im Solarplexus. Wichtig ist nun, dass sie in die Stille geht mit diesem Schmerz. Ihn hält und wahrnimmt.

Dann spricht sie die Worte: „Ich genüge! Ich habe ein Recht, auf der Welt zu sein, hier in diesem Körper, ob ich Leistung erbringe oder nicht. Ich nehme mich bedingungslos an, wie ich bin." Weiter rate ich zu Selbstwert- und Selbstliebeübungen: „Ich schicke mir unendlichen Selbstwert." Dabei stellt sich Marianne vor, wie sie aus sich heraus unendlichen Selbstwert ins Universum schickt und danach auf der linken Körperseite wieder empfängt. Dasselbe tut sie mit der Selbstliebe auf der rechten Körperseite. All diese Übungen füllen ihre Leerstelle. Sie beschäftigt sich nicht mit Dieter, sondern mit ihrem Schmerz, welcher Dieter ihr aufgezeigt hat. Gleichzeitig ist es gemäß meiner Erfahrung nötig, dass Vergebung stattfindet. Seit einigen Jahren erlebe ich die Schattenarbeit als effektiver, wenn auch Vergebungsübungen gemacht werden. Die Vergebung hat für einige von uns möglicherweise einen religiösen Anstrich, daher habe ich mich lange zurückgehalten und mich damit nicht vertieft in den Coachingsitzungen beschäftigt. Mir ist aber klar geworden, dass ich mich von meinen Schmerzen nur ganz befreien kann, wenn ich denjenigen, der mir diese Schmerzen augenscheinlich zugefügt hat, frei und loslasse. Vergeben heißt nicht, dass ich mit meinem Widersacher befreundet sein muss. Es bedeutet auch nicht, dass ich mich ihm unterwerfen soll oder persönlich zu ihm hingehen und um Vergebung bitten soll. Vergebung passiert im Inneren. Es ist der Wille, den anderen loszulassen. Den anderen seinen Weg gehen zu lassen und ihn nicht mit Gefühlen der Wut oder Verletzung noch an sich zu binden. Vergebungsübungen helfen, sich neu auszurichten und die Vergangenheit hinter sich zu lassen.

Die Vergangenheit kann sich jedoch nur dann zu Weisheit wandeln, wenn sie im Frieden ist. Und im Frieden ist sie dann, wenn allen Beteiligten, inklusive einem selbst, vergeben worden ist. Es ist aber zu bedenken: Vergebungspraxis kann eine Willensbekundung sein, die Vergebung selbst geschieht dann, wenn sie geschieht. Wir haben darauf meist wenig

Einfluss, sondern sind irgendwann dazu bereit. Dass sie jedoch geschehen kann, dazu braucht es im Vorfeld meist eine entsprechende Bereitschaftserklärung. Weiter ist es nützlich zu sehen, dass aus dem Schmerz heraus möglicherweise auch viel entstanden ist. Es ist vielleicht auch Gutes entstanden. Marianne zum Beispiel hat durch ihren hohen Leistungsantrieb eine gute Ausbildung absolviert und beruflich viel Erfolg gehabt. Darunter verbarg sich jedoch der Schmerz, den sie sorgfältig überdeckt und im Unbewussten gelassen hat. Das Unterdrücken dieses Schmerzes, die Angst davor, diesen fühlen zu müssen und die Angst, dass er sie überwältigen könnte, hierfür hat sie viel Energie aufwenden müssen. Der Körper hat permanent im Alarmzustand funktioniert und das Gehirn hat entsprechende Signale gesendet, damit Stresshormone ausgeschüttet werden. Sie war nach Leistung süchtig geworden, weil ihr Ego sie dazu angetrieben hat, immer mehr zu leisten und immer besser zu werden. Erst wenn dieser Schmerz angenommen und die damit verbundenen Gefühle gewandelt, sich und anderen vergeben worden ist und all dies im Frieden ist, wird der Stress reduziert und auf normales Niveau gebracht. Probieren Sie es aus, liebe Leserin und lieber Leser. Was Sie vielleicht fremd anmutet und zu probieren in Ihnen Widerstände auslöst! Im religiösen Kontext tut dies der Pfarrer oder Priester nach der Beichte. Das mag bei vielen von Ihnen vielleicht negative Kindheitserlebnisse wecken. Das Prinzip ist gleichwohl dasselbe: Der Priester lässt den Betreffenden in Frieden gehen, nachdem er ihm die „Last", mit der er gekommen ist, „abgenommen" und an eine höhere Macht übergeben hat. Sie sollen sich hernach frei fühlen, was in der Regel ein gutes, friedliches Gefühl, Erleichterung und Befreiung auslöst. Wir können dieses Vorgehen aus dem religiösen Kontext lösen und unser eigener Priester sein, die Wirkung ist erstaunlich tief. Die Freisetzung von negativen Gedanken, Gefühlen und Urteilen über sich und über andere bewirkt innerer Frieden. Ich werde im nächsten Abschnitt über Spiritualität und Quantenphysik noch näher darauf eingehen. Spiritualität ist vermehrt Thema in meinen Coachingsitzungen. Sie ist religionsunabhängig, also konfessionell neutral und es geht darum, den Menschen im Rahmen eines größeren Ganzen zu betrachten. Ich würde diese Betrachtungsweise eher in einem philosophischen Rahmen sehen. Denn es geht darum, Situationen und Menschen möglichst wertneutral annehmen zu können und das zu sehen, was wirklich ist.

Die Arbeit mit Marianne, wie sie hier beschrieben wird, ist eine Möglichkeit der Schattenarbeit. Wir nehmen ein äußeres, Stress auslösendes Ereignis und erarbeiten im Coaching anhand von Fragen die Schatten und wandeln diese mit entsprechenden Ritualsätzen, genannt Mantras.

Für die Schattenarbeit ist die erste Voraussetzung, dass ich um meinen inneren Beobachter weiß. Dieser Beobachter ist wachsam, er registriert bewusst meine Gedanken, meinen umherschweifenden Geist und meine Gefühle

Eine Methode der Schattenarbeit basiert auf folgenden Schritten:

Wahrnehmen

Eine Situation ist mir begegnet, die ich als unangenehm und Stress auslösend empfinde. Ich erkenne das an und weiß, dass mir ein Lernfeld eröffnet worden ist. Welche Gefühle löst diese unangenehme Situation aus? Wo lokalisiere ich jedes einzelne Gefühl im Körper?

Einsicht

Der Auslöser von unangenehmen Gefühlen und Stress trifft in meinem Inneren eine bereits bestehende alte Verletzung. Die Situation im Außen ist das Thema, das sich bei mir im Inneren spiegelt. Nun habe ich die Gelegenheit, eine Schattenseite von mir ans Licht zu bringen und zu wandeln.

Erkenntnis

Welches Thema ist aktiv? Was kommt mir an dieser Situation vertraut vor? In welcher Situation habe ich Ähnliches schon erlebt und dieselben Gefühle gehabt? Welchen Grundsatz habe ich daraus abgeleitet? Was war damals meine Überlebensstrategie? Welche voneinander unabhängigen Reize habe ich verknüpft?

Annehmen

Ich sehe ein, dass ich mich selbst so behandle, wie es mir im Außen ergangen ist. Das zu erkennen ist sehr schmerzvoll. Und ich behandle auch andere gleich wie mich selbst. Ich bin nicht nur das Opfer, ich bin auch Täter an anderen geworden. Das ist ebenfalls schmerzhaft und löst weitere negative Gefühle aus, die ich annehme und verstehe, dass sie da sind. Ich nehme diesen Schmerz zu mir und fühle, wo und wie er sich im Körper äußert. Ich behalte den Schmerz bei mir. Es ist in Ordnung, dass ich Wut, Trauer, Hass, Zorn, Scham, Ekel und tiefen Schmerz empfinde. Mich hat dieser Schmerz zu hohen Leistungen angetrieben und ich bin heute das, was ich daraus geworden bin, und da ist viel entstanden, wofür ich auch dankbar bin. Ich behalte auch alle damit empfundenen Gefühle und Gedanken bei mir. Sie gehören zu mir und nur zu mir.

Gut, dass alles nun ans Licht gekommen und für mich erkennbar geworden ist.

Es ist in Ordnung, dass ich auf all meine Widersacher wütend bin und sie entwerte. Ich behalte dieses Gefühl der Wut bei mir, schaue es an und lasse es los. Ich warte, bis dieses Gefühl sich von selbst verwandelt, indem ich es sorgfältig und achtsam beobachte.

Vergebung

Auch ich bin eine, die Menschen be- und verurteilt. Und auch ich habe mich selbst be- und verurteilt. Ich vergebe mir, dass ich mich beurteilt und verurteilt habe. Ich vergebe dir (meinem Widersacher), dass du mich verurteilt und beurteilt hast. Und ich bitte all jene um Vergebung, die ich irgendwann zu irgendeiner Zeit be- und verurteilt habe.

Vergebung heißt, jemanden freizusetzen, an ihn nicht mehr gebunden zu sein. Sich zu lösen, aufzuhören, jemanden zu verurteilen. Es bedeutet nicht, etwas zu vergessen. Es heißt auch nicht, dass ich mit meinem Widersacher befreundet sein und ihm mein Vertrauen schenken soll. Es bedeutet lediglich, dass ich und derjenige frei werden, um eigene Wege zu gehen. Erst dann ist es möglich, dass sich beide Parteien wandeln können. Nicht vergeben würde heißen, dass ich über Gedanken und Gefühle noch an jemanden gebunden bin und mich so begrenze und unfrei bin. Ich erhalte die Dualität von Täter und Opfer, Schuld und Unschuld aufrecht. Eine andere Optik, andere Rollen sind dann nicht möglich. Erst durch Vergebung wird diese Dualität aufgehoben und eine veränderte Beziehung ist von diesem Moment an möglich. Die Vergebung ist eines der wichtigsten Rituale, um sich von Schmerzen zu befreien und negative Gefühle zu wandeln. Hierzu empfehle ich das Buch „Die Hütte", von William Paul Young. Bedenken Sie dabei aber, dass Vergebung zum Schluss einfach geschieht. Wir können ihre Wichtigkeit uns vor Augen führen, sie uns vornehmen und praktizieren. Doch fühlen können wir sie erst, wenn etwas in uns sie zugelassen hat. Auf dieses „Geschehen im Inneren" haben wir wohl keinen Einfluss. Manchmal müssen wir weiter abwarten, bis die Zeit in uns gereift ist, damit Vergebung geschehen kann. Es ist wichtig, sich nicht zu verurteilen, falls Vergebung nicht gespürt werden kann, sondern erst im Kopf stattgefunden hat. Der Weg vom Kopf zum Herz ist manchmal der weiteste Weg, den wir kennen. Und es ist möglich, dass er hin und wieder durch ein Tal von Wut, Schmerz, Angst, Hass und Ekel führt. Seien Sie in diesen Momenten mitfühlend mit sich selbst. Widerstand würde den Schmerz nur vergrößern. Nehmen Sie alle Gefühle und Gedanken an, auch wenn Sie nicht so fühlen oder denken wollen. Sagen Sie sich: „Ich bin nicht meine Gefühle, ich bin nicht meine Gedanken, ich bin mehr als das, darum werde ich eines Tages inneren Frieden mit dieser Situation oder diesem Menschen finden können." Die Absicht dazu ist vielleicht ja schon da und es ist also anzunehmen, dass die Zeit kommen wird, in der Vergebung von selbst geschehen kann.

Wandeln

Ich nehme mich an, wie ich bin, denn so, wie ich bin, ist es gut. Ich genüge. Mein Leben ist der Wert an sich und kann durch nichts (keine Leistung, keine Zugehörigkeit, keine Position) erhöht werden. Ich habe das Recht, hier in diesem Körper auf dieser Welt zu sein (unabhängig von Leistung, Zugehörigkeit und Position). Ich schicke mir unendlichen Selbstwert und empfange unendlichen Selbstwert. Ich schicke mir unendliche Selbstliebe und empfange unendliche Selbstliebe.

Nun wage ich erste Schritte ins Neue und lasse – wann immer möglich – die Vergangenheit ruhen, möge sie sich in Weisheit wandeln und im Frieden sein!

Weil die Schattenarbeit eine zentrale Stellung auf dem Weg zum Bewusstsein einnimmt, fasse ich nochmals kurz das Wichtigste zusammen und gebe Ihnen zusätzliche Erklärungen, weshalb ich empfehle, diese Arbeit unter Anleitung durchzuführen.

Zunächst ist es wichtig, das eigene Thema der Verletzung zu erkennen und formulieren zu können. Weil es sich um Schattenseiten handelt und weil diese meist im Verborgenen und Unbewussten liegen und mit großen Schmerzen verbunden sind, empfehle ich jenen, die diesbezüglich Neuland betreten, oben genannte Übung unter Anleitung eines erfahrenen Coachs zu machen. Ich finde es wichtig, die schmerzhafte Thematik genau zu beleuchten und herauszuschälen und in ihrer Essenz zu benennen. Weiter ist es nötig, dass präzise Sätze formuliert werden können, was ich „aufgeben" will, wie ich „nicht mehr" sein will, welche Verknüpfungen und Verstrickungen zu lösen und zu wandeln sind. Wir hören meist an einem Punkt mit Denken auf, weil wir die damit verbundenen Schmerzen fürchten, die das Weiterdenken auslösen könnte. Ein erfahrener Coach leitet den Klienten sorgfältig und mit Mitgefühl durch diese Schmerzen, sodass sie gut ertragen werden können und schon nach kurzer Zeit nachlassen und sich wandeln können. Diese Erfahrung ist wichtig, damit es zu keiner Retraumatisierung kommt. Wir wissen ja bereits, dass unsere Neuronen es lieben, in alten und schon lange bestehenden Mustern zu feuern. Ich finde es deshalb nicht nützlich, allzu viel Zeit mit alten Mustern zu verbringen, sich nochmals in sie hineinfallen zu lassen und so das bestehende neuronale Schema weiter zu verstärken. Für eine kurze Dauer finde ich es jedoch sinnvoll, das alte Muster aufzurufen, um es zu beobachten und Erkenntnisse zu gewinnen. Auch kann es hilfreich sein, sich für einen kurzen Moment in den Schmerz hineinfallen zulassen. In die Wut, in den Hass, den Ekel, den Zorn und die Trauer. Manchmal ist es hilfreich, diese Gefühle nochmals in aller Tiefe zu durchleben und es herauszuschreien. Nicht hilfreich ist es, darin zu verweilen und in Mitleid und Trauer oder Wutanfällen zu versinken. Ein Coach kann in diesen Momenten den Raum halten, dem Raum des Schmerzes einen fürsorglichen Rahmen geben und allmählich dazu anleiten, einen Weg aus diesem tiefen Gefühlsstau zu finden. Einsichten über die Herkunft des Schmerzes werden erarbeitet, die daraus abgeleiteten Überlebensstrategien, die mit Grundsätzen und Prinzipien verbunden sind und die sich in spezifischen Gedanken, Worten und Verhaltensmustern geäußert haben, werden benannt. Wissen wir, wie wir nicht mehr sein wollen, was wir nicht mehr verknüpfen wollen, welche Gedanken, Gefühle und Grundprinzipien wir ablegen und wandeln wollen, und haben wir eine Ahnung von unserem Schmerz und haben diese Gefühle auszuhalten gelernt, dann ist es unbedingt nötig, das neuronale Muster aktiv zu verändern. Das neuronale Muster verändert sich dadurch, dass wir über dieselbe Situation anders denken, einen anderen Zugang finden, die negativen Gefühle wandeln und in die Vergebung kommen, um inneren Frieden zu erlangen. Und nun finden wir gemeinsam mit dem Coachee positive Sätze. Sätze, die uns gut-tun und den inneren Frieden stärken. Diese Sätze nennen wir Mantra, weil sie repetitiv aufgerufen werden, um das neue Neuronenmuster zu stärken. Um aus einem neuronalen Trampelpfad eine neue Autobahn im Gehirn zu formen. Dieser Prozess sollte also sorgfältig und vorzugsweise mit professioneller Hilfe angegangen werden. Die neu erarbeiteten Neuronen-muster sollten in der Folge immer wieder aufgerufen werden, damit sich das neue Schema verstärkt und das alte durch Nicht-mehr-Gebrauch abgebaut werden kann. Die Neuroplastizität des Gehirns hilft uns dabei. Was wir nicht brauchen, baut sich mit der Zeit automatisch ab („if you don't use it you lose it"). Und was neu mit einer bestimmten Intensität aufgerufen wird, bildet sich neu und verfestigt sich. Diese Arbeit kann mitunter schmerz-voll sein und geht oft tief. Der Coach ist gehalten, mit dem Coachee immer wieder zu überprüfen, ob das neue Muster sich verfestigt hat. Die Einübung des neuen Verhaltens, der neuen Einsicht und der damit verbundenen Mantras geschieht im Alltag. Der Coachee ist meist motivierter, diese Übungen durchzuführen, wenn er regelmäßig an Beratungssitzungen teil-nimmt, in denen er über seine Fortschritte und Erfahrungen berichtet. Wie ich eingangs dieses Kapitels erwähnt habe, braucht es Zeit und Disziplin, die neuronalen Schaltkreise zu verändern.

Nachfolgend gehe ich etwas näher auf die Spiritualität ein. Es folgt nebst der Definition ein Exkurs über Quantenphysik. Dieser Teil hilft, den nach-folgenden praktischen Teil der Aufstellungsarbeit, eine psychologische Methode aus der Hypnotherapie, besser zu verstehen.

3.3   Spiritualität und Quantenphysik in Theorie und Praxis

„Was Du bist, ist doch nicht das Ganze. So wirst Du denn auch einst aufgehen in den, der Dich erzeugte; oder vielmehr, nach geschehener Wandlung wirst Du wieder aufgenommen werden in seine Erzeugernatur" (Aurel, 1875/2016, S. 29, 14).

Jene Leserinnen und Leser, die Spiritualität mit Esoterik, mit „ver-sponnenen Geheimlehren" und „Geschäftemacherei" verbinden, möchte ich mit nachfolgendem Exkurs über Spiritualität und Quantenphysik einen Boden verschaffen, auf dem sie vielleicht etwas besser stehen können. Viele von uns möchten den Verstand mit im Boot haben, wenn es um sogenannte mystische Themen geht. Ich versuche mit dieser Einführung, die Verstandesebene zu erreichen, damit die nachfolgenden Ausführungen in diesem Buch greifbarer und begreifbarer werden. Jene Leserinnen und Leser, die sich mit quantenphysikalischen und anderen theoretischen Lehren eher schwertun, können ohne Weiteres diese Einführung überspringen und direkt zum nachfolgenden Abschnitt „Aufstellungsarbeit als Beispiel für die Anwendung intuitiven Wissens" übergehen.

3.3.1 Theoretischer Exkurs: Definition Spiritualität und theoretische Grundlagen aus der Quantenphysik

Spiritualität stellt das Leben in einen größeren Zusammenhang. Wir fühlen uns von der Welt nicht getrennt, sondern erleben uns eingebettet als Teil in einem großen Ganzen. Wie bereits an anderer Stelle dieses Kapitels erwähnt, findet das Thema Spiritualität seit einigen Jahren Eingang in die Psychotherapie. Was lange verpönt war und ignoriert wurde, wird heute als Potenzial erkannt.

Zahlreiche Forschungen zeigen auf, dass Spiritualität und Transzendenz Resilienzen eines Menschen darstellen und somit förderlich für die psychische Gesundheit sind. Die Resilienz ist eine angeborene Fähigkeit, mit Hindernissen, Misserfolgen und Stress besser umzugehen. Während die Resilienz als angeborene Widerstandskraft gilt, wird eine Ressource – welche alle Möglichkeiten, die der psychischen und physischen Gesundheit förderlich sind, beinhaltet – als trainier- und lernbar angesehen. Spiritualität ist gemäß dieser Definition im Grunde nicht lernbar, weil ein minimaler Zugang, eine Offenheit dafür gegeben sein sollte. Doch ist auch nur ein dünner Faden vorhanden, dann sollte es möglich sein, diese Fähigkeit auszubauen und zu stärken. Spiritualität im Sinne des lateinischen Wortes *spiritus* ist der Geist oder Hauch beziehungsweise Atem und bedeutet, mit allem verbunden zu sein. Einige verstehen unter Spiritualität die Verbundenheit zu einem Gott, dem Alleinigen. Einen anderen gibt es nicht. Andere wiederum fühlen sich mit der Natur verbunden, wozu auch alle Menschen und der Kosmos gehören, und wiederum andere praktizieren die Verbindung zum eigenen – zu einem höheren – Selbst. Ich bevorzuge die Konzentration auf den Atem, welche die einzige Verbindung zwischen unserer jeweiligen Innen- und Außenwelt ist. Und ich schließe mich der buddhistischen Lehre an, dass der Atem das einzig Beständige ist, welches in diesem Leben immer da ist. Konzentrieren wir uns auf ihn, dann leben wir im ewigen Moment des „Jetzt" und dieser Zustand wird im Allgemeinen als angenehm erlebt. Geist und Körper fallen in diesem Moment zusammen und sind ganz präsent im Hier und Jetzt. Und nur dann können wir eine Verbundenheit zu allem, was ist, erfahren. Sind wir mit dem Geist ständig woanders, überlegen, was wir morgen tun und welche Pläne wir noch in Zukunft haben, oder denken über unsere Vergangenheit nach, dann schwirrt unser Geist ständig umher. Körper und Geist fühlen sich dann getrennt an und wir merken nicht, wo wir gerade sind. Wir nehmen die Stuhllehne nicht wahr, an welche unser Rücken gelehnt ist, nicht die Füße am Boden, wir hören manchmal gar nicht zu, was unser Gegenüber zu uns sagt. Wir sind in Gedanken, schweifen umher und leben in einer Welt, die nicht real ist. Die Buddhisten nennen diesen Zustand Verblendung. Wir erkennen die Welt, wie sie gerade jetzt ist, nicht, wir sehen nicht, nicht richtig. Üben wir hingegen, die Konzentration bewusst auf den Atem zu richten, dann erleben wir die Verbundenheit mit allem was jetzt gerade ist. Jeder wird dies allerdings etwas anders beschreiben und empfinden. In Worte lässt es sich nicht gut fassen. Wir können uns nur annähern. Es fühlt sich hellwach an, die Zeit vergeht gefühlt langsamer, weil wir ganz in ihr sind. Wir sehen klarer, sind konzentrierter und das Gegenüber bekommt ein großes Geschenk, nämlich unsere aktive Präsenz und volle Aufmerksamkeit im Hier und Jetzt. Für mich ist es wichtig, eine religionsunabhängige Haltung einzunehmen. Gott, Buddha, Nirwana, Ewigkeit sind Worte und Zuschreibungen, sie münden im Versuch, eine Bezeichnung für die erfahrene Verbundenheit mit sich und einem größeren Ganzen zu finden. Worte für die Erkenntnis, dass wir im Grunde nicht getrennt voneinander, sondern mit allem verbunden sind. Es ist eine Welt ohne Grenzen. Es bedeutet das Erleben des ewigen Moments des Jetzt.

Wie, wir sind alle eins und gar nicht getrennt? Ich kann mich aber anfassen und das Gegenüber auch und den Tisch dort auch und den Stuhl dazu und die Lampe und den Stein da draußen. Wie soll das gehen, das sind alles Dinge, die unabhängig voneinander existieren, oder etwa nicht? Die Antwort darauf lautet: Ja und nein. Beides. Je nachdem, was wir beobachten wollen. Die Antwort finden wir auch in der Physik. Im Jahr 1802 untersuchte der englische Arzt Thomas Young die Natur des Lichts. Ein Schlüsselexperiment in der Naturwissenschaft war das „Doppelspaltexperiment". Auf die genaue Experimentbeschreibung verzichte ich an dieser Stelle, sie kann im Buch „Einsteins Spuk" des Physikprofessors Anton Zeilinger nachgelesen werden (2007, S. 38 ff.). Wichtig ist, dass damals zweifelsfrei davon ausgegangen wurde, dass das Licht aus Wellen besteht, weil auch andere Arbeiten zum Beispiel von Augustin Fresnel zum selben Schluss gekommen sind. Allerdings suchte man daraufhin noch nach einem Medium, welches die Wellen tragen müsste. Wellen brauchen eigentlich ein Medium, auf dem sie sich fortpflanzen können. Dieses müsse von einer Beschaffenheit sein, dass alles durchdrungen wird, was Licht durchscheinen lässt. Also Luft, Glas, alles, was transparent ist. Das Medium sei nicht wahrnehmbar und durchdringe doch alles. Damals sprach man vom Licht tragenden Äther. In weiteren Experimenten zeigte sich aber, dass es diesen Licht tragenden Äther nicht gibt und sich das Licht ohne ein Medium fortpflanzt. Dies konnte mit der absoluten Lichtgeschwindigkeit gezeigt werden. Licht bewegt sich nämlich immer gleich schnell, also 300.000 Kilometer pro Sekunde. Und es erscheint auch gleich schnell, ob es vom Beobachter her betrachtet wird, wenn es auf ihn zukommt, oder ob dieser sich selbst in Lichtrichtung bewegt. Der Physiker Abraham Michelson konnte 1881 zeigen, dass sich das Licht von der Erde zum Äther hin wie auch vom Äther zur Erde hin mit derselben Geschwindigkeit fortbewegt. Diese Erkenntnis war verwirrend. Gemäß Einsteins Relativitätstheorie müsste es einen Unterschied in der wahrgenommenen Geschwindigkeit machen, ob sich die Quelle oder der Beobachter bewegt. Ich verdeutliche das anhand des Autofahrens. Wenn hinter mir als Autofahrerin ein Kind herspringt, erscheint dieses gegenüber meiner Geschwindigkeit deutlich langsamer, als wenn dasselbe Kind vor meinem Auto auf mich zuspringt. Diesen empfundenen Unterschied gibt es beim Licht nicht. Die Lichtgeschwindigkeit wird unabhängig davon als immer gleich rasch empfunden. Ob ich mich in einem rasch fahrenden Fahrzeug befinde und einen Lichtstrahl aussende oder parallel dazu von einem fixen Punkt am Boden aus, es hat immer dieselbe Geschwindigkeit. Immer 1,08 Milliarden Kilometer pro Stunde oder eben rund 300 Millionen Meter pro Sekunde. Die Idee, dass Licht ein Medium braucht, um sich fortzubewegen, musste also aufgegeben werden. Nach heutiger Auffassung besteht Licht aus elektrischen und magnetischen Feldern, die auf kein Medium angewiesen sind. Der Beweis, dass das Licht sich in Wellen ausbreitet, ist mit dem Doppelspaltversuch gelungen. Und dann erschien ein Aufsatz von Albert Einstein 1905. Dieser spricht davon, dass Licht aus Teilchen besteht. Hier möchte ich auf den Begriff der Entropie eingehen, der auch nachfolgend in der Psychologie eine Rolle spielt. Entropie ist in der Physik ein Maß für Unordnung.

Je größer die Entropie ist, desto ungeordneter ist ein Zustand und desto größer ist seine Wahrscheinlichkeit (Zeilinger, 2007, S. 49). Gas breitet sich in einem Behälter aus; je größer dieser ist, desto größer ist die Entropie, das heißt die Wahrscheinlichkeit einer gleichmäßigeren Verteilung der Gaspartikel. Die Gleichverteilung nimmt mit dem Volumen zu. Es ist unwahrscheinlich, dass die Gaspartikel sich alle in einer Ecke versammeln. Gibt man dem Gas mehr Raum, wird es sich in diesem verteilen. Die

Entropie des Universums nimmt zu, weil alles wahrscheinlichere Zuständen anstrebt. Es gibt also einen Zusammenhang zwischen Wahrscheinlichkeit und Ordnung. Das Universum hat also die Tendenz zur wachsenden Unordnung. Je geordneter ein Zustand ist, desto unwahrscheinlicher ist er. Nun fand Einstein heraus, dass die Entropie von Strahlung im Allgemeinen und Licht im Besonderen, das ein bestimmtes Volumen ausfüllt, ähnlich derjenigen Entropie von Gas ist. Dass Licht aus Teilchen besteht, konnte er mittels einer Metallplatte beweisen. Fällt Licht auf eine Metalloberfläche, dann kann es dort einzelne Elektronen herauslösen. Dies wird als fotoelektrischer Effekt bezeichnet. Einzelne Lichtteilchen lösen also Elektronen heraus, die aus der Oberfläche der Metallplatte herausschlagen können. Der „Chemiker Gilbert Newton Lewis 1926 gab diesen Lichtteilchen oder Lichtquanten den Namen Photonen" (Zeilinger, 2007, S. 44). Was jetzt, ist Licht nun Teilchen oder Welle? Einstein erhielt immerhin den Nobelpreis aufgrund seines Befundes der Lichtteilchen. Beide Möglichkeiten Licht zu erklären, sind also gut erforscht, entweder als Teilchen oder als Welle. Diese Ergebnisse folgen jedoch zwei grundverschiedenen Konzepten. Könnten wir uns mit Lichtgeschwindigkeit fortbewegen, dann wäre eine Sekunde unendlich und der Raum gelöscht. Wir könnten uns in diesem unendlichen Augenblick überall gleichzeitig befinden. Also besteht das Licht nicht aus Teilchen, sondern aus Wellen. Wellen können gleichzeitig an verschiedenen Stellen präsent sein, Teilchen hingegen nur zu einem Zeitpunkt an einem bestimmten Ort. Diese beiden Konzepte müssten sich gegenseitig ausschließen. Allerdings konnte mit verschiedenen Experimenten – zum Doppelspaltinterferenzphänomen von Young und zum fotoelektrischen Effekt von Einstein – dargelegt werden, dass beide Eigenschaften vorliegen. Das ist ein Konflikt, welcher nur die Quantenphysik lösen kann. Sie schreibt jedem Körper eine Materiewelle zu und erkennt damit den Wellen-Teilchen-Dualismus an. Wie geht das? Licht ist beides, Welle und Teilchen? Ja.

Es kommt darauf an, was wir beobachten wollen. Also auf das Vorhandensein von Information. Zeilinger beschreibt dieses Phänomen sehr plastisch an einem Hamburgerbrötchen. Was sehen wir? Teig.

Doch woraus besteht er? Aus Wasser, Mehl, Gewürz. Doch woraus besteht Mehl? Aus Kohlehydraten. Also aus Molekülen beziehungsweise aus chemischen Atomen. Kohlenhydrate bestehen aus Kohlenstoff, Wasserstoff und Sauerstoff. Nun haben wir das Hamburgerbrötchen ganz anders beobachtet. Es ist im Grunde eine Anordnung von winzigen Objekten von Atomen mit einer Größe von 0,0000000001 Metern je Atom. Und das Brötchen setzt sich aus 10^{25} Atomen verschiedener Art zusammen. Nun können wir auch noch die Atome auseinandernehmen. Jedes einzelne besteht aus einem Atomkern, der von seinen Elektronen umgeben wird. Der Atomkern wiederum besteht aus den Teilchen Protonen und Neutronen. Die Protonen sind elektrisch positiv geladen und die Elektronen negativ und die Neutronen sind nicht geladen. Entgegengesetzte Ladungen ziehen sich bekanntlich an, deshalb – so sollte man annehmen – umkreisen die Elektronen den Atomkern auf bestimmten Bahnen. Und woraus bestehen nun die Elektronen, Neutronen und Protonen? Elektronen sind Elementarteilchen, sie haben keine Bestandteile mehr. Protonen und Neutronen bestehen aus Quarks. Quarks sind wiederum Elementarteilchen und können nicht mehr zerlegt werden. Unser Hamburgerbrötchen besteht also aus einem Haufen von Quarks, Up-Quarks und Down-Quarks, einigen Elektronen und einem verbindenden Leim mit dem Namen Gluon. Die Gluonen halten die Protonen und Neutronen im Atomkern zusammen, sorgen also für deren Anziehung. Die Anordnung dieser Teilchen gibt Aufschluss darüber, was wir vor uns haben. Es sind drei Teilchen nötig plus eine Information über die Anordnung, und das gibt dann ein Hamburgerbrötchen und eben keine Blume. Die Materie ist also einfach beschaffen: „Sie hat nur drei verschiedene Bestandteile, Up-Quark, Down-Quark und Elektron. Dazu kommen noch der Kleber, Photonen und Gluonen, der das Ganze zusammenhält" (Zeilinger, 2007, S. 72). Wir kommen damit zum Schluss, dass Materie weniger wichtig ist, weil alle Teilchen dieselben elementaren Eigenschaften haben. Man könnte alle Quarks und Elektronen gegeneinander austauschen und hätte bei derselben Anordnung immer noch ein Hamburgerbrötchen vor sich. Was ist nun wichtiger? Ist es die Materie, oder ist es die Information? Was ist das Charakteristische an einem bestimmten Objekt? Alle haben dieselben elementaren Eigenschaften. Ebenso gleichen sich alle Up-Quarks und alle Down-Quarks. Daraus folgt, dass man alle Quarks, aus denen ein Objekt besteht, gegen Quarks von woanders her austauschen kann – oder alle Elektronen gegen irgendwelche anderen Elektronen. Das würde sich nicht im Geringsten auswirken. Der Hamburger würde keine Tasse Kaffee (Zeilinger, 2007, S. 73). Auch unser Körper tauscht ständig Atome und Moleküle aus, das ist der Erneuerungsprozess, ein Merkmal des Lebens. Doch verändern wir uns deswegen? Alle sieben Jahre wird jede einzelne Zelle in unserem Körper erneuert. Sind wir deswegen jemand anderer geworden?

Nein. Warum nicht? Weil die Art der Anordnung die Information ist. Diese Information über die spezifische Anordnung der Atome gibt Aufschluss über die Beschaffenheit der Materie. Die Materie an sich ist immer dieselbe. Es hängt nur von der Information ab, die sich aus der Anordnung ergibt, was wir vor uns haben. Sie sagt uns, „wie all die einzelnen Bausteine relativ zueinander organisiert sind. Daher kommen wir zu einer wichtigen Schlussfolgerung: Information ist der fundamentale Baustein des Universums (Zeilinger, 2007, S. 73)." Was immer wir beobachten wollen, beobachten wir. Entweder die Anordnung der Quarks und Elektronen oder das Hamburgerbrötchen. Das Teilchen oder das Ganze.

Eine Schwierigkeit gibt es bei all diesen Messungen. Wir können die Position des Elektrons nicht vorausbestimmen. Es gibt nur Wahrscheinlichkeitsberechnungen, wenn wir wissen wollen, wohin und in welcher Zeit sich ein Elektron bewegt. Damit können wir nie genau alle in einem System enthaltenen Informationen messen. Wir kennen also nicht ganz genau alle Informationen, weil die Position des Elektrons sich nicht genau prognostizierbar verhält. So lautet die „Heisenbergsche Unschärfenbeziehung" (Zeilinger, 2007, S. 91). Das Elektron hat, bevor es gemessen wird, keinen genau definierten Ort. Es könnte überall innerhalb eines Wellenpaketes – einer Reihe verschiedener Wellen mit einer bestimmten Geschwindigkeit – gemessen werden. Messen wir beim Elektron die Geschwindigkeit, so wird der Ort, an dem es sich aufhält, unscharf. Messen wir den Ort, dann können wir seine Geschwindigkeit nur unscharf bestimmen. Ort und Impuls stehen also miteinander in Beziehung. Je genauer die eine Größe festgelegt ist, desto ungenauer ist die andere. Nochmals: Ist die Geschwindigkeit exakt bestimmt, dann könnte sich das Elektron überall im Universum aufhalten. Diese Eigenschaften Ort und Geschwindigkeit verhalten sich also komplementär zueinander. Wir können also wählen, über welche der Größen wir genau informiert werden möchten, und das Messgerät entsprechend auswählen. Wir können also wählen, zu untersuchen, wo sich ein Elektron aufhält, dass es eher hier und nicht dort ist. Bevor wir jedoch das Elektron gemessen haben, hatte es keinen definierten Ort, es könnte überall im Wellenpaket gefunden werden. Machen wir aber nacheinander zwei Messungen des Ortes, dann hat das Ergebnis der ersten Messung eine Auswirkung auf die zweite unmittelbar nachfolgende Messung. Die erste und zweite Messung sollte identisch sein. Wenn wir also beide Male dasselbe Merkmal messen, erhalten wir dasselbe Ergebnis. Wir könnten also vom ersten Messergebnis her das zweite Messergebnis vorhersagen, weil wir dieselbe Eigenschaft des Elektrons messen. In der Quantenphysik nennt man dies Zustand des Elektrons. Das Elektron hat dann einen relativen wohl definierten Ort oder einen relativen wohl definierten Impuls. Was wir nicht können, ist, sämtliche Informationen des Elektrons zu messen. Und da das Elektron einen wesentlichen Teil der Materie bildet, kann keine Messung einen unbekannten Zustand eines einzelnen Systems bestimmen. Wir können nicht alle Informationen in einem System bestimmen oder messen. Was wir aber können, ist, dass wir bestimmte Informationen – ohne sie zu kennen oder vorher zu messen – auf andere Systeme übertragen. Haben wir gemäß Zeilinger so etwas wie einen „Kanal, einen Tunnel, durch den die Informationen von A nach B gelangen könnten, ohne gemessen zu werden" (Zeilinger, 2007, S. 91), dann ist es möglich, zwei Teile zu verschränken.

Die Quantenverschränkung macht Quantenteleportation möglich. Einstein entdeckte 1935 zusammen mit Boris Podolsky und Nathan Rosen, dass zwei Teilchen, zwei Systeme aufgrund der Quantenmechanik sehr eng miteinander verbunden sein können. Diese Verbindung wird von Erwin Schrödinger „Verschränkung" genannt. Sie ist viel stärker als jede Verbindung in einem klassischen System, sie ist stärker als jede Verbindung zweier beliebiger Alltagsobjekte. Das Originalteilchen, das mit einem anderen Teilchen verschränkt werden soll, muss sämtliche persönliche Eigenschaften verlieren. Sagen wir Teilchen B werden seine individuellen Eigenschaften entzogen und auf Y übertragen. Dann werden sie mittels Quantenkanal verschränkt. B und Y haben keine eigenen Merkmale mehr. Wenn nun eines von beiden Teilchen gemessen wird, weisen beide dieselben Merkmale auf. Die Messung, die Beobachtung an einem der beiden Teilchen erzeugt die beobachtete Eigenschaft. „Sie war vorher nicht da. Es gibt auch keinerlei Erklärung, warum gerade das eine und nicht das andere Resultat bei der Messung erhalten wird. Es herrscht hier der reine Zufall. Das Überraschende ist, dass das andere Teilchen, ganz egal, wie weit es weg ist, nun genau die gleiche Eigenschaft besitzen wird. Das ist Einsteins Spuk" (Zeilinger, 2007, S. 100). Auf diese Weise können alle Merkmale des Originalteilchens auf das verschränkte Zwillingsteilchen augenblicklich – schneller als Licht – hinüberteleportiert werden. Das Originalteilchen hat durch die Verschränkung alle besonderen Merkmale verloren. Wichtig dabei ist die Messung. „Eine Messung an einem Teilchen ändert sofort den Quantenzustand des anderen, unabhängig der Entfernung der beiden" (Zeilinger, 2007, S. 195).

Der Beobachter hat also durch die Auswahl der Messinstrumente einen großen Einfluss auf das Beobachtete. Die Auswahl des Messinstruments kann entscheiden, welche Eigenschaften von Quantensystemen Wirklichkeit werden. Die Beobachtung realisiert die beobachteten Eigenschaften eines Systems. Diese Analyse hat eine Auswirkung auf unser Weltbild. Im Normalfall betrachten wir uns selbst als Beobachter getrennt vom beobachteten Objekt. Wir meinen, dass dies keinen Einfluss habe. Die Quantenphysik lehrt uns aber etwas anderes. Das, was wir beobachten, ist nicht unabhängig von uns selbst, von unserer Beobachtung und davon, was wir beobachten wollen und womit wir es beobachten. Der Mensch hat also die Freiheit, das zu messen, was er will und womit er es will. „Teilchen und Messgerät darf man nicht getrennt beobachten, sondern muss es als EIN System ansehen und sein Zustand ist nicht definiert, bevor er gemessen wird. Außerdem ist die physikalische Fragestellung erst dann definiert, wenn die Messsituation definiert ist, d. h. wenn ausgewählt wurde, welche Größe gemessen wird" (Bock-Möbius, 2010, S. 74). Es ist Zufall, an welchem Punkt die Messung stattfindet.

Das Messresultat ist vorher nicht festgelegt. Wir kennen nur entweder den Ort oder den Impuls des Elektrons. Messen wir den Ort, können wir diesen nur zum jetzigen Zeitpunkt festlegen. Wo sich das Elektron vorher aufgehalten hat oder sich nachher aufhält, ist uns unbekannt. Also ist es nur immer möglich, eine Information zum jetzigen Zeitpunkt zu erhalten. Darum ist das, was wir sagen können, nur im Jetzt gültig und das, was wir sagen, beeinflusst die Wirklichkeit. Das Messergebnis manifestiert die Wirklichkeit. Die Physikerin Imke Bock-Möbius bringt diese Auswirkung in einem Satz auf den Punkt: „Wir müssen unsere Grundannahmen über die physikalische Realität neu überdenken: Lokalität (Systeme besitzen ihre Eigenschaften unabhängig voneinander) und Realismus (Eigenschaften existieren unabhängig von der Messung) sind out" (S. 75). Was ich hier aufzeigen will, ist, dass wir den physischen Charakter der Materie um ein geistiges Prinzip erweitern sollten. Es gibt eine Welt jenseits von Raum und Zeit, die in unsere materielle Welt hineinwirkt. Ich lehne mich dabei an die Kopenhagener Deutung der Quantenmechanik an, deren Vertreter Max Born, Werner Heisenberg und Niels Bohr bereits im Jahr 1927 waren. Wellen- und Teilchennatur sind verschiedene Perspektiven ein und desselben Geschehens. Sie können sich gegenseitig ergänzen, aber nicht gleichzeitig beobachtet werden. Sie bilden ein Ganzes, obwohl sie sich naturgemäß eigentlich ausschließen müssten. Je nachdem, welche Form wir beobachten wollen, sehen wir das Einzelne oder das Ganze. Das einzelne Elektron existiert im Augenblick der Abreise und im Augenblick der Ankunft, dazwischen gibt es nur eine Welle der Wahrscheinlichkeit, eine Welle von Möglichkeiten, welchen Weg es genommen hat. Diese Welle der Wahrscheinlichkeit ist keine materielle Welle, sie ist als mathematisches Gesetz eine geistige Welle. Das Teilchen ist ein momentaner Ausdruck eines geistig-physischen Gesamtkomplexes. Es existiert nur, wenn es gemessen wird, erst dann erhält es spezifische individuelle Eigenschaften, davor existiert es nur als Welle sich überlagernder Möglichkeiten (Knapp, 2018, S. 89). Beobachten wir das Teilchen, indem wir es messen, dann bricht die Wellenfunktion, egal, zu welchem Zeitpunkt wir die Möglichkeit ergreifen.

„Raum und Zeit spielen dabei keine Rolle. Es ist nicht so, dass wir die Vergangenheit verändern können, sondern so, dass auf der Quantenebene die Vergangenheit bis zum Augenblick unserer Messung noch gar nicht als definiertes Ereignis stattgefunden hat" (Knapp, S. 91). Die Vergangenheit existiert nur in unzähligen Möglichkeiten. Wir können uns das nicht vorstellen, weil sich diese Welle jenseits von Raum und Zeit befindet, wir können sie nur als geistiges Prinzip einer Welle von Möglichkeiten denken, sie als Ganzes aber weder messen noch sehen. Die Materie kann also als immaterielle Bewegung sich überlagernder Möglichkeiten beschrieben werden, die erst durch unsere Beobachtung eine physische Form erhält. Trifft die Kopenhagener Deutung zu, dann gäbe es eine direkte Verbindung zwischen Geist und Materie. Und wir hätten Einfluss auf die Wandlung von Geist zur Materie. Materie bewegt sich in diesem Sinne zwischen physischer und geistiger Realität. Wie wir schon am Beispiel des Hamburgerbrötchens gesehen haben, entsteht Materie durch Anordnung der kleinsten Teilchen.

Materie ist mehr Information als Teilchen. Das ist auch einsehbar, weil ein Atomkern in einem Atom ungefähr so viel Platz einnimmt wie ein Drittel Reiskorn in der Mitte eines Fußballfeldes, nämlich 1 Millimeter auf 100 Meter. Und nun könnten wir aufgrund der Erklärungen aus der Quantenphysik zum Schluss kommen, dass die Information, die die Materie ausmacht, mit unserem geistigen Bewusstsein zusammenhängt. Der Geist ist die Grundlage des Universums und die Materie nur die Verdichtung des Geistes. So formulierte es der Benediktinermönch und Zenmeister Willigis Jäger. Ich würde seinen Satz weiter gehend so formulieren: Alle Substanz ist die zum Teilchen gewordene Information. Nun braucht es aber, gemäß Zeilinger, eine Verschränkung der Teilchen, um durch Messung eines Elektrons auf den Zustand seines Zwillingsteilchens schließen zu können. Bock-Möbius geht von einer allgemeinen Teilchenverschränkung aus: Die derzeit gültige kosmologische Annahme geht von der Expansion des Universums nach einem Urknall aus, so dass alles im Universum irgendwann einmal miteinander verbunden war. Die atomare Wirklichkeit offenbart einen Zusammenhang zwischen einzelnen Objekten, der nur als Ganzheit beschrieben werden kann, isolierte Teilchen ohne Wechselwirkung, die nicht beobachtet werden, gehören nicht zur physikalischen Wirklichkeit. Das Universum ist also eher ein Netzwerk als ein Uhrwerk (S. 76). Wir stehen also mit allem in Verbindung. Es gibt eine Informationsmöglichkeit außerhalb von Zeit und Raum, es gibt Elektronen, die sich wie Teilchen und Wellen verhalten, und eine geistige Möglichkeitswelle, die alle Informationen enthält. Wir wählen bewusst oder unbewusst durch unsere Beobachtung oder Aufmerksamkeit, wann und an welchem Punkt diese

Welle bricht und diese Teilchen Eigenschaften erhalten und zur fass-, erfahr- oder erkennbaren Materie oder Substanz werden.

Mit diesem Exkurs will ich zusammengefasst zeigen, dass wir alle aus ein und derselben Materie zusammengesetzt sind, dass uns nur die spezifische Anordnung voneinander trennt und diese Anordnung Information ist. Die Anordnung sagt etwas darüber aus, ob wir Menschen, Blumen oder eine Tasse Kaffee sind, nicht die Materie. Bei einer anderen Anordnung könnten wir also auch Baum, Tisch oder ein Hund sein. Wir können alle Materieteilchen austauschen, das allein aber macht den Menschen nicht zum Hund. Wir in unserer Vorstellung erleben uns trotzdem als getrennt von allem, was wir nicht sind. Die Vorstellung der Trennung folgt einem klassischen physikalischen Weltbild und Denkmuster, das längst widerlegt worden ist. Spiritualität habe ich als Verbundenfühlen mit dem All-Einen definiert. Aufgrund der Verbundenheit mit allem können wir auch alle Informationen, die in einem uns umgebenden elektromagnetischen Feld existieren, erhalten. Natürlich erhalten wir nicht alle Informationen gleichzeitig, sondern nur jene, die wir beobachten oder messen wollen. Jene also, auf die wir unsere Aufmerksamkeit lenken. Aufgrund der Verbundenheit gehe ich davon aus, dass wir alle Informationen, die wir beobachten wollen, auf eine ganz besondere Art aus dieser Informationswelle – dem elektromagnetischen Feld – beziehen, substanziieren und erfahrbar machen können. Ich nenne diese spezifische Informationsübertragung „Eingebung". Informationen, die wir uns meist nicht oder nicht bewusst angeeignet haben und die aus uns heraus kommen, ohne dass wir sagen könnten, woher wir diese Information bekommen haben. Es geht um das intuitive Wissen, um Wissen, an welches wir nur herankommen, wenn wir uns mit allem verbinden und unser Frontalhirn nicht auf die gewohnten Muster zugreifen kann. Die Intuition ist eine spezifische Wahrnehmungsart, eine, die unabhängig vom Verstand arbeitet, weil etwas, das uns nicht bewusst ist oder unter unserem Bewusstsein liegt, beteiligt ist. Sie ist ein kreatives System, welches für uns mehr oder weniger diffus wahrnehmbar ist.

Ein Wahrnehmungssystem, das dann am besten oder klarsten arbeiten kann, wenn unser Verstand leer ist. Also keine Vorurteile gebildet oder Schemen abgerufen werden können. Meist sendet es uns Botschaften in Form von Gefühlen oder körperlichen Signalen, teilweise können es aber auch klare Gedankenfetzen sein. So substanziieren wir Information. Können wir vorurteilsfrei und mit leerem Geist ein Thema beleuchten, dann können neue Sichtweisen und vertiefte neue und kreative Erkenntnisse erworben werden. Wie geht das konkret? Wie können Informationen, die nicht in unserem Bewusstsein sind und irgendwo – möglicherweise jenseits von Raum und Zeit – vorhanden sind, in unser Wahrnehmungssystem gelangen? Um unsere Intuition bewusst anzuwenden, unseren Geist zu leeren, um dadurch die Verbundenheit mit allem zu erfahren, gibt es verschiedene Methoden in der Psychologie. Hypnotherapeutische Methoden eignen sich hierzu besonders gut. Darunter gibt es eine Methode, die ich nachfolgend näher vorstellen möchte. Diese Methode eignet sich gut, um verborgene Schattenseiten ins Bewusstsein zu bringen, um sie anschließend zu bearbeiten und zu wandeln.

3.3.2 Die Aufstellungsarbeit als Beispiel für die Anwendung intuitiven Wissens. Das Erfahrbarmachen der Verbundenheit mit dem Quantenfeld. Eine weitere Methode zur Schattenarbeit

Ich habe die Methode der Systemischen Strukturaufstellungen (SySt) bei Matthias Varga von Kibéd und Insa Sparrer gelernt (*Systemische Strukturaufstellungen* (Sparrer, 2006a), *Wunder, Lösung und System* (Sparrer, 2006b), *Einführung in Lösungsfokussierung und Systemische Strukturaufstellung* (Sparrer, 2017)). Dieses Interventionssystem hat eine besondere Sprache. Im Raum werden Personen als Repräsentanten und Repräsentantinnen für Teile eines Systems, eines Problems, eines Themas dargestellt.

Die Repräsentanten stehen also im Raum stellvertretend für ein Thema, eine bestimmte Person oder eine Sache. Hat der Klient oder die Klientin alle Repräsentanten im Raum aufgestellt, gibt jeder Repräsentant Auskunft darüber, wie es ihm geht, in welcher Beziehung er zum anderen Repräsentanten steht, was er über sich und andere denkt und fühlt. Woher beziehen diese Repräsentanten ihre Informationen? Keiner der im Raum stehenden Personen verfügt über Kenntnisse betreffend der von ihnen dargestellten Aufgaben, Personen oder Themen. Oft ist ihnen die Person, für die die Aufstellung gemacht wird, gänzlich unbekannt. Diese Methode funktioniert noch besser, wenn der Repräsentant nicht einmal weiß, worum es in der Aufstellung geht und wofür er steht. Wir nennen dies eine verdeckte Aufstellung. Einzig derjenige, für den die Aufstellung gemacht wird, weiß, worum es sich handelt, behält dies aber für sich. Er stellt lediglich A, C, V und Z auf, dessen Bedeutung nur er selbst kennt. Es ist also nicht einmal nötig, dass die Aufstellungsleitung Kenntnisse über Inhalt und Rollen der Aufstellung hat. Die Ergebnisse verblüffen. Erstaunlich genau wird aus jeder Rolle berichtet, was der einzelne Repräsentant empfindet, wahrnimmt und welcher Ort oder welche Position für ihn besser wäre oder wie er die

Beziehung zu den anderen Repräsentanten empfindet. Die Aussagen entsprechen in der Regel der erlebten Realität des Klienten. Stimmlage und die gewählten Worte, die Gefühlsempfindungen und Beziehungsmuster werden so exakt wiedergegeben, dass der Betroffene der Aufstellung sich und seine Situation sofort wiedererkennt. Am Rande des Geschehens sitzend wird der Aufstellungsgeber (Klient/Klientin) von der Aufstellungsleiterin meist am Anfang einer Aufstellung (nach dem ersten Aufstellungsbild) gefragt: „Erkennst du die Situation wieder oder ist dir das, was da gesagt wird, völlig fremd?" Meist antwortet er mit breitem Lächeln: „Nein, genauso ist es, genauso erlebe ich es. Ich sehe meinen eigenen Film." Die Repräsentanten, vor allem jene, die erstmals in einer Aufstellung eine Rolle übernommen haben, zeigen sich erstaunt, woher sie diese Informationen beziehen, obschon sie sich in ihrer Ausdrucksweise sicher fühlen. Es handelt sich um Eingebungen, um intuitives Wissen, um Wissen, welches sie unter ihrem Bewusstsein hervorholen. In diesen Aufstellungsarbeiten können ganz viele Dinge – auch abstrakte – repräsentiert werden. Aufgaben, Körperteile, Häuser, Wohnungen, Fragestellungen und natürlich auch Einzelpersonen werden im Raum durch Repräsentanten aufgestellt. Wie fühlt es sich an, eine Wohnung zu sein? Oder eine Aufgabe, eine Frage, ein Zeitfenster, wie erlebe ich mich als Großmutter, Bruder oder Ehepartner des Betroffenen? Woher weiß das Unbewusste einer völlig unbeteiligten, neutralen Person über andere Personen so genau Bescheid? Woher kommen diese exakten Beschreibungen? Anhand dieser Methode, die allen zugänglich ist, erleben wir Verbundenheit. Die Verbundenheit mit einer anderen Person, die uns fremd ist, die wir nicht kennen. Verbundenheit sogar mit einer Wohnung oder einer Sache, von der wir uns ansonsten getrennt erleben. Die Repräsentanten sind in ein Informationsfeld eingetreten, in das Feld, wo alles mit allem verbunden ist. Hier ist etwas da, was erfahrbar ist, was uns alle umgibt, wir aber nicht sehen können. Die Personen und Dinge im Raum werden durch die Repräsentanten bezogen auf eine spezifische Fragestellung zum Leben erweckt. Werde ich gefragt, wie dies möglich sei, greife ich auf die Lehre der Quantenphysik zurück. Ich bin mir sicherlich klar darüber, dass ich die quantenphysikalischen Gesetze und Zusammenhänge als Psychologin nur rudimentär verstehe. Mein Grundsatz, den ich aus der Quantenphysik abgeleitet habe, lautet: Substanz ist die Teilchen gewordene Information. Wir sind selbst Teilchen gewordene Information und bewegen uns in einem Netz, welches alles mit allem verbindet und aus einer Informations- und Materiewelle besteht.

Unser Gefäß, das wir Körper nennen, unterscheidet uns nur in der Anordnung der Elementarteilchen von anderen Anordnungen. Ich gehe davon aus, dass wir fähig sind, Informationen aus einem Feld des universellen Gesamtwissens zu beziehen. Ich stelle mir das so vor, als ob wir eine Art Telefongespräch führten. Die Übertragung findet allerdings nicht seriell, digital in Bits – null oder eins – und schon gar nicht analog statt. Ein digitales System verarbeitet immer noch seriell; was in den Aufstellungen abläuft, sind meines Erachtens jedoch Parallelprozesse. Unser Verstand, der seriell arbeitet und im Frontalhirn lokalisiert ist, kann deshalb nicht beteiligt sein. Aus der Forschung wissen wir, dass in unseren basalen Hirnrealen, der Ort, in dem intuitives Wissen verarbeitet wird und die Gefühle lokalisiert sind, parallele Arbeitsprozesse stattfinden. Angelehnt an die Quantenphysik gehe ich davon aus, dass unser Unbewusstes auf alle Informationen, die in der Welt als Welle außerhalb von Raum und Zeit existieren, gleichzeitig zugreifen kann. Damit wir von diesen Informationen nicht überflutet werden, ist es nötig, die Information zu filtern. Dies ist ein Prozess, der die Großhirnrinde leistet. Das ist derjenige Gehirnbereich, in dem das Bewusstsein verortet ist, dort wo komplexere Selektions-, Filterungs- und Handlungskontrollprozesse stattfinden. Dieses System verarbeitet langsam und seriell, dafür sprachlich klar. Dort werden höhere kognitive Prozesse kontrolliert. „So existieren direkte Verbindungen zum expliziten und prozeduralen Gedächtnis, Arbeitsgedächtnis, zum Denken und Planen, zu den Emotionen, zur motorischen Kontrolle, zu den Augenbewegungen, zur Sprachproduktion und zur Verhaltenskontrolle" (Jäncke, 2017, S. 314). Die Intuition hingegen dürfte im limbischen System anzusiedln sein. Dieses ist evolutionär gesehen überwiegend in emotionale Kontrollprozesse eingebunden. Dieses System verarbeitet Reize parallel, hat aber den Nachteil, dass das Sprachzentrum nicht direkt verbunden ist. Daher erhalten wir aus diesem System nur diffuse Informationen. Dieser Gehirnteil stellt unter anderem – wie ich vermute – den Zugang zur Informationswelle her. Auf diese Weise erfahren wir das intuitive Wahrnehmungssystem. In der Systemischen Strukturaufstellung geht es um konkrete und spezifische Fragestellungen, zu denen wir jenes Bewusstsein, das unter dem Bewusstsein liegt, öffnen. Wir machen uns für den Zugang zur intuitiven Verarbeitung bereit. Zunächst leeren wir als Repräsentanten den Verstand. Wir befinden uns in einem Trancezustand. Das ist leicht möglich, weil unser Gehirn keine Möglichkeit hat, Bekanntes zu verarbeiten. Als eine Person X oder Zustand V, die oder den wir nicht kennen, kann unser Gehirn keine bekannten Muster abrufen. Das Frontalhirn greift ins Leere. Auf diese Weise ist es meines Erachtens möglich, dass wir eine Art von Quantenkanal legen können, um Informationen zu erhalten, die sich jenseits von Raum und Zeit irgendwo im Informationsfeld befinden. Damit eine Teleportation dieser Information in das System des Repräsentanten stattfinden kann, braucht es gemäß dem Quantenphysiker Zeilinger die „Verschränkung" von zwei Teilchen. Nach dem Modell von Bock-Möbius wäre die Verschränkung von Natur aus – aufgrund des Urknalls – schon passiert und die Erklärung noch einfacher, weil wir auch den Quantenkanal nicht bräuchten. Die Verschränkung selbst ist schwierig vorstellbar. Zwei Teilchen können nur dann verschränkt werden, wenn sie ihre Eigenschaften zunächst gänzlich verlieren. Geschieht dies, können die Eigenschaften, welche gemessen werden sollen, bei beiden exakt gleichzeitig beobachtet werden, egal wie weit sie auseinanderliegen. Die Eigenschaften bestehen aus Informationen, nicht aus der Materie selbst. Wenn wir also in der Aufstellung stehen und rein gar nichts über diese Person wissen, die wir repräsentieren, so verlieren wir unsere persönlichen Eigenschaften. Das Originalteilchen ohne Eigenschaften ist also bereit zur Verschränkung mit jenem Teilchen, welches wir repräsentieren und das sich bereits als Information im Feld befindet. Aufgrund der Fragestellung – also der Messung – nimmt es nun die Eigenschaften an, die wir aufgrund unserer Fragestellung messen wollen. Wir könnten diesen Vorgang als eine Art von Teleportation mit virtuellem Quantenkanal bezeichnen, falls dieser überhaupt noch nötig sein sollte. Der Quantenkanal könnte aufgrund der Leerheit des Geistes entstehen. Dabei ist es auch in der Quantenphysik irrelevant, wie weit das andere Teilchen vom Originalteilchen entfernt liegt. Mittels Verschränkung können wir die Informationen des Zwillingsteilchens, welches wir mittels der Aufstellung beobachten wollen, auf das Original portieren.

Dies geschieht außerhalb von Raum und Zeit, also gleichzeitig und damit schneller als Licht. Vergangenheit und Zukunft spielen dabei keine Rolle. Nur aufgrund einer exakten Fragestellung – also Messung – kann das Original die Eigenschaften des Zwillingsteilchens annehmen. Das eine Teilchen gleicht nun dem anderen und kann gemessen beziehungsweise dem Bewusstsein zugänglich gemacht werden. „Was in einer Messung passiert, ist, dass der Zustand des Quantensystems mit dem Zustand des Messgerätes verschränkt wird" (Bock-Möbius, 2010, S. 76). In der Aufstellung bezeichne ich den Repräsentanten als das Messgerät.

> „Genau das ist das Eigenartige an der Verschränkung, dass die Messung, die Beobachtung, an einem der beiden Teilchen die beobachtete Eigenschaft erst erzeugt. Sie war vorher nicht da. Es gibt auch keinerlei Erklärung, warum gerade das eine und nicht das andere Resultat bei der Messung erhalten wird. Es herrscht hier der reine Zufall. Das Überraschende ist, dass das andere Teilchen, ganz egal, wie weit es weg ist, nun genau die gleiche Eigenschaft besitzen wird. Das ist *Einsteins Spuk*" (Zeilinger, 2007, S. 100).

Die Physikerin Imke Bock-Möbius würde diesen komplexen Vorgang, wie bereits vorher angesprochen, noch einfacher schildern: „Quantenmechanisch betrachtet ist es offenbar so, dass Teilchen, die einmal eine Einheit gebildet haben, nun keine unabhängige Existenz mehr haben." Und weil wir alle aus demselben Urknall hervorgegangen sind, „war alles irgendwann einmal miteinander verbunden" (Bock-Möbius, 2010, S. 76). Das bedeutet, dass unsere Elementarteilchen alle einmal verschränkt worden sind und wir deshalb als „EIN System zu betrachten sind, egal wie groß der Abstand zwischen ihnen später wird. […]. Raumzeitliche Distanzen scheinen quantenmechanische Objekte nicht zu trennen. Vielmehr scheint es so, dass räumliche und zeitliche Nichtlokalität eine Eigenschaft der Wirklichkeit sind, gerade so, als existiere Raum-Zeit gar nicht" (S. 77). Substanz ist also Teilchen gewordene Information. Und in einer Aufstellung lassen wir die Informationswelle mit unserer Fragestellung brechen und zur Substanz werden.

Was bereits heute in der psychologischen Praxis funktioniert, wird in der Theorie vielleicht irgendwann eine wissenschaftlich exaktere Erklärung als die meinige finden. Was mir allerdings viel wichtiger erscheint, ist die Erfahrung jedes Einzelnen, dass er die Verbundenheit von sich mit anderen erleben kann und natürlich auch mit bereits verstorbenen Personen. Es ist eine von vielen Methoden, mit der wir das Gefühl des Getrenntseins überwinden können. Wir erfahren unsere eigene Wellenqualität. Das Hin- und Herpendeln von Welle und Teilchen. In dem Moment, in dem der Repräsentant das Gefühl hat, „eigenschaftslos" zu sein, bis das intuitive Wahrnehmungssystem die gefragten Informationen ins Bewusstsein bringt und das Sprachareal die Impulse, die es erhält, in Worte formulieren kann, erfährt er die Wellenqualität. Er taucht in ein elektromagnetisches Feld ein, in ein Netz, das uns unsichtbar umgibt und von dem wir selbst durchdrungen sind. Wir begeben uns in ein Feld, in dem alle Informationen gleichzeitig existieren. Vergangene, gegenwärtige und zukünftige. In ein Feld jenseits von Raum und Zeit. Der Repräsentant nimmt die Eigenschaften einer Wohnung, einer Sache, eines Familienmitgliedes, eines Mitarbeiters – also des Originalteilchens – an. Damit wird die für uns bislang verborgene Information sichtbar und nimmt Gestalt an. Sie substanziiert sich. Was wir anschließend tun, ist, dass wir das erste Bild, welches meist eine unangenehme Stress erzeugende Situation darstellt, verändern. Wir verändern das Bild, stellen die Repräsentanten um, lassen sie Sätze sagen, die eine neue Realität aufzeigen. Aus unserer Sichtweise tauchen wir in das zukünftige Feld aller Informationen ein und wählen jene Möglichkeit aus, die dem Klienten angenehmer und ressourcenreicher erscheint. Wir substanziieren also eine neue, veränderte Information und bringen sie im Jetzt zum

Ausdruck. Der Klient oder die Klientin, die das Geschehen von außen beobachtet, gewinnt neue und erhellende Erkenntnisse und Einsichten, die sich im Hier und Jetzt materialisieren.

Weiterführende Bemerkungen

Die Aufstellungsarbeit als eine Methode der Psychologie entbehrt bislang einer exakten wissenschaftlichen Grundlage. Wir haben keine Laborbedingungen und können uns nur an das Wissen aus der Quantenphysik annähern und es uns zunutze machen. Zahlreiche Aufsteller machen seit Jahrzehnten die Erfahrung, dass diese Methode funktioniert. Jede Person, auch eine völlig unerfahrene, kann auf ihr intuitives Wissen zugreifen. Jeder kann aufgrund einer spezifischen Frage in einen fremden Rollenaspekt eintauchen. Das Eintauchen kann so intensiv sein, dass ein Repräsentant in der Rolle haften bleibt und mit ihr verschmilzt. Darauf muss jeder Coach, der Aufstellungsarbeit anbietet, besonderes Augenmerk legen. Am Ende jeder Aufstellung ist es deshalb sehr wichtig, dass ein „Entrollen" stattfindet. Jeder Repräsentant sollte zum Schluss wieder in den eigenen Zustand gelangen. Quantenmechanisch gesprochen muss wohl eine Art „Entschränkung" stattfinden. Nach getaner Arbeit müssen die Repräsentanten wieder zu sich selbst, zur eigenen Information zurückkehren. Die ihnen fremde Information aus der Rolle wird dem gesamten Feld zurückgegeben. Ich entlasse die Repräsentanten aus der Aufstellung im Bewusstsein, dass sie nun wieder sie selbst sind. Sie reiben sich ihre Hände, ihr Gesicht, sagen laut ihren eigenen Namen, trinken einen Schluck Wasser und kehren so zu ihrer eigenen Zustandsbeschreibung, zu ihrer eigenen Informationsanordnung zurück und lassen die „Rolle" bewusst los. Willkommen in der Welt der Getrenntheit und der klassischen Physik! Wer diese Arbeit einmal erlebt hat, schafft für sich einen Zugang zur Spiritualität, zur Verbundenheit mit einem alles durchdringenden Informationsfeld, einen Zugang zum Kosmos. Wer diese Erfahrung gemacht hat, ist mit C.G. Jung einig: „Soweit ich das Wesen des kollektiven Unbewussten erfasse, erscheint es mir als ein omnipräsentes Kontinuum, eine unausgedehnte Gegenwart. Wenn an einem Punkt etwas geschieht, welches das kollektive Unbewusste berührt oder in Mitleidenschaft zieht, so ist es überall geschehen" (Jung, 1929, S. 84). Wenn wir das gesamte Informationsfeld, Kosmos, kollektives Unbewusstes nennen oder es sogar als Gemeinschaftsseele bezeichnen, dann dient unser Körper als Gefäß für einen spezifischen Teil davon. Er, der Körper, ist von einer Seele beziehungsweise von Informationen umgeben, die als Ganzes gar nicht in ihn hineinpasst, sondern von der Seele druchdrungen wird. Er ist Teilchen gewordene Information, eine Substanz, die aus diesem

Kontinuum des kollektiven Unbewussten, der Gemeinschaftsseele oder des Informationsfeldes hervorgegangen ist.

Auswirkung der systemischen Strukturaufstellung

Die Leser und Leserinnen werden sich vielleicht nun fragen, welche Auswirkungen eine Aufstellung in unserer klassischen Realität hat. Finden Veränderungen, wie sie in der Aufstellung erarbeitet worden sind, statt? Ja. Das tun sie. Erstens machen wir vorher unbewusst vorhandene Informationen bewusst, und das betrifft natürlich auch Schattenseiten. In einem zweiten Schritt beleuchten wir die Situation von einer anderen Seite und schließlich transformieren wir die alte Situation in eine neue. In einer Aufstellung verändern wir die Positionen der Repräsentanten, bis jeder an einem Platz steht, der für ihn stimmig ist und an dem er – insbesondere aber der Hauptakteur – sich besser, also ressourcenreicher fühlt. Der Stresslevel des Hauptakteurs, um den es in der Aufstellung geht, sinkt am Ende sichtbar. Dies zeigt sich in einer veränderten Haltung, einer veränderten Köper- und Gefühlswahrnehmung und zum Schluss durch eine veränderte Sprache, Stimmlage und Atmung. Es werden Aussagen gemacht oder Mantras ausgesprochen, die lösend und entlastend sind und zu einer deutlich angenehmeren und ressourcenreicheren Situation führen. Oft wird eine Lösung dadurch möglich, indem eine andere – natürliche – Systemordnung geschaffen wird. Diese Lösung konnte jedoch zu Beginn der Aufstellung nicht gesehen werden, sie ist neu und bringt Ordnung und Klarheit in eine verstrickte Situation. Lernen findet statt und neue neuronale Bahnen können im Gehirn gebildet werden. Es findet mit der Aufstellung ein Wandel der bisherigen Sichtweise bezogen auf das Thema statt. Es ist also auch unter dem neuropsychologischen Blickwinkel fast nicht möglich, dass sich nach der Aufstellung nichts ändern sollte. Das Risiko einer Veränderung würde ich als relativ hoch taxieren. Natürlich zeigt dies auch meine Erfahrung. Haben wir die Aufstellung beendet, hat der von der Aufstellung Betroffene neue Informationen, neue Sichtweisen, neue Gedanken und neue Gefühle bezüglich seiner bisherigen schwierigen Thematik. Seine Gehirnstruktur verändert sich, indem sich neue Neuronen verknüpfen. Der Klient, die Klientin wird sich einerseits künftig anders in derselben Situation verhalten, sich neu positionieren, und dies hat allein schon eine verändernde Auswirkung auf das soziale System.

Andererseits bezieht die an der Fragestellung beteiligte Umwelt – das soziale System des Klienten – die neuen Informationen aus dem quantenphysikalischen Informationsfeld. So können sie unter Umständen ebenfalls neue Einsichten gewinnen. Nicht selten lösen sich nach einer Aufstellung gordische Knoten relativ einfach auf, wie von selbst.

Systemische Strukturaufstellung als praktische spirituelle Erfahrung
Mit dieser anwendungsbasierten, anschaulichen und pragmatischen Methode findet die Spiritualität Eingang in die psychologische Beratung. Und wird das zugrunde liegende Prinzip verstanden, hilft die dahinterliegende Weltanschauung in verschiedenen Gesprächen, schwierige Themen distanzierter zu betrachten, indem wir uns eingebettet in einem größeren Ganzen sicherer fühlen. Im Rahmen der Aufstellung lernen wir als Repräsentant durch das Einnehmen eines Blickwinkels einer uns fremden Person oder Sache Empathie, Mitgefühl und können ein Reframing von festgefahrenen Situationen erkennen. Außerdem erleben wir im Zustand der Leere durch das vorurteilsfreie Eintauchen in ein Informationsfeld das Überwinden unseres Egos. Nur für kurze Zeit und dennoch für die meisten eine eindrückliche und bleibende Erfahrung. Durch die Verbundenheit mit dem uns umgebenden Informationsfeld nimmt unser Ego an Bedeutung ab und weicht einer Einsicht, dass es etwas gibt, was bedeutender und größer ist als wir selbst und mit dem wir uns verbinden können. Mehr noch, wir sind Teil davon. Und dies lässt in uns ein Vertrauen erwachsen, das uns eine stabile Sicherheit gibt. Insa Sparrer beschreibt diese neue Sicht auf die Welt in ihrem Buch *Einführung in die Lösungsfokussierung und Systemische Strukturaufstellung* (2017), wie folgt:

„Sowohl die Metapher der Trennung als auch die Metapher der Verbindung sind nützlich dafür, unterschiedliche Erfahrungen nachvollziehen zu können. Ich möchte daher anregen, in diesem Sinne beidäugig in die Welt zu blicken, so dass wir in Bezug auf Trennung und Verbindung ein „mehrdimensionales" Bild erhalten – in Analogie zu Viktor Frankls Anwendung der Metapher des „beidäugigen Sehens" als Paradoxienlösung, bei der die widersprüchlichen nichträumlichen Bilder (der beiden Augen für sich genommen) vom Gehirn zu einem konsistenten Bild mit einer neuen Dimension, der räumlichen Tiefenwahrnehmung, verrechnet werden" (S. 79).

3.3.3 Anwendungsbeispiel einer Aufstellung: „Wenn beim Zumuten der Mut fehlt"

Hintergrund
Ein Klient berichtet, dass er in seiner Ehe unglücklich ist und sich im Grunde trennen möchte. Er betreibt gemeinsam mit seiner Ehefrau ein Geschäft. Die Trennung hätte also auch einschneidende Auswirkungen auf die berufliche Situation von beiden. Sie haben eine gemeinsame Tochter von 22 Jahren. Der Klient meint, er könnte seiner Frau keine Scheidung zumuten. Es sei eine zu große Zumutung für sie, wenn sie allein – ohne

ihn – leben müsse. Das Ziel seiner Aufstellung ist die gesamte Neuorientierung in seinem Leben. Privat und beruflich. Er ist schon seit Jahren mit dem Thema „Neuorientierung" beschäftigt, hat sich aber bisher nicht entschließen können, einen Schritt in diese Richtung zu tun, obwohl er weiß, was er braucht und wie die Neuorientierung aussehen könnte. Jedoch hat sich ihm immer wieder die „Zumutung" in den Weg gestellt.

Durchführung der Arbeit:

In dieser Aufstellung haben wir folgende Repräsentanten ausgewählt: Den Fokus (F), das ist der Klient, um den es in dieser spezifischen Fragestellung „Neuorientierung" geht. Dann das Ziel „Neuorientierung" (N), die Ehefrau (E), die Tochter (T) und als „ehrenwertes" Hindernis die „Zumutung" (Z). Ich bezeichne jeweils das Hindernis, welches die Zielerreichung erschwert, als „ehrenwert", weil es sich häufig herausstellt, dass uns das Hindernis vor etwas schützen will. Hindernisse lehnen wir oft ab und wollen sie weg- und loshaben, dabei sind sie gutmütig und wollen uns nicht schaden. Sie sind umzuwandeln, um ihren wahren Sinn zu erkennen und um ihre Kraft produktiv nutzen zu können (Reframing).

Nun wählt der Klient aus den anwesenden Personen fünf Repräsentanten aus, die einerseits für ihn selbst (F) stehen und andererseits für N, E, T und Z. Der Klient steht zuerst hinter seinen Fokus (F) und berührt ihn an den Schultern, spricht: „Du bist mein Fokus" und führt ihn langsamen Schrittes in den leeren Raum hinein. Er geht so lange herum, bis er gefühlt den stimmigen Platz für F gefunden hat. F selbst nimmt wahr, wie es ihm dabei geht. Er achtet auf Unterschiede, nachdem er an den Schultern berührt worden ist. Wie geht sein Atem anders als vorhin? Welche Gedanken, Gefühle, Wahrnehmungen treten in ihm auf, die vor der Aufstellung noch nicht da waren? Gibt es körperliche Veränderungen? Danach wird das Ziel N hereingeführt und der Fokus achtet darauf, was sich nun verändert, wenn N dazukommt. Der Repräsentant N achtet bei sich auf Veränderungen, als er zu N geworden ist. Dasselbe wird für E, T und Z gemacht. Stehen alle Repräsentanten im Bild, kann sich der Klient hinsetzen und außerhalb des Raumes beobachten, was nun vor sich geht. Er wird also zum Betrachter seiner eigenen Situation. Die Aufstellungsleitung beginnt mit Abfragen der einzelnen Repräsentanten, meist in der Reihenfolge, wie sie hereingeführt worden sind. Ich möchte hier nur einen Aspekt beleuchten. Auffällig waren die Aussagen der Repräsentanten F (Fokus), Z (Zumutung) und E (Ehefrau). F fühlt sich klein und schwach. Die Zumutung steht direkt vor ihm, sodass er außer ihr nichts anderes mehr sehen kann. Er nimmt weder Ehefrau, Tochter noch sein Ziel, den Neuanfang wahr. Die Zumutung erscheint ihm groß und mächtig, schwächt ihn und macht in antriebslos und traurig. Z hingegen rapportiert, dass sie es genießt, so im Zentrum zu stehen. Alle Augen seien auf sie gerichtet und sie komme sich sehr groß und dominant vor. Sie habe hier die ganze Truppe im Griff. Alle gäben ihr einen großen Raum, sodass sie das Gefühl habe, ständig zu wachsen und über alles hinauszuwachsen. „Ich bin sehr wichtig hier", sagt sie. Die Ehefrau berichtet, dass sie keinen Kontakt mehr hätte zu ihrem Mann. Dass er abwesend sei und sie sich eingeklemmt fühle. Sie könne, weil er so starr auf Z ausgerichtet sei, nicht mit ihm reden. Es sei ihr in ihrer Position sehr unangenehm. Sie fühle sich erstarrt. Ihr Körper sei wie gelähmt. Die Tochter meint, sie sei froh, von hier wegzukommen. Das alles gehe sie nichts an und sie möchte sich am liebsten umdrehen und sich auf andere Dinge konzentrieren. Sie traue sich aber irgendwie nicht, weil sie hier vor allem gegenüber E (Mutter) eine Art Verantwortung empfinde. Diese belaste sie und hindere sie am Weggehen. Jetzt meldet sich die Zumutung (Z) und meint: „Ich habe E sprechen hören und was sie sagte hat mich berührt." Und sie fährt mit Bestimmtheit fort: „Jetzt wird mir klar, ich nehme hier viel zu viel Raum ein. Als ich E reden hörte, wurde mir das alles zu viel. Ich bin viel zu groß und zu mächtig. Ich gehöre auch nicht hierhin, sondern ich gehöre zu E." Also stelle ich Z zu E hin. Beide sehen sich an und lächeln. E meint zu Z: „Du gehörst zu mir. Du gibst mir Mut, weiterzugehen und neu anzufangen." Auch F ist erleichtert, als sich Z zu E hingestellt hat und er E so reden hört. Jetzt kann er seinen Blick auf N, auf sein Ziel richten und zu ihm sprechen: „Endlich sehe ich dich und du gehörst zu mir." N, welches sich im ersten Moment beklagt hat, dass sie zu F keinen Kontakt habe, lächelt jetzt und sagt. „Ja, es ist gut, dich zu sehen. Jetzt geht es mir besser." Die Tochter (T) grinst und sagt: „Das ist super, meine Mutter (E) steht endlich im Leben. Und ich glaube, dass ich jetzt ohne schlechtes Gewissen gehen kann. Und ich weiß auch, dass ich gehen und kommen kann, wann ich will. Ich fühle mich viel freier."

Weiterführende Bemerkungen zur systemischen Strukturaufstellung Diese Aufstellung zeigt, dass wir auch Zustände stellen können, wie zum Beispiel eine „Zumutung". Als ich in die Runde fragte: „Wer möchte die ‚Zumutung' repräsentieren?", schauten sich die Teilnehmenden verdutzt an und keiner wollte so richtig diese Rolle übernehmen. Wie die Aufstellung aber gezeigt hat, ist keine Rolle undankbar oder abwertend. Jede hat ihre Funktion. Jede Rolle ist, was sie ist, und ist nicht bewertbar. Auch eine Zumutung, an den passenden Ort gestellt, erscheint uns freundlich und hilfreich. In dieser Aufstellung habe ich nur eine einzige Umstellung vornehmen müssen und schon ging ein Aufatmen durch alle Repräsentanten hindurch.

Die Repräsentanten wissen intuitiv, welche Position sich richtig anfühlt. Was sie sagen sollen, wie sie die Situation einschätzen. Sie merken sofort, wenn etwas nicht in der „Ordnung" ist. Ihre Körper senden entsprechende Signale für „unangenehm". Es ist „schwer", „beengend", „traurig", „es macht mich wütend", „ich kann mich nicht bewegen, meine Arme und Beine sind so schwer", „ich habe Kopfweh an diesem Platz", „mein Rücken schmerzt", „mir wird schlecht". Das sind eindeutige Signale, die zeigen, dass in diesem System etwas in der „Unordnung" ist, die natürliche Ordnung abhandengekommen ist. Also suche ich anhand meiner Intuition und aufgrund der Aussagen der Repräsentanten deren stimmige Plätze. Ist ein System in seiner natürlichen Ordnung, dann ist den Repräsentanten wohl und dieses Wohlsein äußert sich wiederum durch körperliche Signale. Der Klient hat gelernt, dass er weitergehen muss, dass E in dieser Situation auch nicht wohl ist, dass auch sie nicht weitergehen kann. Die Zumutung gehört zu ihr. Und das Wort enthält „Mut". Der Klient hat am Ende der Aufstellung die Einsicht gewonnen, dass die Zumutung nicht zu ihm gehört. Dass er etwas übernommen hat, was zu seiner Ehefrau gestellt werden sollte. Für die Zumutung hat er jetzt ein Bild. Er kann innerlich die Zumutung zu seiner Ehefrau hinstellen und ihr so mitteilen, dass er ihr die neue Situation zu-mutet. Was verändert sich? Er nimmt seine Ehefrau als erwachsene und eigenständige Person ernst. Sie ist für ihn nun eine vollwertige Partnerin. Vorher, im Mitleid, traute er ihr nicht zu, dass sie ohne ihn weiterleben kann. Ohne es zu wollen, hat er seine Frau wie ein Kind behandelt und sie damit als unmündig und hilflos angesehen und entwertet. Diese Sichtweise hat das Familiensystem in Unordnung gebracht, daher ist es keinem der Beteiligten wirklich gut gegangen. Neu traut er ihr zu, dass sie sich in einer neuen Situation zurechtfinden kann. Der Klient spricht mehrmals die Sätze: „Ich traue dir zu, dass auch du einen Neuanfang machen kannst. Ich traue dir einen Neuanfang zu." Auf diese Sätze haben Ehefrau, Tochter, Neuanfang und auch er selbst in der Aufstellung mit Erleichterung, also positiv reagiert. Etwas hat sich zu ordnen begonnen.

Realitätscheck nach der systemischen Strukturaufstellungsarbeit Nach der ersten Fragerunde der Repräsentanten frage ich den Klienten sicherheitshalber, ob er das Gefühl hätte, im richtigen Film zu sein. Ob ihm die Situation, wie sie sich in der Aufstellung präsentiert, bekannt und vertraut vorkomme. Das heißt, ob die Personen sich auch in seiner Realität in etwa so verhalten. Meist sind die Klienten erstaunt und sagen: „Ja, genau in diesen Worten spricht meine Ehefrau auch und meine Tochter steht wirklich so da wie die Repräsentantin und sie hat dieselbe Tonlage, sogar das Räuspern, bevor sie zu sprechen beginnt und auch diese spezielle

Handbewegung, das macht sie tatsächlich genau gleich!" Wenn solche Feedbacks kommen, weiß ich, dass die Repräsentanten in das quanten-physikalische Informationsfeld eingetaucht sind und sich mit den ent-sprechenden Informationen verbunden haben. Wir sagen dann: „Sie sind in der Rolle drin oder eingerollt." Dies ist der Zustand, der vor allem Neu-lingen suspekt vorkommt. Ich habe vorhin versucht, die Quantenphysik zur Hilfe zu nehmen, um so einen Erklärungsversuch zu machen, was hier vor sich geht. Der Klient hat nach der Aufstellung bestätigt, dass seine Tochter sich von den Eltern zurückgezogen und ihre Spontaneität und Fröhlich-keit verloren hat. Er nimmt sie nervös und bedrückt wahr. Genau, wie dies die Repräsentantin für T geschildert hat. Der Klient hat sich über all diese Erkenntnisse erstaunt gezeigt. Auch über die Aussage der Ehefrau, dass sie ihn nicht wahrnehmen könne, dass er abwesend wirke, sie nicht richtig an ihn herankomme. Er bestätigt, dass sie ihm gegenüber mehrmals ähn-liche Aussagen gemacht hätte, ohne dass er genau verstanden habe, was sie gemeint hat.

Ergebnis danach Der Klient hat über seinen Zustand der Zumutung neue Erkenntnisse gewonnen, die für ihn sehr wichtig gewesen sind. Er hat eine seiner Schattenseiten ans Licht befördert. Nämlich dass er meint, für erwachsene Menschen verantwortlich sein zu müssen. Er dachte, dass sie ohne ihn nicht lebensfähig seien. Die in der Aufstellung erarbeiteten Sätze haben ihm Kraft gegeben und ihn in eine neue Haltung – auch in eine neue Körperhaltung – versetzt. Einige Monate später hat er der Gruppe berichtet, dass kurz nach dieser Aufstellung ein intensives Gespräch mit seiner Ehe-frau friedlich verlaufen sei. Sie habe ihm von Ideen berichtet, wie sie neu wohnen wolle und dass sie sich auch beruflich neu orientieren möchte. Sie hat Konzepte vorgelegt, die ihm plausibel erschienen sind, und danach habe man sich gut über die weiteren Schritte einigen können.

Dies ist ein Beispiel von zahlreichen Aufstellungen, die ich entweder selbst geleitet oder an denen ich teilgenommen habe. Veränderungen nach solchen Aufstellungen sind aus meiner Sicht fast nicht zu vermeiden …

Praktische Erfahrung in Spiritualität als Ressource Diese Methode zeigt auf eine spielerische Weise sehr schön, dass Spiritualität – die Verbunden-heit mit allem – eine Ressource sein kann. Dass es mehr gibt, als wir sehen, dass wir Teil eines größeren Ganzen sind, und dass in uns viel mehr Wissen steckt, als wir vielleicht meinen zu haben. Dass in uns etwas wohnt, von dem wir möglicherweise bis vor der ersten Aufstellung nicht bemerkt haben, dass es da ist. Dass da eine Fähigkeit, ein Etwas, ein tiefes Wissen in uns steckt, etwas, das uns leiten kann. Etwas, das mit allem verbunden ist und sich außerhalb der Dimensionen von Raum und Zeit abspielt. Erkenntnisse, die wir über die Materie, Licht und Quantenphysik gewonnen haben, könnten unser materialistisches Weltbild verändern. Wenn die Welt und das ganze Universum nicht von Materie, sondern von Informationen durchdrungen ist, zu der wir unmittelbar den Zugang haben, und wir uns durch veränderte Beobachtung auch veränderte Realitäten erschaffen können, dann wäre es möglich, dass wir aufgrund anderer Messgrößen und Maßeinheiten oder Messinstrumenten oder mit einer anderen Messabsicht die Realität verändern könnten. Der Beobachter ist vom Messergebnis nicht getrennt. Wir entscheiden, was wir beobachten wollen. Nur weil wir immer wieder dasselbe messen wollen und unsere Gehirne so beschaffen sind, dass sie neuronale Bahnen bilden, um Vergangenes immer wieder abzurufen, werden wir auch immer wieder ungefähr dasselbe beobachten und dieselbe Realität messen und erleben. Wir halten das, was wir erleben, irgendwann für stabil, weil wir immer wieder die Vergangenheit, an die wir uns erinnern und die für uns vertraut ist und nach der wir vielleicht sogar süchtig geworden sind, auch in der Zukunft wieder replizieren. Man könnte sagen, dass wir die Vergangenheit in die Zukunft projizieren. Die Aufstellung ist eine psychologische Methode, neben vielen anderen, um diesem Irrtum zu begegnen und eine neue Realität zu schaffen. Wir sind in der Lage, neue Beobachtungen anzustellen und in einen neuen Zusammenhang zu bringen. Neue Lösungsansätze zu sehen und neue Informationen zu beobachten und Realität werden zu lassen. Wir bauen damit nicht nur das Gehirn um, welches in der Aufstellung neue Neuronenbahnen bildet, sondern erfahren ein tieferes Wissen, über die Verbundenheit von allem mit allem. Schließlich ist es mit all diesen Informationen sogar möglich, das Wesen der Seele zu beschreiben. Nicht nur C.G. Jung, sondern auch „die moderne Wissenschaft neigt zur Annahme, dass die Seele nichts Separates ist, sondern ein kompliziertes Merkmal einer komplizierten Anordnung von Atomen, die man das Gehirn nennt. Wenn das stimmt, wird auch unsere Persönlichkeit von der spezifischen Anordnung der Atome im Gehirn bestimmt" (Zeilinger, 2007, S. 330). Es gibt also viele Möglichkeiten, Spiritualität praktisch zu erfahren und wissenschaftlich zu untermauern. Natürlich kann Verbundenheit auch mit anderen Methoden erfahren werden und es gibt noch einige andere Möglichkeiten, um seine Schattenseiten zu erkennen und zu bearbeiten. Im nachfolgenden Kapitel gebe ich den Leserinnen und Lesern eine Auswahl an Meditationsformen.

4

Ebene des Bewusstseins durch Achtsamkeitsmeditation erfahren

„Der vom Ego dominierte Geist gleicht einem Vogel, der unablässig gegen eine – für den Glauben an das Ego stehende – Fensterscheibe fliegt, welche der eigenen Lebenswelt eng bemessene Grenzen setzt. […] Die Fixierung auf das Bild, das wir selbst von uns haben, aufzugeben und dem Ego all seine Wichtigkeit zu nehmen, bedeutet einen unglaublichen Gewinn an innerer Freiheit" (Ricard, 2009, S. 135).

Dieses Kapitel handelt vom Nutzen und den Auswirkungen der Achtsamkeitsmethoden und Meditation. Wir können mit dieser Methode das Funktionieren unseres Geistes erkennen, das Ego identifizieren und Schattenseiten erkennen und wandeln. Die positiven Auswirkungen auf die Gesundheit sind durch zahlreiche Studien belegt. Meditation kann zudem zu einer Geisteshaltung werden und das Weltbild verändern.

4.1 Einführung in Achtsamkeit und Meditation

Wie wir nun in verschiedenen Kapiteln dieses Buches gelesen haben, ist das Selbstbild ein Konstrukt des Egos und nicht stabil. Mehr noch: Es ist eine Illusion. Es hängt mit dem Geist zusammen. Das Ego kann nur durch anhaltendes Denken in Gang gehalten werden. Es nährt sich durch Gedanken, die der Vergangenheit und Zukunft angehören. Die Gegenwart, den Augenblick kann es nicht wahrnehmen. Immer dann, wenn es seine Nahrung nicht findet – erzeugt es unangenehme Gefühle wie Angst,

R. Enzler, *Sicher in unsicheren Zeiten*, https://doi.org/10.1007/978-3-662-63986-3_4

Zynismus, Traurigkeit, Eifersucht, Gier, Hass, Beschämung, Entwertung, Beklemmung und andere Stress auslösende Gefühle. Ich spreche an dieser Stelle von lang anhaltenden Grundgefühlen, die nicht mehr dienlich sind, ein einschneidendes Erlebnis zu verarbeiten. Die angeborenen Gefühle wie Wut, Angst, Trauer, Ekel und Freude sind zweifellos überlebenswichtig. Hingegen sind Gefühle wie Eifersucht, Scham, Gier, Melancholie, generelle Ängstlichkeit und Hass durch Sozialisierung geprägt und treten demzufolge später im Leben auf. Es sind zusammengesetzte Gefühle. Zynismus zum Beispiel enthält Wut, Trauer, Ablehnung und Angst vor Entwertung; ähnlich die Eifersucht, welche ebenfalls Angst vor Entwertung beinhaltet. Begleitende Gefühle sind Neid und Hass auf andere, die als besser bewertet angesehen werden könnten. Ebenso das Gefühl der Scham. Es besteht aus Angst, der sozialen Gruppe nicht zu genügen, und enthält eine Selbstabwertung. Im Außen wird sie als unterdrückte Wut, Zynismus und depressiv verstimmter Rückzug wahrgenommen. Bei all diesen Gefühlen geht es um Vergleiche mit anderen, um Konkurrenz und darum, sich nicht zu genügen, sich also nicht so anzunehmen, wie man ist. Es sind Gefühle, die das Ego betreffen. Das Ego bewertet, misst sich und steht in Konkurrenz mit anderen. Das Ego hält den Blick nach außen gerichtet, es vergleicht, beurteilt und bewertet. Und da das Ego ständig aktiv ist und Angst vor Verlust hat, tut es dies ständig. Das heißt, diese Gefühle sind ständige Begleiter und daher latent andauernd vorhanden. Es sind jene Gefühle, die nicht dazu da sind, ein Einzelereignis oder Trauma zu überwinden, zu bearbeiten und durch Annahme und Akzeptanz in angenehmere Gefühle wie Freude, Zufriedenheit, Mitgefühl, Dankbarkeit, Vergebung oder Liebe zu wandeln. Ich spreche hier also von Gefühlen, die das Ego hervorruft, weil es den Blick nach außen gerichtet hat und dort aufgrund eines inneren Mangels seine Befriedigung sucht. Jene Gefühle bringen Leiden hervor und sie lösen in unserem Körper Stress aus. Natürlich kann ein Ego auch Glücksgefühle und Freude auslösen, die andere Botenstoffe im Körper freisetzen – dann, wenn uns andere loben und Anerkennung zeigen. Doch schwingt unbewusst im Grunde immer etwas Angst vor künftigem Verlust mit und daher sind diese angenehmen Gefühle – weil das Ego sich nicht im jetzigen Moment aufhalten kann – flüchtig. Das Ego ist andauernd bestrebt, genährt zu werden und immer mehr davon zu bekommen. Das Belohnungssystem, welches in unserem Gehirn durch den Botenstoff Dopamin ausgelöst wird, birgt Suchtpotenzial. Sucht nach mehr Anerkennung, nach mehr Leistung, nach noch besser, schöner, größer, angesehener und reicher sein als die anderen. Und schon beginnt der Stress von Neuem, weil wir Angst haben, dass dem Ego im nächsten Moment die Nahrung versagt bleibt, und Wut auf andere, die uns das nicht geben, was unser Ego benötigt. Das Ego ist also untrennbar mit unseren Schattenseiten verbunden. Wir müssen uns also, wie wir das im vorherigen Kapitel gemacht haben, mit unseren Schattenseiten auseinandersetzen. Nachfolgend zeige ich diese Arbeit anhand einer zusätzlichen Methode. Jene Leserinnen und Leser, die das in Kap. 3 beschriebene Stilleexperiment über längere Zeit praktiziert haben und gänzlich unbeobachtet und allein waren, ohne Ablenkung, ohne Fernsehen, ohne Buch, ohne Musik, ohne Feedback, ganz und gar in der Stille, haben vielleicht erlebt, dass ihr Ego ins Wanken geraten ist. Möglicherweise tat sich eine Lücke auf, eine Leerstelle, und so machen sich Schatten bemerkbar. Für viele ist diese Leere unerträglich, die Schatten schmerzhaft, sodass wir uns sofort wieder ablenken müssen. Wer bin ich, wenn ich kein Feedback von außen erhalte? Wenn ich nichts leiste, meine Position nicht ausführen und meinen Status nicht zeigen kann? Was tun andere in der Zeit alles, was sie amüsiert, während ich mich hier in der Wohnung, in der Stille einschließe?

Was bin ich hier so allein noch wert? Andere nutzen ihre Zeit doch besser, produktiver, lebendiger, sinnvoller! Wer hält solche Gedanken aus? Wer schweift nicht ab? Wir nehmen ein Buch zur Hand, stellen das Radio, den Fernseher an oder rufen Freunde an. Das Ego drängt uns, etwas zu tun, Resonanz von außen zu erzielen, es verschleiert unseren Blick, es macht uns blind dafür, wer wir wirklich sind. Es hält uns andauernd an, irgendetwas zu tun, etwas, womit es genährt wird. Wir brauchen viel Energie für unseren Ehrgeiz, damit das Ego zufrieden ist und die damit verbundenen Schatten unentdeckt bleiben. Denken sie sich ein Leben ohne Ego und den zu verdrängenden Schatten. Wieviel ruhiger würde das Leben verlaufen? Wir müssten weder andere noch uns selbst beurteilen, bewerten und verurteilen oder abwerten. Wir würden die Welt sehen, wie sie ist, und die Dinge annehmen, wie sie sind. Wir wären im Frieden mit uns selbst. Sie fragen sich vielleicht, ob unser Leben dann nicht langweilig und gefühlsarm wäre? Nein. Wir fänden auch ohne Ego das Leben nicht immer rosig und großartig, doch etwas in uns gäbe uns Sicherheit, auf die wir abstellen könnten. Wir litten auch hin und wieder, aber ohne wirklich zu leiden. Wir wären auch manchmal traurig, ohne in Trauer zu versinken. Wir würden wütend, ohne dass die Wut über uns kommt und wir nach ihr handeln müssten. Wir hätten ein inneres Wissen, das uns immer wieder stabilen Boden gäbe. Sind wir allein, auf uns gestellt, fühlten wir uns nicht einsam. Wir hätten eine Sicherheit in uns, die trägt. Auch wenn es im Außen stürmisch wäre, sie bliebe dieselbe. Wir wären frei. Und wir hätten viel weniger Stress. Wir schliefen besser. Gingen offener und unvoreingenommener auf andere Menschen zu. Wir müssten auch andere Egos nicht mit spezifischen Aktivitäten nähren oder fremde Egos beeindrucken. Hieße das, dass wir in süßer Harmonie mit rosaroten Wölkchen lebten und keine Streitigkeiten mehr hätten, keinerlei Meinungsverschiedenheiten? Nein. Gemeint ist, dass wir Meinungen gegeneinanderhalten, jedoch den Menschen nicht danach bewerten. Das gibt auch den anderen die Freiheit, sich zu verhalten, wie sie sind. Auch sie können ihre Maske fallen lassen. Natürlich anerkennen wir auch ohne Ego unsere Schwächen und wollen diese verbessern, doch wir bewerten uns deswegen nicht. Wir nehmen uns mit allem an, was wir sind, und arbeiten an uns, aber ohne, dass wir den Blick nach außen richten. Er bleibt nach innen gerichtet.

Wir schauen auf unser eigenes inneres Wachstum, mit welchem wir niemanden beeindrucken wollen.

Wie erreichen wir das? Von einer solchen Freiheit, der Nicht-anhaftung an äußere Dinge haben wir wohl in vielen Religionen oder Philosophierichtungen schon gehört. Müssen wir nun buddhistische Mönche oder christliche Ordensbrüder werden, um diesen Zustand von Freiheit zu erreichen? Das ist nicht nötig. Wir können uns in unserem weltlichen Alltag einem solchen Zustand annähern. Gleicher Meinung ist auch der weltliche Mönch Jay Shetty. Er geht davon aus, dass das Mönchsein eine Geisteshaltung ist, die sich jeder zulegen kann. Ich beziehe mich hier auf Jay Shetty als ehemaligen buddhistischen Mönch, wir könnten diese Sätze und Metaphern jedoch bestimmt auch in anderen Religionen finden. Shetty unterscheidet den Mönchsgeist vom „Affengeist". Während der Mönch seinen Geist aus der Verwirrung führt, hin zu Klarheit und Orientiertheit, und sich jeweils auf die Wurzel einer Angelegenheit fokussiert, ist der „Affengeist" mit vielen Themen überfordert, lebt im Leerlauf auf dem Beifahrersitz, lässt sich schnell ablenken, ist auf kurzzeitige Genugtuung aus und stellt ständig Anforderungen (Shetty, 2020, S. 21). Ich bin auch der Meinung von Shetty, dass wir uns auch in unserem nichtklösterlichen Alltag eine mönchsähnliche Geisteshaltung zulegen können. Allerdings braucht es Einsicht, Übung, Disziplin, Motivation und natürlich Zeit. Ich lehne mich dabei an die buddhistische Lehre an, weil sie mir unter den vielen religiösen Lehren eher als Philosophie denn als Religion erscheint und daher für ein breiteres Publikum als annehmbar erscheint. Wir finden diese Haltung jedoch auch im Christentum und in anderen Religionen wieder und es gibt auch im Buddhismus verschiedene Richtungen. Die meisten arbeiten mit den eigenen Gefühlen, beobachten sie und wandeln sie schließlich in Mitgefühl und Frieden um, indem sie sich immer und immer wieder auf den Atem konzentrieren und Gedanken und Gefühle, die auftauchen, los- und ziehen lassen. Ich finde es wichtig, dass der Geist versteht, welche Auswirkungen die Meditation haben kann. Denn damit erhöhen wir die Motivation, mit diesen Übungen anzufangen. Die Meditation ist in erster Linie eine Praxis, die dazu dient, eine innere Wandlung in Gang zu setzen. Wir werden klarer, ruhiger und offener und können andere dadurch wirkungsvoller unterstützen. Wir können unsere schmerzhaften Erfahrungen, unsere damit verbundenen Schatten transformieren. Transformation aller Stress erzeugenden Erlebnisse in Ruhe, Weisheit, Zufriedenheit und Vertrauen. Darin besteht das wichtigste Ziel. Wir kennen aber noch weitere Auswirkungen der Meditation, die eigentlich Nebeneffekte und doch für uns wichtig sind. Meditation hat einen klar nachgewiesenen positiven Effekt auf die Gesundheit. Seit 20 Jahren wird zu diesem Thema geforscht. An Universitäten in Madison in Wisconsin, Princeton, Harvard, Berkeley und auch in Zürich und Maastricht. Erfahrene Praktizierende mit 10.000 bis 60.000 Stunden Meditationserfahrung verfügen über eine Befähigung, reine Aufmerksamkeit aufzubringen, die man bei Anfängern nicht findet. Im Buch über Meditation von Ricard (2011, S. 28) finden wir eine gute Zusammenfassung verschiedener Studien zur Meditation. Zum Beispiel konnten erfahrene Meditierende über Dreiviertelstunden ihre Aufmerksamkeit unvermindert hochhalten, während bei den meisten anderen Menschen schon nach fünf bis zehn Minuten die Aufmerksamkeit nachlässt und die Fehlerquote zunimmt. Das Gehirnareal für Mitgefühl ist bei ihnen besser durchblutet und zeigt eine höhere Aktivität. Der Stresslevel ist deutlich tiefer. Stress wird bei allen Meditierenden nach kurzer Zeit beträchtlich reduziert. Ebenso die Neigung zu Wut, Angst oder Depression. Nur acht Wochen Meditation (Achtsamkeitstraining nach Jon Kabat-Zinn, MBSR) von einer halben Stunde täglich stärken das Immunsystem beträchtlich. Weiter werden vermehrt positive Gefühlszustände, Fähigkeit zu gezielter Aufmerksamkeit, Abnahme arterieller Spannung bei Menschen mit Bluthochdruck und eine erhöhte Heilungsrate bei Psoriasis verzeichnet. Bei vielen anderen Forschungen hat man eine Zunahme der grauen Hirnsubstanz festgestellt, was eine Prävention für Demenz bedeuten könnte. Die Nebeneffekte der Meditation sind also beträchtlich und stellen für mich bereits ausreichend Grund dar, um mit der Praxis anzufangen und um diesem Thema ein Kapitel in diesem Buch zu widmen. Wer nicht meditieren mag, der findet andere Wege, um in die innere Ruhe zu kommen. Ausgedehnte Waldspaziergänge, tiergestützte Coachings mit Pferden oder Hunden, welche ebenfalls die Leerheit des Geistes, aktive Präsenz und volle Konzentration und Verbundenheit mit dem Tier erfordern. Auch Besuche von stillen Orten, Kraftorten wie Kirchen oder heiligen Stätten wie der Wohnort und die Kapelle von Bruder Klaus, also Niklaus von der Flühe, in Flüeli Ranft, in der Schweiz, Lourdes, in Frankreich, oder Fatima, in Portugal, St. Petersdom, in Rom, oder diverse andere heilige Stätten, wie die Klagemauer, der Ölberg, die heiligen Grabstätten in Israel, nur um einige Beispiele zu nennen. Viele Pilger und Menschen auf dem Weg in ihr Inneres begehen den Jakobsweg oder andere Pilgerwege, um Einkehr und Einsicht zu üben und innere Ruhe zu erfahren. Viele Menschen befassen sich auch eingehend mit Heilpflanzen und Kräutern und finden so den Weg und die Verbundenheit mit der Natur und zur inneren Stille. Eine in neuerer Zeit vermehrt diskutierte Pflanze ist die Liane der Seelen, Ahnen oder Toten, die seit 1000 Jahren im Hochland der Anden eingesetzt und heute zum Teil zu therapeutischen Zwecken – bei psychischen Erkrankungen – erfolgreich genutzt wird. Die indigenen Schamanen nutzen die Pflanzenseele für Rituale, weil sie ihnen ein Lehrmeister ist, um tiefe Einsichten in die Welt und die Verbundenheit mit dem All-eins-Sein zu zeigen. Da diese Seelenranke unter dem Quechua-Namen Ayahuasca aus dem Amazonas sowohl in Deutschland als auch in der Schweiz unter das Betäubungsmittelgesetz fällt und deshalb nicht frei zugänglich ist, sind wissenschaftliche Studien zwar vorhanden, jedoch noch zu selten, um darauf näher eingehen zu können. Ich beschreibe in diesem Kapitel die mir vertrautesten Methoden eingehender, welche ich selbst ausprobiert und für nützlich befunden habe, und bin mir gleichzeitig bewusst, dass die Auswahl eine begrenzte und willkürliche ist. Zusammenfassend geht es mir jedoch insbesondere darum, dass wir beginnen, der inneren Stille zu trauen und uns der Stille anzuvertrauen. Der Schweizer Zenlehrer und reformierte Pfarrer, Marcel Steiner, bringt diesen Prozess in seinem Buch wie folgt auf den Punkt: „Sei still und aus der Stille wird Weisheit zu dir kommen. Sei still und die Stille wird dich in die Ganzheit des Menschseins führen. Sei still und du wirst erfahren, wer du bist und wer all die anderen um dich herum sind. Darum sei still und die Stille selbst wird als Weisheit zu dir kommen. Sei still … sei …" (2018, S. 38).

4.2 Meditation im Sinne von Achtsamkeitsübungen als Mittel zur Stressreduktion und zum Erhöhen des Wohlbefindens

Meditation bedeutet Betrachtungsweise. Wir sammeln uns und kehren ein. Wie wir das tun, hierfür gibt es unterschiedliche Methoden und sie hängen etwas davon ab, was der Meditierende erreichen will. Will er insbesondere seinen Stress reduzieren, Gesundheitsvorsorge betreiben, das Immunsystem stärken und besser schlafen, dann sind Achtsamkeitstrainings aller Art sehr wertvoll. Die bekannteste Methode ist wohl das MBSR, die gängige Abkürzung von „Mindfullness-Based Stress Reduction" oder „Stressbewältigung durch Achtsamkeit". Entwickelt wurde diese Methode von Prof. Jon Kabat-Zinn an der Universitätsklinik von Massachusetts (USA) und sie wird vielerorts innerhalb der USA und auch in Europa angeboten. Es gibt zahlreiche Acht-Wochen-Kurse in der Schweiz (jeweils vormittags oder nachmittags), die zum Ziel haben, die Achtsamkeit zu fördern. Also das Bewusstsein und die Konzentration im Hier und Jetzt zu halten und auch bei sich zu bleiben, ohne sich in Gedanken, Bewertungen, Zukunftsängsten zu verlieren. Zusätzlich zur Sitzmeditation ist es üblich, im Schweigen täglich eine Tasse Tee in 20 min zu trinken oder 5–10 min auf einer Rosine zu kauen, um eine alltägliche einfache Tätigkeit ganz bewusst zu erleben. Es werden möglichst alle Sinne miteinbezogen. Auch langsames, bewusstes, konzentriertes Gehen ist eine gute und ergänzende Methode zur Sitzmeditation. Schon nach acht Wochen erzielen die Meditierenden einen Effekt, der im Gehirn nachweisbar ist. Der Stresslevel sinkt, Depressionen können vermindert werden und Ängste werden weniger; die Lebensqualität steigt also bereits nach acht Wochen. Meist werden diese Kurse auch von Gruppen- und Einzelgesprächen und Vorträgen begleitet. Dies erachte ich als sinnvoll, weil Fragen, Gefühle und Schattenthemen, die während der Meditation auftauchen, bewusst bearbeitet werden können. Das Gehirn wird also auf verschiedenen Ebenen dazu angehalten, die alten Verschaltungen zu lösen und neue Neuronen zusammen feuern zu lassen, sodass nach acht Wochen neue Verschaltungen im Gehirn gemacht werden und neue Neuronenmuster zusammenarbeiten. Aber Achtung: Diese Übungen in der Stille und die Gespräche sind nach dem Kurs unbedingt weiterzuführen. Wir wissen, wie rasch die alten Neuronenmuster wieder zu feuern beginnen. Auch diese Methode bedeutet Aufwand, Wille, Disziplin und Zeit, dass die neuen Schemen erhalten bleiben und die alten Neuronenmuster sich selbst abbauen und nicht mehr zusammen in gewohnter Manier feuern. MBSR, konsequent angewendet, führt zu weniger Stressempfinden, weniger Ängstlichkeit, Traurigkeit, psychosomatischen Symptomen und zu mehr Gelassenheit, Selbstvertrauen und Lebensfreude. Auch bei Managern ist diese Methode unterdessen anerkannt und beliebt geworden.

MBSR ist eine der bekannteren Methoden, aber lange nicht die einzige, um in einen Zustand der Ruhe und des inneren Friedens zu gelangen. Systematische Entspannungstrainings gibt es zahlreiche – wie zum Beispiel autogenes Training, Progressive Muskelrelaxation nach Jacobson, Atementspannung, imaginative Verfahren, Tai Chi, Yoga, Biofeedback – und es kommen jährlich neue Methoden dazu. Bei allen Methoden geht es schließlich darum, sich aktiv in einen entspannten Zustand zu versetzen und selbstständig zu lernen, sich zu entspannen. Und alle Methoden leben von der Regelmäßigkeit und dem Willen, sie zu praktizieren, und der Disziplin, es auch zu tun. Die positive Auswirkung auf die Gesundheit ist bei allen Methoden dieselbe. Der Leser und die Leserin können eine Methode für sich auswählen, jene, die ihnen am besten entspricht. Ich gebe hier eine Auswahl und vertiefe jene Methoden, welche ich selbst ausprobiert und für nützlich befunden habe und welche auch am besten wissenschaftlich untersucht sind. Außerdem stelle ich vertieft jene Methoden vor, welche außer der Entspannung und nachweisbar positiven Auswirkung auf die Gesundheit zusätzlich eine tiefere psychologische Bedeutung haben und einen weltanschaulichen Hintergrund vermitteln.

4.3   Wege zum Selbst durch Meditation – eine weitere Methode der Schattenarbeit

Die Meditation hat in östlichen Kulturen eine tiefere Bedeutung. Sie dient nicht in erster Linie dazu, den Stress zu senken, den Schlaf zu verbessern und die Gesundheit zu verbessern. Das sind Nebenprodukte. Vielmehr geht es darum, das wirkliche Selbst zu erkennen. „Schau nach innen, tief innen. Denn das wirkliche Selbst liegt im Inneren" (Wilber, 2008, S. 116). Es ist nicht unbedingt so, dass wir die Antworten immer im Inneren finden, sondern ein sorgfältiges und konsequentes Suchen und Hinsehen im Inneren führt uns zur Antwort vielleicht auch im Außen. Es geht darum, mit dem wirklichen Selbst oder der „absoluten Subjektivität" in Fühlung zu kommen, um zu begreifen: „Der große Leib, der aus sieben Säften zusammengesetzt ist, *bin ich nicht;* die fünf Sinnesorgane, die ihre entsprechenden Objekte erfassen, *bin ich nicht;* selbst der Geist, der denkt, *bin ich nicht*" (Wilber, 2008, S. 117 f.). Es geht darum, die Grenzen von Innen und Außen zu sprengen. Zu erkennen, dass es diese nicht gibt. Es geht um die Erfahrung der All-Einheit. Es geht darum, durch Innenschau zu erkennen, dass das, was wir meinen, das wir seien, wir nicht sind. Dass wir einem falschen Selbst, Pseudoselbst, einem Schwindel oder einer Täuschung aufgesessen sind. Wir haben uns mit etwas Objektivem identifiziert, mit unserem Geist, unserer Persönlichkeit, unserem Körper, und uns eingebildet, das sei real, unser reales Selbst. Wir haben es verteidigt und geschützt und viel Kraft aufgewendet und viel Leiden produziert für etwas, das nur eine Illusion, ein Schatten von uns ist. In der Meditation wird uns nach und nach klar, dass wir das nicht sind, was wir meinen zu sein. Schatten, Schmerzen und Stress erzeugende Gefühle über Erlittenes steigen im Schweigen, während der Meditation in uns auf. Wir tun nichts anderes, als diese willkommen zu heißen und sie anzunehmen. Wir halten alles aus, nehmen das, was ist, zu uns, sagen uns: „Ja, auch das ist einfach da" und lassen alles an uns vorüberziehen, indem wir uns wieder auf den Atem konzentrieren. Vielleicht tun wir diese Übung zwanzig oder hunderte von Malen in einer Sitzung. Irgendwann werden diese schwierigen Gedanken und Gefühle weniger drängend. Sie wandeln sich von selbst. Bald fragen wir uns, wer wir ohne diese sind, wer wir wirklich sind. Doch je mehr wir danach suchen, desto klarer wird, dass es den absolut Sehenden als Objekt gar nicht gibt! Niklaus Brantschen schreibt in seinem Buch *Zwischen den Welten daheim*: „Auch wenn ich nicht weiß, wer ich bin, schreibe ich getrost weiter …" (2018, S. 98). Er hat sich während des Schreibens all seine Lebens-Rollen vergegenwärtigt und sich von ihnen einzeln auf einer inneren Bühne verabschiedet, bis keine Rolle mehr übrig geblieben und der Vorhang gefallen ist:

> „Der Vorhang fällt. Ich sitze allein da und bekomme eine Ahnung davon, was mit *daigo,* dem Großen Ich, gemeint ist. Es ist der „wahre Mensch ohne Rang". Der konkrete Mensch aus Fleisch und Blut. Sein Name lautet „Geheimnis". Und so halte ich für heute in meinem Tagebuch fest: Ich bin ein „Ich-weiß-nicht-wer" (Brantschen, N., 2018, S. 99).

Ken Wilber drückt es ähnlich aus:

> „Wenn ich ins Innere gehe, um mein reales Selbst zu finden, finde ich nur die Welt. Aber nun ist etwas Seltsames geschehen, denn ich erkenne, dass das wirkliche Selbst drinnen in Wirklichkeit die reale Welt draußen ist, und umgekehrt. Subjekt und Objekt, Inneres und Äußeres, sind eins und sind es immer gewesen. Es gibt keine Urgrenze. Die Welt ist mein Körper, und das, woraus ich herausschaue, ist das, was ich anschaue" (2008, S. 118).

Innenwelt und Außenwelt sind nur zwei Bezeichnungen für den einzigen, stets gegenwärtigen Zustand des Gewahrseins ohne Grenzen. Diese mystische Ansicht steht nicht im Widerspruch zur Physik, die die Weltbeschaffenheit – also die Materie – aus rund drei verschiedenen Teilchen bestehend, sieht. Sie mögen sich erinnern: Up-Quarks, Down-Quarks, Elektronen und das

Bindemittel von massenlosen Gluonen und Photonen. Die Anordnung, also die Information sagt etwas über ihre Beschaffenheit aus, nicht die Materie selbst. Und Information ist Energie. Also besteht alles aus Energie oder eben aus einer Anordnung von Information. Daher ist es nachvollziehbar, dass das Innere und das Äußere keine Grenzen hat. Dennoch erleben wir diese täglich. In tiefen Meditationen jedoch ist es möglich, diese Grenzen zu überwinden, um die All-Einheit zu erfahren. Welle oder Teilchen oder eben die Doppelnatur, der Welle-Teilchen-Dualismus, je nachdem, worauf wir den Fokus, unsere Aufmerksamkeit richten. Der Physiker und Begründer der Quantenmechanik, Erwin Schrödinger (1887–1961), vertrat die Anschauung, dass ein rein verstandesmäßiges Weltbild ganz ohne Mystik ein Unding sei. Wir müssen also keine Mystiker und Religionswissenschaftler zu diesem Thema befragen, auch Physiker, die über die Grenzen der klassischen Physik geforscht haben, kommen zum selben Schluss: „Der Grund dafür, dass unser fühlendes wahrnehmendes und denkendes Ich in unserem naturwissenschaftlichen Weltbild nirgends auftritt, kann leicht in fünf Worten ausgedrückt werden: Es ist selbst dieses Weltbild. Es ist mit dem Ganzen identisch und kann deshalb nicht als ein Teil darin enthalten sein" (Schrödinger, 1968, S. 77).

Bei der eher nüchternen und schnörkellosen buddhistischen Form der Meditation geht es um eine Weltanschauung. Es geht darum, sich selbst zu befreien, indem man das Ego mit seinen Schattenseiten überwindet.

Überwinden tun wir es durch reine Einsicht. Wir können uns nicht finden, wenn wir uns suchen, und alles, was wir über uns wissen, sind nicht wir selbst. Wir erkennen Schritt für Schritt, dass das, was wir meinen zu sein, wir nicht sind, und schälen uns dabei wie eine Zwiebel, so lange, bis es keine Zwiebel mehr gibt. Denn der Sehende kann sich selbst auch nicht sehen. Wie gehen wir also vor, um uns dieser Erfahrung anzunähern?

4.3.1 Meditieren ist Praxis

Meditieren findet meist aufrecht im Sitzen statt, auf einem Stuhl oder Kissen. Dafür wird einen Raum geschaffen, der Ruhe ausstrahlt, vielleicht mit Blumen geschmückt ist und in dem eine Kerze brennt. Eine Klangschale ertönt, wie eine Glocke, sie ist das Zeichen des Beginns und Zeichen der Beendigung einer Meditation. Sie gibt auch ein Zeichen nach außen hin, dass hier Ruhe gewünscht wird. Der Geist soll in den nächsten 15–12 min zur Ruhe kommen. Während dieser Zeit halten wir unser Gewahrsein konzentriert auf das Kommen und Gehen des Atems. Wir halten in der Zenmeditation die Augen leicht geöffnet. Sehen, ohne zu sehen. Hören, ohne zu hören. Wir beobachten die aufkommenden Gedanken und Gefühle, registrieren sie und kehren sanft zum Atem zurück. Wir lernen so unsere Gedanken zu registrieren, bemerken unsere Gefühle und erfahren, dass sie auch wieder wegziehen und nicht anhaften. Schmerzen kommen und gehen, Gefühle kommen und gehen, Gedanken kommen und gehen, wir werten nicht, wir betrachten nur und kehren zum Atem zurück. Ich empfehle, täglich lieber mehrere kürzere Einheiten zu praktizieren, damit das Gehirn sich daran gewöhnt, diese Aufmerksamkeit zu halten. Mit der Zeit wird uns auch im Alltag bewusst, was und dass wir überhaupt denken. Welche Gedanken welche Gefühle hervorrufen und worüber wir uns bereits jetzt schon Sorgen bezogen auf die Zukunft machen. Wir kehren auch im Alltag rascher zum Atem zurück und können die Gedanken ziehen lassen. Wir können mit der Zeit unsere Gefühle aushalten, bei uns behalten, ohne danach im Außen zu handeln oder länger darüber nachzudenken. Wir registrieren sehr wohl, was ist, und lassen alles an uns vorbeiziehen. Wir beobachten und kehren zum Atem zurück. Auf diese Weise stellt sich sehr bald vermehrt Gelassenheit auch in schwierigen Situationen ein. Die Bewertung, das Verurteilen von Situationen beginnt wegzufallen, weil wir jede Situation im Jetzt annehmen, wie sie ist. Wir lassen die Gedanken-strukturen über die Situation, die meist mit Vorurteilen verbunden sind, weg. Und so erkennen wir nach und nach, dass wir alle nur versuchen, unser eigenes Leiden zu reduzieren, um unser Ego – welches eine Illusion ist – zu nähren. Wir erkennen, dass wir alle miteinander verbunden sind, und ent-wickeln deshalb Mitgefühl statt Ablehnung Wut, Angst und Trauer.

Wie wir schon beim Achtsamkeitstraining gesehen haben, findet nach achtwöchigem Training eine Veränderung statt. Ich empfehle zunächst ein Meditationswochenende intensiven Meditierens von 6–7 h pro Tag. Sie lernen das für Sie richtige Sitzen, richtige Haltung und spüren aufgrund der Gruppenenergie eine raschere Beruhigung des Geistes. Zudem werden auch Texte aus buddhistischen und anderen Lehren vorgestellt. Diese regen dazu an, die Welt aus einem anderen Blickwinkel zu betrachten. Zudem finden solche Meditationsseminare meist im Schweigen statt. Die Ablenkung auf andere Dinge ist damit sehr klein und die Erkenntnis-gewinnung findet gerade durch die Reduktion der Stimuli, also in einem reizarmen Umfeld statt, was eine ganz andere Form des Lernens bedeutet. Die daraus resultierenden Einsichten sind tief, weil es sich um selbst erlebte Erfahrungen handelt.

> **Meditieren bedeutet urteilsfrei annehmen, was auch immer ist!**

Es ist gut möglich, dass aufgrund der Meditationspraxis fast unaushaltbare Gefühlszustände oder drängende Gedanken und Probleme auftauchen. Die Lücke, die innere Leerstelle und die Schatten, die hervortreten können, sind möglicherweise sehr schwierig auszuhalten. Ich empfehle in dieser Situation, sich durch einen Coach oder Therapeuten begleiten zu lassen. Der Weg zum inneren Glück, zur Zufriedenheit, die sich vom äußeren Vergnügen klar unterscheidet, könnte je nachdem ein längerer Weg sein, der unter Umständen durch tiefe Täler führt. Die Lücke, die sich in uns auftut, wenn wir allein mit uns sind und keine Ablenkung erfahren, ist möglicherweise tief, schwarz und schmerzhaft. Es lohnt sich, nicht davor wegzulaufen. Es lohnt sich, dieses schwarze Loch genau zu betrachten und sich zu fragen, was es mir sagen möchte. Meist sind es tiefgreifende Ängste. Ängste, die bearbeitet werden können, sobald sie identifiziert sind. Ich finde es hilfreich, die Schattenarbeit, die ich in Kap. 3 dieses Buches beschrieben habe, begleitend zu machen. Erkenntnisse und daraus abgeleitete Ritualsätze oder Mantras helfen, sich während der Meditation zu stabilisieren. Wichtig ist, dass alles, was auftritt, was zu uns kommt – und sei es noch so schmerzlich oder furchtbar –, willkommen geheißen und angenommen wird. Annehmen, ohne daran anzuhaften, indem wir uns sanft wieder auf den Atem konzentrieren, das Furchtbare loslassen und ab und zu das eingeübte Mantra aus der Schattenarbeit aufsagen. Auf diese Weise kümmern wir uns gut um uns selbst.

Manchmal treten auch physische Schmerzen auf. Auch sie werden registriert, ohne dagegen etwas zu unternehmen. Wir versinken nicht darin, grübeln nicht darüber nach, sondern kehren zum Atem zurück. Wir leisten keinen Widerstand. Nichts, das auftaucht, wollen wir weghaben. Denn das Maß allen Leidens ist Schmerz multipliziert mit Widerstand. Gebe ich den Widerstand auf, dann verschwinden der Schmerz und das Leiden. Genau das passiert in der Meditation, wenn sie täglich praktiziert wird. Die Annahme des Schmerzes, körperlich oder psychisch, bewirkt sein Verschwinden, das bedeutet Wandlung.

Es gibt auch zur Zenmeditation Studien. Einer Gruppe von erfahrenen Meditierenden wurde in einem Kernspintomografen ein ungefährlicher elektrischer Schmerzreiz gegeben. Der Schmerzreiz wurde auf einer subjektiven Skala eingeschätzt. Es zeigte sich, dass die erfahrenen Meditierenden den Schmerz um rund 22 % weniger unangenehm empfanden und sie auf der Angstskala um 30 % weniger Angst vor dem nächsten Schmerzreiz hatten als die meditationsunerfahrene Kontrollgruppe. Der Schmerz wurde von allen gespürt, jedoch berichteten die Meditationsgewohnten, dass sie den Schmerz als nicht so belastend wahrnahmen (Gard, T., Hölzel B., Sack, A. et al.: Pain Attenuation through Mindfulness is Associatet with Decreased Cognitive Control and Increased Sensory Processing in the Brain. Cerebral Cortex (2011). MEDLINE: Massachusetts). Das Leiden war bei allen da, der Widerstand jedoch bei den Meditierenden nicht so hoch, sodass das Leiden als nicht belastend wahrgenommen wurde. Was nichts anderes bedeutet, als dass sie trotz des zugefügten Schmerzes innerlich stabil und zufrieden bleiben konnten, ohne jedoch Schmerzen oder Leiden zu verdrängen oder zu ignorieren. Solche Beispiele gibt es zahlreiche, in denen es Meditierende auch unter widrigsten Umständen schafften, innerlich den Frieden zu erhalten. Matthieu Ricard berichtet in seinem Buch *Glück* (2009) davon. Zum Beispiel über den Leibarzt des Dalai Lama, der nach der chinesischen Invasion in Tibet 1959 zusammen mit anderen etwa hundert Personen in ein Arbeitslager gebracht wurde. Nur fünf davon überlebten die Zwangsarbeit im Lager. Der Leibarzt Dr. Choedrak überlebte das Lager nicht nur, sondern er zeigte keine Anzeichen von posttraumatischer Belastungsstörung (PTBS) und er verspürte auch weder Bitterkeit noch Hass. Er berichtete, dass er seine Peiniger auch gehasst hätte, doch sei er immer wieder zu seiner Meditationspraxis zurückgekehrt und hätte inneren Frieden und Mitgefühl verspüren können. Auf diese Weise hätte er seinen Lebenswillen aufrechterhalten können, was ihn gerettet habe. Der Blick nach innen, Gefühle aufkommen und vorbeiziehen zulassen und sich die Bedeutung der verheerenden Auswirkungen von Hass, Gier und mangelndem Mitgefühl bewusst zu machen, scheint sogar in lebensbedrohlichen und äußerst unwirtlichen Situationen heilsame Wirkung zu entfalten. Es ist die Erkenntnis eines Weisen oder erleuchteten Menschen, dass das Ego nur eine Illusion darstellt und die Gefühle Gier, Hass, Eifersucht, Neid, Entwertung, Zynismus aus ihm – aus der illusorischen Vorstellung eines Ich – herauskommen. Weil dieser Mensch, der anderen im Hass begegnet, gar nicht anders kann, als sich selbst auf diese Art und Weise zu begegnen. Dieser Mensch leidet und versucht sein Leiden zu reduzieren, indem er seinen Selbsthass nach außen hin anwendet und überträgt. Er projiziert ihn von sich weg. Er versucht das zumindest. Doch weil das Innen und das Außen dasselbe sind, erleben wir im Außen das Abbild des Inneren. Wir können unsere Gefühle nicht im Außen loswerden und wegprojizieren. Wir erleben diese Gefühle so oder so – was innen ist, spiegelt sich im Außen. Begegne ich demnach meinen Peinigern mit Hass, komme ich nicht umhin, selbst Hass zu erzeugen. Dann bin auch ich ein Erzeuger des Hasses. Und Hass erzeugt wiederum Hass, wie

Gewalt neue Gewalt erzeugt. Dies hat Dr. Choedrak erkannt und in einer lebensbedrohlichen Situation seine Meditationspraxis anzuwenden vermocht. Offenbar besteht sogar in Extremsituationen die Möglichkeit, dem Hass mit Mitgefühl zu begegnen und sich den inneren Frieden damit zu bewahren – ohne das Leiden im Außen zu negieren. Es ist ein Leiden, ohne tief im Inneren zu leiden. Es ist der Ozean, der sich im Sturm an der Oberfläche kräuselt, im tiefen Inneren aber ruhig und gelassen bleibt.

Zugegeben, es ist ein langer Weg dahin. Doch sind wir im sicheren Teil Europas glücklicherweise nicht mit lebensbedrohlichen Zwangsarbeiten und Arbeitslagern konfrontiert. Wir könnten also damit beginnen, das Leiden, das uns ein Lockdown in einer Pandemie zweifelsohne beschert, zwar zu sehen und wahrzunehmen, darin jedoch nicht zu versinken, sondern unseren inneren Frieden dennoch zu bewahren. Was ärgert uns genau am Lockdown? Welche Ängste treten hervor? Womit habe ich zu kämpfen, woraus entsteht mein Leiden? Das sind Fragen, die in einer Meditation auftreten können und sollen. Wir könnten damit beginnen, zu beobachten, womit wir es zu tun haben. Welche Themen auftreten, welche Gedanken, welche Gefühle die Gedanken auslösen und umgekehrt welche Gefühle welche Gedanken hervorrufen. Wir beobachten diesen Sturm und wir sitzen weiter und kehren zum Atem zurück, immer und immer wieder von Neuem. Probieren Sie es aus, liebe Leserin, lieber Leser. Sie werden bei 2–3 täglichen Meditationseinheiten von 15 min binnen eines Monats eine Veränderung feststellen.

Ein weiterer Vorteil einer achtsamen Lebensführung ist auch, dass wir uns langsam verändern können, weil wir frühzeitig unsere Gefühle wahrnehmen und uns um sie kümmern können. Wir müssen nicht warten, bis wir in ein schwarzes Loch, in eine Krise fallen, um etwas zu verändern. Wir tun dies über die tägliche Praxis langsam, aber stetig. Wir werden uns immer rascher unserer Schatten und aufkommenden Stress erzeugenden Gefühle, die mit dem Ego zu tun haben, bewusst und können kontinuierlich daran arbeiten, eine Wandlung zu vollziehen.

Der vietnamesische Zenmeister Thich Nhat Hanh gehört seit Jahrzehnten zu den bekanntesten und einflussreichsten buddhistischen Lehrern. Geboren 1926, gründete er 1949 das An Quang Buddhist Institute in Saigon und auch nachfolgend gründete er verschiedene Klöster, Kirchen, Praxiszentren und Institute. Außerdem setzte er sich im Vietnamkrieg aktiv für Friedens-verhandlungen ein, weshalb er von Martin Luther King 1967 für den Friedensnobelpreis vorgeschlagen wurde. Er schrieb zahlreiche Bücher, die uns Westeuropäern den Buddhismus auf einfühlsame und eindrückliche

Art näherbringt. Er weist darauf hin, dass die Praxis der Meditation Verblendung in Erhellung verwandeln kann.

> „Wenn wir täglich unsere Achtsamkeit benutzen, um tief zu schauen und die wechselseitig abhängige Natur der Dinge zu beleuchten, können wir uns von unserer Neigung befreien, die Dinge als dauerhaft und mit einem eigenständigen Selbst ausgestattet zu sehen. Dann erkennen wir, dass die Welt von Geburt und Tod, die Welt von Samsara, dieselbe Basis hat wie der Bereich der Soheit, Ewigkeit, Paradies, des Himmelreichs oder Nirwanas. Samsara – die phänomenologische, getrennte Welt – und Nirwana – die nicht-materielle Welt außerhalb von Raum und Zeit, also das ewige Sein – sind nicht voneinander getrennt. Es sind zwei Dimensionen ein und derselben Wirklichkeit. Wenn wir fähig sind, auch nur ein einziges Gebilde der samsarischen Welt tief genug zu betrachten, können wir einen Durchbruch erzielen und den Grund der Soheit berühren" (Nhat Hanh, T., 2020, S. 225).

Klingt da nicht auch die Quantenphysik mit dem Wellen-Teilchen-Dualismus an? Die Welle, die sich im Raum ausbreitet und gleichzeitig an verschiedenen Stellen im Raum präsent sein kann, birgt gleichzeitig die Eigenschaft des Teilchens in sich, das nur zu einem Zeitpunkt an einem bestimmten Ort anwesend sein kann. Licht trägt beide Eigenschaften in sich und damit schreibt man jedem Körper eine Materiewelle zu. Was die Buddhisten durch Meditation erfahren, finden die Quantenphysiker in Schlüsselexperimenten heraus und kommen im Grunde zum selben Schluss: Leben – Samsara oder Teilchen – und Tod – Unendlichkeit oder Nirwana – sind nicht voneinander getrennt. Jede Substanz entsteht durch Teilchen gewordene Information im ewigen Moment des Jetzt.

Lernmöglichkeit aus der Coronapandemie

Während der Coronamaßnahmen kam die Planungssicherheit arg unter Druck. Vorausschauendes Denken, Vorhersehbarkeit, fixe Abmachungen und Rituale – also jährlich wiederkehrende Veranstaltungen wie die Basler Fastnacht, das Zürcher Sechseläuten, zahlreiche Generalversammlungen oder Großanlässe – wurden abgesagt, verschoben oder anders als bisher durchgeführt. Die Menschen mussten sich ins Jetzt begeben. Das tun, was jetzt gerade möglich war, im Hier und Jetzt leben und sich danach ausrichten, was möglich war. Wir mussten flexibel denken und uns aus der Komfortzone oder aus dem Automatismus hinausbewegen. Wir wurden dazu angehalten, althergebrachte Konventionen oder Sitten und Bräuche und eigene Gewohnheiten zu hinterfragen. Aufgrund dieser Beweglichkeit entstanden viele neue Arten von Begegnungen, Veranstaltungen, Wohnformen, Formen des Zusammenseins und der Fokus lag vermehrt darauf, was in kleinem Rahmen, in der eignen nahen Umgebung möglich ist zu tun, zu leben und wahrzunehmen. Vielleicht gelingt es uns, einiges davon mit in eine neue Zeit hineinzunehmen! Dieses Bewusstsein der Präsenz und die Achtsamkeit auf das Jetzt sind ebenfalls gelebte meditative Praxis.

4.3.2 „Wie Sie Ihre gewohnte Persönlichkeit in vier Wochen wandeln können" (Dispenza)

Dr. Joe Dispenza ist mittlerweile so bekannt, dass er in diesem Buch erwähnt werden soll. Sein Meditationsansatz ist interessant. Er enthält praktische Vorgehensweisen und Übungen, um das Leben angenehmer zu gestalten. Sein Buch *Ein neues Ich* (2020) enthält über knapp 400 Seiten eine Anleitung, wie ein altes Ich durch ein neues ersetzt werden kann, und zwar innerhalb eines Monats. Er stützt seine Praxis auf neurowissenschaftliche Basis und bezieht die Quantenphysik mit ein. Mit seinen in den Kursen praktizierenden Studierenden hat er auch die Möglichkeit, die Ergebnisse seiner Meditationsworkshops und Übungen zu überprüfen. Er benutzt vornehmlich die Messmethoden EEG (Elektroenzephalografie), um die Gehirnströme, die Wellenfrequenzen zu messen, und GDV (Gas Discharge Visualisation), um die Veränderungen in den Körperenergiefeldern zu zeigen. Was attraktiv erscheint, ist, dass er davon ausgeht, dass jeder sich seine Realität selbst erschaffen kann. Es braucht hierzu ein klar formuliertes Ziel, eine Absicht, welche mit einem höheren Gefühl wie Liebe, Demut, Dankbarkeit oder Mitgefühl verknüpft wird. Die Absicht wird im Gehirn gebildet und ist deshalb elektrisch, weil die Neuropsychologie besagt, dass ein starker Impuls im Gehirn zunächst elektrisch sein muss, damit ein biochemischer Prozess in Gang kommt, der die Neuronensynapsen miteinander verknüpft, welche dann in einem neuen Muster feuern können. Eine neue Absicht muss also so stark sein, dass sie im Gehirn einen elektrischen Impuls auslöst. Auf diese Weise findet Lernen statt. Gedanken haben also – so Dispenza – eine elektrische Ladung und wenn „diese Gedanken auch eine chemische Reaktion auslösen, die zu einem Gefühl bzw. Emotion führt [...], verursachen diese Gefühle magnetische Ladungen" (2017, S. 71). Die Gefühle bezeichnet er als die „Sprache des Körpers" (2017, S. 71) und sie verursachen eine „magnetische Ladung" (L. Song, G. Schwartz & L. Russek, 1998). Wenn also Gedanken die Sprache des Gehirns und die Gefühle die Sprache des Körpers sind, dann bilden sie – so Dispenza – zusammen ein messbares elektromagnetisches Feld um unseren Körper herum. „Unser Körper sendet immer Licht bzw. Energie oder Frequenzen aus, die Träger einer bestimmten Botschaft, Information oder Intention sind […]. Wir senden und empfangen also ständig elektro-magnetische Energie" (Dispenza, 2017, S. 70).

Weil wir alle von einem elektromagnetischen Feld umgeben sind, ziehen wir dieselben Schwingungen zu uns. Das bedeutet, so Dispenza, dass wir die Intention verknüpft mit dem Gefühl im elektromagnetischen Feld aus-strahlen und gleichzeitig dieselbe Schwingung anziehen, und damit wird unsere Intention zur Realität. Sie manifestiert sich, weil wir unsere Auf-merksamkeit darauf lenken. Quantenphysikalisch gesprochen brechen wir die Materiewelle, damit sich das Teilchen, das wir manifest werden lassen wollen, tatsächlich in unserer Realität manifestieren kann. Für viele beinhaltet diese Theorie etwas stark Mystisches. Insbesondere weisen zahl-reiche Berichte darauf hin, dass eine starke Absicht verknüpft mit einem starken Gefühl dazu führt, dass sich etwas dergleichen in der Realität manifestiert. Es gibt jedoch eine Bedingung: Wir müssen das Gewünschte loslassen können und sollten nicht daran verbissen anhaften. Würden wir uns zu sehr in einen Wunsch verbeißen, mischte sich aufgrund der Anhaftung Leiden mit hinein, weil Anhaftung vom Ego gesteuert wird und Leiden, also ein Angstgefühl, Wut oder Trauer hervorruft. Diese niedrig-frequenten Stress erzeugenden Gefühle wären dann nicht mehr kongruent zur höherfrequenten Absicht und wir hätten eine nichtkongruente Schwingung erzeugt. Damit kann sich der Wunsch nicht manifestieren. Diese Erfahrung ist mir im Coaching nicht unbekannt. Lassen wir das Gewünschte im Vertrauen los, wird das, was in diesem Zusammenhang gut für uns ist, in einem Moment verwirklicht, in dem wir es schon nicht mehr erwarten. Meist zeichnet sich sogar eine kreativere und bessere Lösung ab, als wir uns ursprünglich vorgestellt haben. Dispenza gibt in seinem Buch *Ein neues Ich* eine klare Anleitung, basierend zum Teil auf wissen-schaftlichen Grundlagen, wie ein gewünschter Zustand erreicht werden kann. Diese Haltung verträgt sich mit der buddhistischen augenscheinlich nicht, die das „Nicht-Wollen" und Annehmen dessen, was ist praktiziert. Sehen wir jedoch genauer hin. Dispenza zieht Menschen an, die sich ver-ändern wollen. Leute, die mit ihrer jetzigen Situation unzufrieden sind und leiden. Er tut dies mit einer exakten Anleitung und Vorgehensweise und verspricht, dass sie in kurzer Zeit eine grundlegende Veränderung herbei-führen können. Außerdem untermauert er seine Vorgehensweise mit seinen Forschungsergebnissen. Das zieht Menschen in Scharen an. Auch jene, die sich ein Haus, Reichtum, Berufserfolg, Gesundheit, einen passenden Partner wünschen. Was passiert? Viele Leidende wollen etwas gegen ihr Leiden tun, sie wollen sich nicht über Jahre hinsetzen und warten und das Leiden annehmen und wieder warten, bis es sich von allein wandelt. Als

Amerikaner spricht er die westliche Welt an. Wir haben nicht gelernt, aus-zuhalten, abzuwarten, anzunehmen, weiter zu leiden, bis das Leiden sich in einen anderen Zustand wandelt. Und dies alles ohne eigentliches Ziel, ohne Absicht, ohne Ehrgeiz, aber mit ganzer Entschlossenheit und mit ganzem Herzen. Nichts wollen, nichts tun, aber das mit ganzem Herzen, so die Haltung des Zenmeisters Niklaus Brantschen, der den Zenbuddhismus in Japan studiert hat. Wir sind gewohnt, etwas zu tun, etwas zu erreichen, Ziele zu haben. Und genau da setzt Dispenza an. Seine große und immer größer werdende Anhängerschaft erstaunt nicht. Was er erreicht, ist, dass all seine Anhänger sich motiviert hinsetzen – auch jene mit einem ausgeprägten Ego-Wunsch – und meditieren. Sie üben sich in positiven Gefühlszuständen wie Dankbarkeit, Mitgefühl, Liebe, Freude, Zufriedenheit und Vergebung. Sie üben Loslassen und sie üben sich darin, ein Niemand zu werden und nicht zu sein. Sie üben, über Raum und Zeit hinauszugehen, von irgendwo nach nirgendwo, und sich mit allem zu verbinden. Denn um das Gewünschte zu erreichen, so besagt seine Lehre, ist es wichtig, den Wunsch loszulassen und ins Feld aller Möglichkeiten – in die Materiewelle – einzutauchen. Die Meditierenden verbinden sich und verschmelzen mit dem elektro-magnetischen Feld, das Buddhisten wohl als Nirwana bezeichnen würden. Dispenza leitet an, nicht zu denken, nicht zu fühlen, nicht zu sein. Das Ego muss also überwunden werden. Und weil der Gewinn, nämlich den erwünschten Zustand zu bekommen – was unter Umständen sogar ein neues Ego sein kann –, hoch ist, setzen sich sehr viele Menschen motiviert zum Üben hin. Ich gehe davon aus: Wenn wir regelmäßig unser Ego über-winden und uns außerhalb von Zeit und Raum bewegen und uns vorstellen zu nichts zu werden und uns mit allem verbinden, dann wird dies eine Wirkung haben, die der Zenmeditation vergleichbar ist. Möglicherweise ver-siegt nach geraumer Zeit der Wunsch, sich ständig neue Egos aufzubauen, bei einigen. In Dispenzas Meditationen werden die Wünsche mit den hoch-frequenten Gefühlen wie Liebe, Dankbarkeit, Mitgefühl, Vergebung, Fülle verbunden. Das bedeutet, dass die Meditierenden durch fleißiges Üben diese positive Gefühlswelt nachhaltig repräsentieren, was eine breite positive Auswirkung auf ihre Gesundheit, ihre Stabilität und auch auf ihr soziales Umfeld haben dürfte.

Dispenzas Weg erscheint vielen wohl etwas leichter, rascher, effizienter, moderner und spielerischer als die härtere und etwas nüchterne Art des Zenbuddhismus. Je nach Thema, das gewandelt werden soll, empfehle ich allerdings, Dispenzas Meditationspraxis nicht allein durchzuführen, sondern sich professionell begleiten zu lassen. Ich finde es wichtig, dass die Wünsche gut besprochen und die zu ändernden Gewohnheiten reflektiert und analysiert werden. Die diesbezüglichen unterstützenden Mantras oder positiven Affirmationen sollten sorgfältig erarbeitet werden. Größere Veränderungen ziehen oft weitere Veränderungen nach sich, denen wir uns bewusst sein sollten. Legen wir alte Gewohnheiten ab, wird unter Umständen unser Umfeld darauf nicht positiv reagieren. Darauf sollten wir uns vorgängig schon vorbereiten und sicher sein, dass wir die Veränderung wirklich wollen. Der Wunsch nach Veränderung sollte so stark sein, dass der Betreffende mit möglichen negativen Reaktionen in der Folge gut umgehen kann.

Ich vertrete die Meinung, dass wir allen Methoden, in denen es um Einkehr und Innenschau geht, mit Neugier begegnen sollten. Sofern nicht mit Ängsten gearbeitet wird oder wir aufgefordert werden, an bestimmte Theorien zu glauben und diese als einzig richtig anzuerkennen, stehe ich den unterschiedlichen Meditationsmethoden offen gegenüber. Wichtig finde ich, dass keine Wertung oder Beurteilung stattfindet oder kein Heil versprochen wird, das teuer mit Geld bezahlt werden muss. Es gibt bestimmt viele verschiedene Wege, um sich und sein wahres Selbst zu erfahren. Schließlich wird jeder seinen eigenen Weg und seine eigene Haltung finden.

4.3.3 Was geschieht mit dem Gehirn und den Zellen durch die Meditation?

Die Meditation hat auf unsere Gehirnwellenfrequenz einen Einfluss. Es ist wichtig zu wissen, dass jeder aufmerksam betrachtete Reiz eine neuronale Reaktion in verschiedenen Hirngebieten auslöst. Je aufmerksamer wir sind, desto stärker ist die neuronale Reaktion. Die Amplituden werden höher, je konzentrierter unsere Aufmerksamkeit ist. „Bei aufmerksam und kontrolliert durchgeführten kognitiven Tätigkeiten nimmt die Energie im Gamma-Band zu. Bewusste und aufmerksame Kognitionen sind mit kohärent oszillierenden kortikalen Hirnaktivitäten verbunden" (Jäncke, 2017, S. 228). Bei Erwachsenen messen wir vier bis allenfalls fünf Gehirnwellenzustände. Im normalen Aufmerksamkeitszustand, wenn Sie zum Beispiel dieses Buch lesen, dann befinden Sie sich in der Betawellenaktivität von 15–38 Hz. Niederfrequent im Beta sind Sie, wenn Sie sich nicht allzu stark konzentrieren müssen, also bei etwa 15 Hz. Je mehr Sie sich konzentrieren, wenn Sie zum Beispiel lernen, dann sind Sie bei rund 30 Hz. Hochfrequente Betawellen gehen sogar bis 50 Hz. Diese hohen Betafrequenzen treten bei Stress auf und die Wellen sind inkohärent. Die Erregung ist sehr hoch und der Geist ist zu aufgedreht. Das geschieht auch bei zwanghaftem Verhalten, Übermotivation und ängstlichen Verhaltensweisen. Wechseln wir in einen gelösteren, entspannteren Zustand, dann haben wir eine Frequenz von 8–14 Zyklen pro Sekunde, welches den Alphabereich darstellt. In diesem Bereich können wir mit geschlossenen Augen visualisieren und fantasieren. Alphawellen sind das Tor zur Meditation. Sie sind in Kombination mit anderen Wellen bedeutsam und sie sind wichtig, um die erhaltenen Informationen in der grauen Hirnsubstanz zu konsolidieren. Thetawellen haben eine Frequenz zwischen 4 und 8 Hz und treten im Dämmerzustand oder Halbschlaf auf. Sie sind die Wellen des Unbewussten. Diesen Zustand treffen wir im REM-Schlaf an, in Traumphasen. Wenn Alphawellen dazukommen, können wir uns unbewusste Anteile bewusst machen. Diese Wellen nutzen wir in der Hypnotherapie, wie zum Beispiel in der Aufstellungsarbeit. Die Deltawellen schwingen zwischen 0,5 und 3 Hz. Sie kommen in der traumlosen Tiefschlafphase vor. Die bewusste Wahrnehmung ist da sehr eingeschränkt. In Verbindung mit anderen Wellen wird eine intuitive Aufmerksamkeit festgestellt. Die bislang schnellsten Gehirnfrequenzen, die gemessen wurden, sind die Gammawellen zwischen 40 und 200 Hz. Sie sind dichter und haben eine geringe Amplitude. Von der Frequenz her ähneln sie den Betawellen, korrelieren jedoch nicht miteinander. Eine kohärente Gammawellenaktivität weist auf hohe Fokussierung, Konzentration, einen höheren Geisteszustand wie Glück, Mitgefühl oder erhöhtes Bewusstsein hin. Auch mystische Erfahrungen oder die Erfahrung der All-Einheit in der Meditation werden bei synchronen Gammawellen im Frequenzband von ab 40 Hz berichtet.

Im hochfrequenten Betabereich erscheint die Außenwelt realer als die Innenwelt. Wir vergleichen uns mit anderen, denken ständig über unsere Probleme nach und haften an materielle Dinge an, was Angst auslöst, dass wir sie verlieren könnten. Wir sind im hochfrequenten Betabereich in unserer Ego-Illusion gefangen und ständig bemüht, dieses zufriedenzustellen und es zu nähren. Das heißt, wir sind in einem eher fahrigen Zustand, unsere Aufmerksamkeitsspanne ist eher gering, Lernen ist schwierig und klare Gedanken können schwerlich gefasst werden. Wir schütten zu viele Stresshormone aus und befinden uns im Überlebensmodus. Abschalten erweist sich als schwierig, daher lenken wir uns ständig ab und sind überall und nirgends und schlafen schlecht. Der Zugang zu unserem Unbewussten ist versperrt, wir fühlen uns von der Welt abgetrennt und funktionieren wie Roboter, schemenhaft und funktional. Die Gefühlswelt besteht aus Angst, Wut, Neid, Aggression, Furcht, Trauer, Depression, Frust, Scham, Konkurrenzdenken, Leistungsdruck, Pessimismus, Zynismus und Unsicherheit. Der rechte vordere Stirnlappen weist, wie Richard Davidson und seine Kollegen (1999) gemessen haben, eine erhöhte Aktivität an inkohärenten Betawellen auf. Dispenza (2012) spricht auch von einem inkohärenten Signal, das im hochfrequenten Betaband ausgesendet wird. Um ruhiger und gelassener zu werden, um aus dem unkonzentrierten, fahrigen Zustand herauszukommen und angenehmere Gefühle zu haben, ist es nötig, die Gehirnwellen in einen synchronen Gammazustand zu bringen. Durch Meditation geschulte Gehirne unterscheiden sich physiologisch von ungeschulten. Schon nach einem dreimonatigen Meditationstraining von vielbeschäftigten Angestellten einer Biotechnologiefirma in Madison hat sich die Stirnlappenaktivität signifikant von rechts nach links verschoben (Davidson et al., 2003). Menschen mit höherer Gehirnaktivität im Gammaband im linken vorderen Stirnlappen berichten über angenehmere Gefühle wie Liebe, Anteilnahme, Begeisterung, Zufriedenheit, Optimismus. Im Gegensatz zu denjenigen mit negativen Gefühlen wie Angst, Sorgen, Pessimismus und Depressionen, die eine höhere Aktivität von inkongruenten Betawellen im rechten vorderen Stirnlappen aufwiesen (Davidson & Rickman, 1999). Während der Meditation über Mitgefühl zeigte sich bei den meisten erfahrenen Meditierenden ein signifikanter Anstieg der hochfrequenten synchronen Gammawellen (Davidson & Rickman, 1999). Doch zeigten auch unerfahrene Meditierende bereits einen leichten Anstieg der synchron schwingenden Gammafrequenzen. Geübte Meditierende verändern ihre Gehirnfrequenzen nachhaltig. Das heißt, auch bei geistigen Aktivitäten weisen sie höhere Gammawellenaktivitäten auf als Menschen, die nicht meditieren. Das Gehirn verändert sich durch die Meditation nachhaltig. Wir haben einen Einfluss darauf, ob wir uns im inkongruenten hochfrequenten Betaband aufhalten wollen oder ob wir unser Gehirn durch die Meditationspraxis immer wieder in den synchronen Gammabereich bringen und uns damit auch kognitiv verbessern wollen. „Bei aufmerksam und kontrolliert durchgeführten kognitiven Tätigkeiten nimmt die Energie im Gamma-Band zu. Bewusste und aufmerksame Kognitionen sind mit kohärent oszillierenden kortikalen Hirnaktivierungen verbunden" (Jäncke, 2017, S. 228). Und diese Gammamuster sind mit angenehmeren Gefühlen verbunden. Deshalb können wir sagen, dass angenehme Gefühle wie Liebe, Freude, Dankbarkeit, Vertrauen höher und kongruenter schwingen als jene Gefühle, die Stress auslösend sind, wie Angst, Wut, Traurigkeit, Scham, Eifersucht, Pessimismus. Wir können durch Meditation unser Gehirn in einen höheren synchronen Gammawellenzustand bringen und unsere Konzentrationsleistung und Aufmerksamkeitsspanne deutlich und nachhaltig verbessern. Das wirkt sich positiv auf unsere Gesundheit – Immunsystem, Herz-Kreislauf-System, Schlafverhalten – und auch auf unsere graue Gehirnsubstanz aus. Die

Reduktion von Stresshormonen und die damit verbundene veränderte chemische Ausschüttung wirkt sich auch auf die Genexpression aus. Es ist erforscht und auch nachvollziehbar, dass ein veränderter Stoffwechsel unsere Chromosomen in ihrer Aktivität beeinflussen kann. Selbstredend wird die DNA-Sequenz nicht verändert. Verschiedene epigenetische Studien – ein Fachgebiet der Biologie – zeigen, dass Veränderungen im Phänotyp, also in der Genexpression, möglich sind. Gene können ihre Programmierung ein- oder ausschalten. Sie können ihren Ausdruck verändern. Sie können ein enthaltenes genetisches Programm, eine Prädisposition für eine Krankheit ein- oder ausschalten, sie ausbrechen lassen oder nicht. Oder sie können ein anderes Genprogramm aktivieren oder nicht. Hat jemand eine erbliche Vorbelastung zum Beispiel für Herz-Kreislauf-Erkrankungen, dann haben seine direkten Nachkommen zwar hierfür eine Disposition, die Krankheit selbst wird jedoch bei verändertem Lebensstil nicht unbedingt ausbrechen. Solche Studien – insbesondere Zwillingsstudien – sind mittlerweile zahlreich. Ältere Zwillinge, die bei der Geburt genetisch und epigenetisch identisch waren, unterschieden sich im Alter von 50 Jahren epigenetisch – bei genetischer Identität – signifikant, je unterschiedlicher ihr Lebensstil verlaufen ist. Die erlebte Umwelt hat also einen direkten Einfluss darauf, wie unsere Gene sich aktivieren und welche Genprogramme sie ausgeschaltet lassen. Der Einfluss von chronischem Stress, der natürlich oft mit einer ungesunden und unregelmäßigen Ernährung, Alkoholabusus, Nikotinkonsum und ungesundem Schlaf und überhöhtem Zuckerkonsum, Übergewicht oder übermäßiger und hektischer Aktivität – übrigens auch übermäßiger sportlicher Aktivität – zusammenhängen kann, hat einen Einfluss darauf, wie sich unsere Gene verhalten. Reduzieren wir den Stress und bringen uns immer wieder in einen ausgeglichenen Zustand, physisch und psychisch, hat dies eine direkte Auswirkung sowohl auf unser Wohlbefinden als auch auf die Leistung unseres Gehirns und unseres gesamten Körpers bis in die Gene hinein. Es gibt also zahlreiche gute Gründe, weshalb es wichtig ist, sich eine halbe Stunde pro Tag die Zeit zu nehmen, um eine Sitzmeditation zu praktizieren. Tun wir dies zudem in einer veränderten Haltung zur Welt, indem wir uns mit allem verbunden fühlen, uns also nicht mehr getrennt von der Natur wahrnehmen. Und nehmen wir weiter die Gelegenheit wahr, unser Ego als Illusion zu entlaven, unseren Geist und die damit verbundenen aufkommenden Emotiionen zu beobachen, so erreichen wir nachhaltig eine fundierte psychische Stabilität. Diese geht mit einem emotionalen Wohlbefinden einher. Diese innere Stabilität, bewährt sich auch in stürmischen Zeiten der Krise. Niklaus Brantschen, der 84-jährige Zenmeister im Lassalle-Haus in Bad-Schönbrunn, berichtet nach der erfolgten Entnahme seines Magens aufgrund eines bösartigen Krebs-geschwüres, dass auch Zenmeister nicht vor Krebs gefeit seien. Natürlich nicht. Er sagte in einem Interview, dass die Diagnose ihn erschreckt hätte. Dass ein Schrecken aber aufwecke und gleichzeitig heilsam sei. Und über allem Erschrecken war da Vertrauen. Vertrauen muss man freilich einüben im Leben, sagt Brantschen. Wenn das nicht eingeübt ist, werden manche in diesen Extremen zappeln wie ein Fisch an der Angel. Die Haltung des Ver-trauens stellt sich wohl eher ein, wenn sie eingeübt worden ist. Dazu hilft spirituelle Praxis, ist Brantschen überzeugt. Ich habe ihn nach der Operation besucht. Seine Augen leuchteten wie eh und je, sein Lachen war voller Herz-lichkeit, seine Energie erfüllte den Raum mit Licht. Ich staunte, wie ein so dünnes Knochengerüst, das er damals nach der Operation war, so viel Energie und Leichtigkeit ausstrahlen kann. Er hat trotz seiner Erkrankung und der nachfolgenden Operation eine tiefe innere Ruhe ausgestrahlt. Kurzum: „Stille heilt."

4.3.4 Weiterführende Bemerkungen zur Achtsamkeitspraxis

Die Aussagen von Thich Nhat Hanh und anderen Zenmeistern, Achtsam-keitstrainern, von Dispenza oder von den Neurowissenschaftlern gleichen sich im Grundsatz: Wir Menschen sind oft süchtig nach unseren unan-genehmen Zuständen, die mit dem Ego zusammenhängen. Weil wir uns einerseits an die Stresshormonausschüttung (Cortisol) gewöhnt haben und andererseits das Gehirn andauernd in bekannten Mustern feuert. Was uns vertraut ist, suchen wir immer und immer wieder auf. Auch Sigmund Freud spricht von Wiederholungszwang.

> „Wenn wir unsere sechs Sinne nicht bewachen, können wir nicht vermeiden, dass sich innere Knoten in unserem Speicherbewusstsein bilden, und sie lassen uns Dinge tun, ohne dass wir es überhaupt merken […]. Wir werden zornig, traurig oder klammern uns an etwas fest. Sucht ist ein solcher Knoten […]. Wir sind nicht von Anfang an süchtig nach Drogen, Alkohol oder unheil-samen Beziehungen. […] Wir wissen nicht, wann genau wir uns in jemanden vernarrt haben, der nicht gut für uns ist. Innere Knoten bilden sich im Ver-borgenen. Wenn wir jedoch unsere sechs Sinnestore bewachen, nehmen wir sofort wahr, wenn zum Beispiel ein Gefühl der Anhaftung aufkommt" (Thich Nhat Hanh, 2020, S. 256).

Alle Methoden sind sich dahingehend einig, dass Meditation oder Acht-samkeit uns dazu anhält, uns ständig zu überprüfen, ob und woran wir anhaften, wodurch also Leiden entstehen könnte. Sie verhindern das Ent-stehen an der Wurzel, und ist es schon entstanden, dann besteht die Möglichkeit, den „Knoten" zu erkennen und die Gefühle, die Gedanken, die Einstellung und das Verhalten zu wandeln.

> „Gewohnheitsenergien sind die Grundlagen der inneren Knoten. So wie Blütenblätter den Tee aromatisierten, wenn wir sie ihm beigeben, so nehmen wir den ‚Duft' einer guten Umgebung an. Halten wir uns in einem unheil-samen Umfeld auf, nehmen wir auch dessen ‚Duft' an. Jede Handlung von Körper, Sprache oder Geist kann das Ergebnis von Gewohnheitsenergien sein. […]. Um an einen Ort des Lichts und des Glücks zu gelangen, müssen wir gute Gewohnheiten entwickeln. Die beste Gewohnheit ist die Praxis der Acht-samkeit" (Thich Nhat Hanh, 2020, S. 258).

Es ist schwierig geworden in Zeiten einer Pandemie, welche Angst und Schrecken hervorruft, Orte des Glücks und Lichts zu finden. Was haben wir als Gesellschaft zu lernen? Welcher Wandel sollte vollzogen werden, Um aus der Krise heraus Chancen zu entwickeln?

4.4   Substanz ist Teilchen gewordene Information: Veränderte Weltanschauung und Massenmeditationen als Chance globaler (Corona-)Krisenbewältigung

Noch haften wir am Satz des Philosophen und Mathematikers René Descartes an, der um 1640 schrieb: „Ich denke, also bin ich!" Gleichzeitig geht dieser davon aus, dass der Mensch aufhört zu sein, wenn das Denken aufhört. Er legt ein mechanistisches Weltbild zugrunde, ein Weltbild, das begrenzt ist und berechenbaren Grundsätzen unterliegt. Die physische Welt und die Welt des Geistes standen für ihn nicht im Einklang. Er trennte daher die Naturwissenschaften streng von den Geisteswissenschaften, also der Religion. Dieses Weltbild hält erstaunlicherweise bis zum heutigen Zeit-punkt an. Ein Weltbild, das den Verstand zu unserem Regenten macht und uns zu seinem Sklaven, wie es Eckhart Tolle ausdrückt. Newton führte dieses Weltbild mit der klassischen Physik weiter. Der Umstand, dass Materie fast gar nicht aus festem Stoff besteht, sondern aus Energie, wird bis heute in unserer Weltanschauung weitgehend ignoriert. Ein Atom besteht zu 99,9999 % aus Energie und die physische Substanz bildet den Rest. Wie kann man da von Masse sprechen, zu deren Verschiebung physische Kräfte nötig sind? Im Grunde formen wir unsere Welt durch Gedanken, denn Gedanken sind Energie und Materie besteht fast nur aus Energie und kann demzufolge durch Energie – und nicht zwingend durch physische Kraft – verändert werden. Es sei denn, wir formen uns das Weltbild so, als ob wir Substanz mit Substanz verändern müssten. Immanuel Kant zeigte schon im 18. Jahrhundert in seinem Werk *Kritik der reinen Vernunft* auf, dass sich unsere Erkenntnis nicht nach dem Erkenntnisobjekt richtet, sondern dass alles, was wir erkennen, durch unser Denken geformt wird. Ein Grundsatz aus der Quantenphysik wurde in diesem Buch bereits erwähnt. Er besagt, dass Teilchen und Messgerät nicht getrennt betrachtet werden können, sondern als EIN System gesehen werden müssen und dass ein Zustand nicht definiert ist, bevor er gemessen wird. All diese Gedanken wirken bis heute befremdlich. Wir stützen unser Weltbild weiterhin auf die Newtonschen Erkenntnisse. Und wir glauben den Wissenschaftlern und Forschenden. Doch auch wissenschaftliche Experimente sind nicht neutral, sie richten sich nach den Gedanken, der Haltung des Auftraggebers und Einstellung der Forschenden. Wir richten uns seit Jahrhunderten nach den Gedanken früherer Forscher und Philosophen und führen diese Gedanken weiter und machen sie zu unserer Realität. Die Philosophin Natalie Knapp (2018) schreibt: „Objektivität ist nicht mehr als eine Geisteshaltung, die die Materie auf eine ganz bestimmte Weise erscheinen lässt" (S. 35). Und ich gehe mit ihr einig, dass die Mitteilung der Diagnose einer Krankheit, je nachdem, wie der Arzt sie übermittelt, bereits einen Einfluss auf deren Verlauf hat. Und dennoch versuchen wir stets, Materie mit Materie zu verändern, und beachten die Information, die alles durchdringenden Energien noch nicht genügend. So werden wir aufgrund unseres mechanistischen Weltbildes in dieser Pandemie arg geprüft. Wir versuchen, wie eh und je, mit allen Mitteln das vergangene, bisherige und künftige Weltbild zu erhalten. Das ist mit neuropsychologischem Wissen erklärbar. Wir messen an statistischen Todeszahlen, ob ein Land das Virus „im Griff" hat oder nicht, wir versuchen die Krankheit einzudämmen und das Virus zu „besiegen". Der Virus wird als Materie, als Substanz behandelt und wir selbst behandeln uns ebenfalls so. Der Tod wird als das Ende unserer Substanz, das Ende unseres Daseins angesehen. Es wäre aber auch möglich, ihn als Übergang in das alles durchdringende Informationsfeld zu sehen. Substanz ist Teilchen gewordene Information, die in einem Umkehrprozess wieder in die Informationswelle zurückübertragen wird. Energie kann nicht vernichtet werden. Denn aus nichts kann nichts entstehen und ist etwas entstanden, kann es nicht zu nichts werden. Das ist physikalisch evident.

Dennoch beachten wir diese Grundsätze meines Erachtens viel zu wenig. Die neuesten Impfungen gegen Corona sind teilweise auf neuer Basis entstanden. Auf der Basis von mRNA (messenger Ribonucleic Acid oder Ribonukleinsäure, das sind Boten-RNA). Bei diesem neuartigen Impfstoff werden nicht die Antigene selbst injiziert, sondern der Körper bekommt nur die genetische Information des Virus geliefert, den Bauplan sozusagen, um die Antigene selbst zu erstellen. Der neue Impfstoff auf mRNA-Basis legt das Gewicht bereits viel mehr auf die Information anstatt auf Materie. Damit spreche ich mich weder für noch gegen Impfungen aus. Es geht mir nur darum aufzuzeigen, dass wir vielleicht beginnen, vermehrt die Information denn die Materie zu beachten. Trotzdem muss die Information noch durch eine Spritze in den Körper gebracht werden. Dies ist noch ein materieller Vorgang. Sind wir gespannt, ob wir vielleicht schon in naher Zukunft den Weg über eine Form des „Bluetooth" wählen können. Das Virus besteht zu 99,9999 % aus Information, aus Energie. Noch sehen wir in ihm vorwiegend die Substanz, also lediglich die 0,00001 %. Wir wissen aber, dass das Virus kein lebendiger Organismus ist, sondern ein Genprogramm. Und wir wissen von der Epigenetik, dass sich Genprogramme ein- und ausschalten lassen. Wie kommt es, dass wir diese Kenntnisse nicht vermehrt nutzen? Wie kommt es, dass das Virus von den Medien häufig mit einem Gesicht oder kleinen Füßchen abgebildet wird? Die Quantenphysiker zeigen uns schon seit Jahren auf, dass sich Materie auch ohne mechanische Einwirkung verändern kann. Auf „subatomarer Ebene verwandelt die Materie allein dadurch ihr Gesicht, dass wir sie beobachten. Wir begegnen ihr in unterschiedlichen Ausdrucksformen, die mit den Gesetzen der Newtonschen Physik nicht erklärbar sind" (Knapp, 2018, S. 39). Tragen wir die Erkenntnisse aus der Quantenphysik, Neuropsychologie, Epigenetik und Teilen der Philosophie zusammen, müssten wir doch eigentlich zum Schluss kommen, dass wir uns durch unseren Lebensstil, Veränderung der Gefühle, Gedanken und Einstellung verändern können. Wir können wohl auch durch unsere niedrig schwingenden Stress erzeugenden Gefühle das Virus so beeinflussen, dass es unserem Körper schadet. Wir könnten es aber auch durch höher schwingende Gefühle und positive Informationen andersherum beeinflussen. Ich gehe davon aus, dass es einen Unterschied macht, wie wir das Virus beobachten. Ich erachte daher die Negativität und Angst erzeugenden Berichte als nicht nützlich zur Bewältigung der Pandemie. Vielleicht wäre es möglich, rein durch die Kommunikation über das Virus das Virus zu beeinflussen. Möglicherweise ist die Zeit gekommen, um zum Newtonschen mechanistischen Weltbild einen Gegenentwurf zu entwickeln. Basierend auf den Grundlagen, die bereits erforscht sind. Einen Versuch wäre es jedenfalls wert. Statt Materie mit Materie zu verändern, sollten wir die Information und die höherfrequenten Energien besser nutzen und auf diese Weise Veränderungen anstoßen. Dies kann keine Minderheit tun, es braucht viele. Viele, die zu einem Umdenken bereit sind und das Risiko nicht scheuen, dass die gewünschte Veränderung vielleicht nicht eintritt und alles beim Alten bleibt. Wir hätten, so meine ich, nicht viel zu verlieren. Wir könnten aber aus der Krise gestärkt hervorgehen und als Gesellschaft einen Wandel vollziehen, der auch auf anderen Ebenen sich als Vorteil erweisen könnte. Sitzmeditation könnte für jeden von uns hilfreich sein, um sich von den eigenen Ängsten, die die Pandemie auslöst, zu befreien und Stress auslösende Gefühle in höherfrequente Energien wie Vertrauen, Demut, Dankbarkeit, Mitgefühl oder Liebe zu wandeln. Wir könnten damit jedoch nicht nur unser eigenes Selbst stabilisieren, sondern einer ganzen Gesellschaft diesbezüglich helfen. Je mehr die Meditation praktiziert wird, desto höhere Frequenzen senden wir in das uns umgebende Informationsfeld und desto einfacher wird es für andere, sich ebenfalls von den Ängsten und anderen Stress erzeugenden Gefühlen zu befreien. Ich führe hier eine eindrückliche Studie an, die in vielen Journalen diskutiert und mehrfach repliziert worden ist. Orme-Johnson, Dillbeck & Alexander (2003) haben die Hypothese bestätigt, dass Gruppenpraxis der Programme der Transzendentalen Meditation internationale Konflikte und Gewalt reduziert. 1983–1985 versammelten sich Meditierende über drei Zeiträume von 8 bis 11 Tagen an einem Ort, um zu praktizieren. Sie meditierten zum Thema Weltfrieden und Kohärenz. Die Analysen ergaben einen signifikanten Rückgang des Terrorismus und der internationalen Konflikte weltweit. Die Gruppe der Meditierenden hatte eine ansehnliche Größe. Es nahmen mindestens 8000 geübte Meditierende teil. Diese Ergebnisse stimmten mit ähnlichen Auswirkungen überein, die sich bei der lokalen Bevölkerung ergaben, wenn kleinere Gruppen vor Ort meditierten. Diese kleineren Gruppen waren Teilnehmende am „Lebanon Peace Project" von August bis September 1983 und es wurden in dieser Zeit in Jerusalem eine verminderte Kriminalitätsrate und weniger Brände, Terrorangriffe, Verkehrstote gemessen (Orme-Johnson et al., 1988). Es gibt noch weitere Studien zu ähnlichen Projekten, die denselben Effekt belegen. Wenn genügend viele Menschen zusammenkommen, die sich auf ein Thema fokussieren, hat dies eine breite Auswirkung auf das Denken, Fühlen und Handeln von anderen Menschen. Es ist einen Beleg mehr, um die Verbundenheit von uns allen mit allem zu erfahren. Sind wir viele, können wir mit hochfrequenten Schwingungen, das sind Gefühle wie Dankbarkeit, Vertrauen, Mitgefühl, Liebe, Demut,ˉkurz mit Information oder Energie die Materie verändern.

Nachfolgend komme ich nochmals auf die drei Typologien zu sprechen. Wie sehen sie die Welt, wenn sie in den Zustand des stabilen Selbst kommen? Welche „typenspezifischen" Eigenschaften hätten sie überwunden und gewandelt und welche „typengerechten" Maßnahmen könnten hierzu nützlich sein?

5

„Typenspezifisch" Bewusstsein schaffen – Weiterführende Arbeit am stabilen Selbst

„Schau ringsum das, welches uns treibt in Wahnsinn, welches mit reichlich vielen Tränen wir verlieren: Wissen wirst Du, nicht der Verlust bei jenem beschwerlich, sondern des Verlustes Wahn. Niemand empfindet, dass jenes verloren, sondern denkt's. Welcher sich selbst hat, hat nichts verloren: Doch wie wenigen gelingt, sich selbst zu haben?" (Seneca, Epistulae morales, 2015, S. 12 f.).

In diesem letzten Kapitel komme ich zurück auf die eingangs erläuterten Typenmuster. Was bedeutet es für jeden Persönlichkeitstyp, wenn er den Weg von der Bewusstheit zum Bewusstsein wählt? Welchen Weg geht er, welche typenspezifischen Maßnahmen gibt es und welche spezifischen Mantras könnten helfen?

5.1 Auf dem Weg zum stabilen Selbst: Überwinden der typenspezifischen Weltbilder

Verlieren wir unsere Identität, dann verlieren wir – in den Worten von Seneca – einen Wahn, also eine Vorstellung von uns. Wir denken, wir hätten unsere Identität verloren, doch wer sich selbst hat, der kann nichts verlieren. *Tat tvam asi* sagen die Hindus: „Das bist du." Es gibt viele Versuche, dies in Worte zu fassen. Nach der Interpretation des streng monistischen „Advaita-Vedánta" drückt dieser Satz die Identität des eigenen Selbst aus. Dein wahres Selbst ist identisch mit der höchsten Energie, die sich in allen

R. Enzler, *Sicher in unsicheren Zeiten,* https://doi.org/10.1007/978-3-662-63986-3_5

Dingen des Universums manifestiert. Das Individuum wird gleichgesetzt mit dem Absoluten. Die Individualseele ist durchdrungen vom Kosmos. Dieses Wissen und dieses Gewahrsein bewirkt die Erfahrung von Mosha (Befreiung). Der Kosmos ist einfach ein Symbol der realen Welt ohne Grenzen. Um dies ansatzweise zu erfahren, müssen wir über die Erkenntnisse, die wir auf der Bewusstheitsebene gewonnen haben, hinausgehen. Jeder Persönlichkeitstyp hat dabei seine eigenen Themen, die er dazu bearbeiten sollte. Für die einen ist es leichter, das Thema Zugehörigkeit loszulassen, für die anderen hat das Leistungskonzept nie eine tragende Rolle in ihrem Leben gespielt und wiederum andere konnten mit der Thematik Position nicht viel anfangen. So ist es für die einen leichter, ein Thema zu überwinden und darüber hinauszugehen, es hinter sich zu lassen, als für andere. Daher beschreibe ich nachfolgend den Weg zum Bewusstsein für jeden einzelnen Typ auf seine spezifische Weise. Zum Schluss beende ich dieses Buch mit ein paar persönlichen abschließenden Bemerkungen.

5.1.1 Bewusstsein und sozialer Typ: Überwindung des Selbstbildes „Zugehörigkeit"

„Ganz er selbst sein darf jeder nur solange er allein ist: wer also nicht die Einsamkeit liebt, der liebt auch nicht die Freiheit: denn nur wenn man allein ist, ist man frei" (Arthur Schoppenhauer, 1851, Parega und Paralipomena, Bd. I. Aphorismen zur Lebensweisheit, Kp. 5: Paränesen und Maximen).

Allein zu sein bedeutet nicht, einsam zu sein. Wie viele Menschen leben in Beziehungen und vereinsamen innerlich gleichwohl? Der soziale Typ haftet an eine Gruppe oder an einen Menschen an, zu der oder dem er sich zugehörig fühlt. Dies ist sein Leiden. Denn daraus bezieht er seine Rolle. Ich bin Partner oder Partnerin von …, Tochter oder Sohn von …, Mitglied eines bestimmten Freundeskreises, Clubs oder einer Unternehmung. Die Definition des Egos erfolgt im Außen über andere Personen. Fällt die Beziehungsebene aus irgendeinem Grund weg, dann kommen existenzielle Ängste auf und Stresshormone werden ausgeschüttet. Wie viele Menschen kennen wir, die in Beziehungen verbleiben, weil das Ego diese Rolle nicht aufgeben will und kann. Wie viele sind unglücklich und einsam, fühlen sich unverstanden und haben vergessen, wer sie selbst sind. Wie viele sind deshalb einsam, nur um nicht allein zu sein? Wie wir gesehen haben, ist es sehr schwierig, sich aus diesen Mustern zu befreien. Die Neuronen im Gehirn haben sich einen Weg gebahnt und feuern immer und immer wieder im selben Schema. Glaubenssätze haben sich herausgebildet: „Wenn ich nicht mehr Partner oder Partnerin von ... bin, nicht mehr Mitglied einer bestimmten Gruppe, dann bin ich allein auf der Welt." Also machen wir die Vergangenheit zur Zukunft und verbleiben am Platz, in denselben Mustern, mit denselben Verhaltensweisen, Gedanken und Gefühlen. Stellen wir uns zudem noch die Geschenke des Ex-Partners auf den Bürotisch, dann werden die alten damit verbundenen Neuronenmuster andauernd aktiviert. Es braucht oft ein äußeres Ereignis, um diese Situation zu verändern. Eine Krise. Eine Krise, die uns diese Grundsätze und festen Überzeugungen als Illusion aufzeigen. Diese kann darin bestehen, dass ein Partner stirbt, dass eine Scheidung erfolgt, eine Kündigung, eine fundamentale Erschöpfung oder Depression. Oder es geschieht aufgrund einer urplötzlichen Eingebung. Was immer die Ursache ist, dass die Rolle „Zugehörigkeit" wegbricht, die Betroffenen gehen zunächst durch ein dunkles Tal. Die Ängste vor dem Alleinsein gelangen ins Bewusstsein. Trauer, Schuld, Scham sind häufige Begleiterscheinungen. Vor allem die depressive Verstimmung ist bei diesem Typenmuster häufig anzutreffen. Wie bei den anderen beiden Typen fühlt sich das Ego entwertet. Alles Gefühle, die die Stressachse im Körper aktivieren und verstärken. Wie überwinden die Betroffenen diese Anhaftung und wie wird die Ego-Illusion entdeckt und gewandelt? Zunächst rate ich in der Akutsituation, in der alle Gedanken und Gefühle drunter und drüber gehen, unterschiedliche Methoden gleichzeitig anzuwenden.

Ich habe in Kap. 2 schon einige Anwendungsbeispiele gegeben. Es geht einerseits darum, den Stress im Körper zu reduzieren. Weil er sich im Körper bereits manifestiert hat. Darum finde ich es sinnvoll, auch körpertherapeutische Maßnahmen anzuwenden. Akupunktur zum Beispiel erachte ich als eine wertvolle Methode, weil sie mit körperlichen Interventionen (Nadeln) die Körperenergien ausgleichen. So reduziert sich der Stress und die gesamte Lebensenergie wird erhöht. Die Akupunkturmethode geht von einer „Lebensenergie des Körpers" – dem „Qi" – aus. Das Qi zirkuliert durch bestimmte Energiebahnen durch den Körper. Diese Energiebahnen werden als Meridiane bezeichnet. Ein gestörter Energiefluss, von Thich Nhat Hanh im weiteren Sinn auch als „Knoten" bezeichnet, kann Erkrankungen verursachen. In Thermografien, welche Benita Cantieni et al. in ihrem Buch *Embodiment* (2017) zeigen, können wir den gestörten Energiefluss auf Bildern sehen. Bestimmte Körperregionen, die Beschwerden verursachen, geben weniger Wärme ab als gesunde Regionen. Diese Energie ist also aufgrund der Wärmeausstrahlung messbar. All diese Methoden gehen davon aus, dass der Körper in eine energetische Balance gebracht werden muss, damit Heilung stattfinden kann. Dasselbe Therapieziel haben auch Akupressur, das ist eine Druck-massage, und Moxibustion durch Wärmezufuhr an den Akupunktur-punkten. Es gibt Therapeuten, die wenden Akupunktur, Akupressur und Moxibustion gleichzeitig an – abwechselnd mit Schröpfen unter Einsatz von Gläsern – und setzen zusätzlich bei den einschlägigen Akupunktur-nadeln elektrische Impulse. Ich empfehle diese Methode, weil ich persönlich damit gute Erfahrungen gemacht habe, obwohl ich mir darüber im Klaren bin, dass es keine hinreichenden wissenschaftlichen Belege dafür gibt. Meine Klienten verbessern nach kurzer Zeit die Schlafqualität und damit auch ihr Energieniveau. Ebenfalls zeichnet sich nach kurzer Zeit eine psychische Stabilisierung ab. Statt Akupunktur können auch andere körperorientierte Methoden begleitend nützlich sein. Der Klient probiert aus, was für ihn am besten passt. Ich gehe davon aus, dass ein Methodenmix in solchen Situationen hilfreich ist. Zusätzlich finden therapeutische Gespräche statt und der Klient übt zu Hause seine in den Sitzungen erarbeiteten Mantras. Einige Beispiele von Mantras finden Sie in Kap. 3. Einige meiner Klienten besuchen zudem Wochenend- oder Zehntagesretreats mit Yoga, Sitz- und Gehmeditation, Wellness, Walking und Heilfastenkuren. Manchmal, bei starken Erschöpfungszuständen mit begleitenden psychosomatischen Erscheinungen, ist es angezeigt, einen Arzt hinzuzuziehen. Dieser verschreibt unter Umständen Psychopharmaka und indiziert eine allfällige Krank-schreibung. Weil es sich jedoch bei meinem Klientenstamm um grundsätz-lich „gesunde" Personen handelt, legen wir gemeinsam das Augenmerk auf Reduktion und Absetzung der Medikation binnen 9 Monaten. Das Ego zu überwinden, bedeutet also harte Arbeit und der Weg führt mitunter durch schwarze und tiefe Täler. Eine Krankschreibung von über 6 bis zu 12 Wochen ist nicht selten, jedoch nützlich. Es ist wichtig bei solch tief-greifenden Prozessen, den Blick vom Außen nach innen zu richten. Eine Krankschreibung macht das möglich. Wenn Sie jetzt als Arbeitgeber oder Arbeitgeberin die Hände über dem Kopf zusammenschlagen, kann ich das verstehen. Doch bedenken Sie, der Betroffene kehrt stabiler an den Arbeits-platz zurück, er weiß, wie er sich stabilisieren kann, hat einen freund-licheren Umgang mit sich selbst und seiner Umwelt und hat zusätzliche Strategien und Haltungsveränderungen erworben, von denen auch andere Mitarbeitende profitieren können. Menschen, die es geschafft haben, die Ego-Illusion zu durchschauen, sind für ihre Mitmenschen angenehmer. Sie sind gelassener, freundlicher, wohlwollender, bewerten weniger, haben ihr Immunsystem nachhaltig gestärkt, kennen ihre verletzbaren Schattenseiten und haben Strategien erlernt, wie sie damit umgehen können. Ich setze mich dafür ein, dass die Zeit der Krankschreibung für diesen Weg genutzt wird.

Wird der soziale Ego-Typ am Ende egoistischer und selbstbezogener? Das ist eine häufig gestellte Frage von sozialen Typen. Tatsächlich wird sich der soziale Typ zu Beginn bewusst, dass er sich vor allem für andere Menschen zu stark aufgeopfert und angepasst hat. Er geht in die Innenschau, um herauszufinden, wer er wirklich ist. In diesem Sinne bezieht er sich auf sich selbst, das ist richtig. Doch nicht in diesem Sinne, dass er sein Ego stärkt und nährt, sondern dass er erkennt, wodurch sein Ego genährt wird und wonach es süchtig geworden ist. Von der Arbeit an den Schatten, wie in Kap. 3 beschrieben, wissen wir, dass wir innen und außen nicht trennen können. Das, was das Ego stärkt, hole ich mir aus der Außenwelt und meine inneren Schatten projiziere ich ebenfalls dorthin. Wir haben bereits gelernt, dass wir andere verurteilen und beurteilen, wenn diese sich der Gruppe nicht anpassen, wenn es Leute gibt, die ihre eigene Meinung vertreten oder Konflikte aufbringen, damit Themen bearbeitet und gelöst werden können. Was innen ist, finden wir auch im Außen. Menschen, die aus Sicht des sozialen Typs nicht in ein Gruppenschema passen, werden kritisiert – innerlich oder es wird über sie negativ gesprochen – und sie werden beurteilt und abgewertet. Was sie sich selbst nicht erlauben, ist auch anderen nicht erlaubt. Also geht es darum, zunächst sich selbst eine eigene Meinung zu erlauben, bei sich zu bleiben und sich nicht vollständig an eine Gruppe anzupassen. Nur dann ist es möglich, dasselbe auch anderen zu erlauben. Wer sich selbst bewertet, und das tut das Ego, bewertet und verurteilt auch andere. Zunächst gilt es die Schattenarbeit, wie in Kap. 3 beschrieben, anzugehen. Der soziale Typ nimmt Kontakt zu seinem Ego auf und erkennt es an. Er begrüßt es und anerkennt die Vorteile daraus. „Ich bin ein wertvolles Mitglied der Gesellschaft geworden, ich habe viele Freunde gewonnen, ich habe eine langjährige Partnerschaft und habe eine Familie gegründet."

Dann erkennen wir den Preis an, der dafür bezahlt wurde: „Ich habe oft meine Meinung hinter dem Berg gehalten, ich habe viel für andere gearbeitet und keinen Dank dafür erhalten, ich habe mein eigenes Leben nicht gelebt und immer nur geschaut, dass es anderen gut geht." Danach machen wir uns an die Schatten:

> „Ich habe andere abgewertet, wenn sie ihre Meinung gesagt haben, wenn sie für sich geschaut haben, wenn sie trotz der vielen Arbeit früher nach Hause gegangen sind, wenn sie ein Abendessen abgesagt haben, weil sie sich nicht gut fühlten. Ich habe sie als Egoisten beschimpft und selbstsüchtig genannt. Ich habe das getan, weil ich dies mir selbst nie erlaubt hätte, ohne mich selbst so zu bewerten."

Danach machen wir uns an die positiven Mantras: „Ich bin, wie ich bin, ob ich meine Meinung sage oder nicht, ich bin gut genug und es wert, hier auf dieser Welt zu sein." „Mein Lebenswert ist das Leben selbst und kann nicht mit Zugehörigkeit erhöht werden und er nimmt durch Nichtzugehörigkeit nicht ab." „Ich bin gut genug, so wie ich bin." „Ich bin es wert, in dieser Welt zu sein, in diesem Körper, ich habe dieses Recht mit meiner Geburt erhalten." Weiter werden Sätze zur Stärkung von Selbstliebe und Selbstwert eingeübt. Selbstliebe und Selbstwert sind bedingungslos gegeben. Wir lieben uns genau so, wie wir sind. Und was innen ist, ist außen ... Also werden wir auch unsere Umwelt nicht verändern wollen, sondern annehmen, wie sie ist. Mit ihren Werten, ihren Vorstellungen, ihren Eigenarten und ihren Verhaltensweisen. Wir kommen weg vom Beurteilen, Werten, Entwerten, Verurteilen. Wir nehmen uns und die Welt und das, was sich in ihr ereignet, an, so wie es ist. Wir üben uns in Mitgefühl für unsere Schattenseiten, für unsere Verletzungen und für unser mächtiges Ego und lassen all dies los, damit es gewandelt werden kann. Wir lassen auch die Gegenstände los, die uns an unsere alten Muster erinnern. Dazu gibt es eindrückliche und tiefe Rituale, damit diese Verabschiedung ganz bewusst erlebt und in einer wertschätzenden und vergebenden Haltung geschehen kann. Wir bedanken uns jeweils für die gemachten Erfahrungen und lassen diese Dinge los, indem wir sie dem Feuer oder Fluss übergeben. Es ist auch möglich, dass Kontakte mit Freunden, die uns an den Ex-Freund, die Ex-Freundin oder an andere loszulassende Personen erinnern, unter- oder abgebrochen werden, um sich aus den alten Gedankenmustern zu befreien. Auch dies sollte nach Möglichkeit achtsam und wertschätzend geschehen. Die Wandlung selbst geschieht, wir können sie nicht tun. Wir können nur die Voraussetzungen dafür schaffen, der Rest braucht seine Zeit. Und an dieser Stelle verweise ich auf die Achtsamkeitsübungen im vorausgehenden Kapitel, um die eigene Wesensnatur zu erforschen und verstärkt wahrzunehmen.

Auch Metaphern aus der Bibel können zu tieferen Einsichten bezüglich des Überwindens des sozialen Egos führen. Im Evangelium bei Markus, 1,12 f. finden wir zum Beispiel die Geschichte von Jesus von Nazareth, welcher 40 Tage allein in der Wüste fastete. Dabei musste er den Versuchungen des Teufels – wir könnten diesen auch als Ego bezeichnen – widerstehen. Zum Beispiel wurde er aufgefordert, aus Steinen Brot zu machen, sich vom Tempel zu stürzen oder auch sich vor dem Ego oder Teufel ganz und gar niederzuwerfen, damit er alle Besitz- und Reichtümer der Welt erhält. Jesus widerstand all diesen Versuchungen und es wird berichtet: „Er lebte bei den wilden Tieren und die Engel dienten ihm" (Markus, 1,12). Durch diese Versuchungen wurde Jesus auf sein Wirken vorbereitet. Er musste seinen Brüdern in allem gleich sein, um ihnen in Mitgefühl begegnen und ihnen helfen zu können. Wir könnten auch aus dieser Geschichte ableiten, dass auch der soziale Typ, welcher sich sehr gerne mit den Problemen der anderen beschäftigt, sich zuerst auf sich selbst besinnen und in die Stille dieser Christuskraft gehen muss, damit er seine Wesensnatur erkennt und seine Schattenseiten, die aus der Ego-Illusion herrühren, bearbeiten kann. Erst dann kann er in echtem Mitgefühl auf andere Menschen zugehen und ihnen helfen.

Die untenstehenden Beispiele von affirmativen Sätzen und Einsichten lösen Gefühle aus. Gefühle, die eine deutlich höhere Frequenz aussenden als die alten „Muss-Sätze", die Stress auslösend sind. Wir üben Mitgefühl mit uns selbst und gleichzeitig auch mit anderen. Und aus den vorangegangenen Kapiteln haben wir gelernt, dass das Gehirn beim Einüben von neuen Sätzen und Einsichten in neuen Mustern zu feuern beginnt. Neue Synapsen beginnen sich zu verbinden und die alten Muster werden mangels Gebrauch aufgelöst. Auf diese Weise wird sich unser Ego wandeln und unser inneres Selbst, unsere Wesensnatur gestärkt. Dieses – wie Ken Wilber es nennt – „wahre Selbst" ist unabhängig vom Außen immer da und stabil. Es ist die Arbeit an der ruhigen Tiefe des Sees.

Alte Muss-Sätze des sozialen Ego-Typs	Neue Mantras/Affirmationen/Einsichten
„Ich muss immer für alle da sein"	Ich halte den Fokus auf mich gerichtet, dass es mir gut geht, und mute Erwachsenen zu, dass sie für sich selbst sorgen können
„Ich muss mich der Gruppe anpassen"	Ich stehe zu meiner Meinung und lasse andere Meinungen zu ohne Be- und Verurteilung
„Die Meinung der anderen zählt mehr als meine"	Meine Meinung und andere Meinungen sind einfach Meinungen. Wir haben alle denselben Wert auf dieser Welt. Diesen Wert können wir weder durch spezifische Aussagen noch durch irgendwelche anderen Verhaltensweisen erhöhen oder senken

Alte Muss-Sätze des sozialen Ego-Typs	Neue Mantras/Affirmationen/Einsichten
„Ich muss in der Gruppe immer für Frieden und Harmonie sorgen"	Ich kümmere mich gut um meinen inneren Frieden. In der Meditation betrachte ich meine Gefühle, beobachte ihr Kommen und Gehen und sehe zu, dass sie bei mir bleiben, damit ich mich selbst um sie kümmern kann. Ich erkenne, dass andere Menschen ein Spiegel für mich sind, um mir meine Schattenseiten zu zeigen, die ich annehmen und anerkennen will. Ich bin auch mit meinen Schattenseiten liebenswert und nehme mich so an, wie ich bin. Mein Mitgefühl gehört meinen Schattenseiten. Sie zeigen mir frühkindliche Verletzungen auf, die ich jetzt beleuchte und zum Wandeln übergebe
„Ich bin nur etwas wert im Leben, wenn ich zu einer Gruppe gehöre und nicht allein bin. Allein bin ich nichts"	Ich bin ich, und so, wie ich bin, ist es gut. Mein Leben ist der Wert an sich. Ich habe ein Recht darauf, hier in dieser Welt zu sein, hier in diesem Körper, mit oder ohne Gruppe. Ich kann meinen Wert nicht durch Gruppenzugehörigkeit erhöhen. Auch andere können das nicht. Alleinstehende sind gleich viel wert wie Menschen in Paarbeziehungen oder Gruppen. Ich schicke mir unendlichen Selbstwert und unendliche Selbstliebe und empfange unendliche Selbstliebe und unendlichen Selbstwert
„Ich bin schon immer die gewesen, die anderen jederzeit zur Verfügung steht und besser als andere zuhören kann"	„Die Rosen dort unter meinem Fenster spielen nicht auf frühere oder bessere Rosen an; sie sind, was sie sind; existieren bei Gott heute. Sie kennen keine Zeit. Da ist einfach eine Rose; sie ist in jedem Augenblick ihres Daseins vollkommen" (Wilber, 2008, S. 131)

5.1.2 Bewusstsein und Erkenntnistyp: Überwindung des Selbstbildes „Lernen"

„Tun Sie nichts. Und das mit ganzem Herzen." (Niklaus Brantschen)

Keine Leistung erbringen zu können, nicht im Tun, in der Handlung sein zu können, nicht zu lernen, keine Entwicklung zu spüren, ist für das Erkenntnis-Ego gefährlich. Es signalisiert Todesangst und leitet dazu an, in eine Hektik und Getriebenheit zu verfallen. Die Leistungserbringung ist zum Beispiel aus Krankheitsgründen, im Burnout oder Lockdown nicht möglich. Gesund sein und zu Hause bleiben. Was fängt der Erkenntnistyp damit an? Er putzt wohl zunächst einmal die Wohnung, räumt auf, entsorgt Dinge, die schon lange liegen geblieben sind, erledigt Arbeiten, die er auf die lange Bank geschoben hat … und dann? Sicher war es tröstlich für ihn, dass im Lockdown viele Menschen davon betroffen waren. Viele von uns durften eine Zeit lang nicht arbeiten. Es gibt auch andere Gründe, weshalb die Rolle als Berufsmann oder -frau wegfallen kann: Kündigung, Pensionierung, Unfall, Krankheit, Geburt eines Kindes, Burnout. Welcher Grund auch immer Auslöser ist, dass die Rolle als Geschäftsfrau, Geschäftsmann, Leistungserbringer, Entwickler wegbricht, dies versetzt das Leistungs-Ego in Panik. Stresshormone werden freigesetzt. Angst, Wut auf die Situation, Trauer, Ohnmachtsgefühle, nichts dagegen unternehmen zu können, wechseln sich ab. Besonders häufig sind bei diesem Typ Wut, Gereiztheit und Nervosität anzutreffen, eher weniger die Traurigkeit. Die Schlafqualität sinkt, obwohl mehr Zeit dazu zur Verfügung stünde. Das Entwertungsgefühl ist bei allen drei Mustern anzutreffen, weil dies die Natur jeden Egos ist; wenn es bedroht ist, fühlt es sich entwertet. Dauert diese Phase Monate an, dann wird häufig das Wort Boreout benutzt, um das Gegenteil von Burnout zu erklären. Die Auswirkungen sind dieselben. Ausgebrannt vom Nichtstun. Nicht schlafen können, weil man nicht müde wird vom Nichtstun, Kopfschmerzen, Rückenschmerzen, Gelenkschmerzen, Magen-Darm-Probleme, Herz-Kreislauf-Probleme, Schweißausbrüche, Panikattacken können psychosomatische Symptome sein, die auftreten, neben Stimmungsschwankungen, Antriebslosigkeit, innerer Unruhe und Gereiztheit. Die Liste ist lang. Es beginnt ein Weg durch ein dunkles Tal, ähnlich wie beim sozialen Typ, nur dass hier eben ein anderes Thema im Vordergrund steht. Der Erkenntnistyp kommt recht gut allein zurecht, während der soziale Typ ohne Leistung besser auskommt als der Erkenntnistyp.

Die gesprächsbegleitenden Maßnahmen, die ich ihm empfehle, sind dieselben wie bei den anderen Typen auch. Körperorientierte Therapien gehören dazu wie eventuell auch eine medikamentöse Begleitung über 9–12 Monate, falls dies angezeigt ist. Die Mantras, die wir erarbeiten, sind aber je nach Ego-Typ unterschiedlich. Beim Erkenntnistyp geht es um Leistung, Entwicklung und auch um Autonomie. Wir sind ihm bereits in Kap. 2 begegnet und können an dieser Stelle darauf aufbauen. Die Muss-Sätze: „Ich muss immer leisten, weiterkommen, tätig sein, immer frei und unabhängig sein, Langeweile ist tödlich für mich" sind Stress auslösend. Beim Erkenntnistyp geht es also um das Überwinden des Leistungs-Egos. Zunächst ist es heilsam, eine Tätigkeit auszuüben, die er nicht mit Leistung verbindet. Zum Beispiel Töpfern, sofern er dann das Getöpferte nach der Arbeit wieder entsorgt, zeichnen mit Kohle, Wasserfarben oder Öl, singen, schnitzen oder Dinge, bei denen er inneren Widerstand verspürt und doch bereit ist, diese auszuprobieren. Es geht darum, sich hinzusetzen und nicht ganz untätig zu sein, aber keine Leistung zu vollbringen, die ihm einen Sinn ergeben. Sozusagen „sinnloses Tun oder sinnfreies Schaffen". Dies ist bereits eine meditative Form wie ein Mandala zu kreieren oder die chinesische Kalligrafie mit Tusche und Pinsel auf Reispapier zu praktizieren. Die Sandmandalas in buddhistischen Kulturen, meist in Tibet, sind von großer Bedeutung. Denn sie werden innerhalb von Tagen und Wochen erstellt und ausschließlich als Zeichen der Vergänglichkeit des Lebens weggewischt, und der Sand wird einem Fluss übergeben. Alles fließt, nichts ist von Bestand. Diese Handlung wird als Symbol verstanden, sich von der materiellen Welt zu distanzieren oder sogar zu entbinden. Die Ursache alles Leidens wird im Buddhismus als Ego-Anhaftung bezeichnet. Dies sind Übungen, um sich den Wandel zu vergegenwärtigen und das Loslassen zu praktizieren. Nun haben meine Klienten eher weniger Zugang zu Sandmandalas oder zur Kalligrafie. Wir passen eine solche meditative Tätigkeit an unsere Kultur an, wie eben zum Beispiel Töpfern, was im Übrigen bei den meisten Klientinnen und Klienten schon großen Widerstand auslöst. Töpfern wird – wie immer es dazu gekommen ist – mit der Midlife-Crisis von Frauen assoziiert. Und genau darum geht es. Diesen Widerstand zu überwinden. Eine konzentrierte Arbeit zu machen, im Stillen, ohne dass dabei eine Leistung gefragt wäre. Es gibt danach keine Ausstellung der entstandenen Figuren, kein Herumzeigen, sondern es soll eine stille und ruhige Loslassaktion sein. Das entstandene Werk wird entweder auf einen einsamen Berg gestellt und so der Natur zurückgegeben oder einem Fluss oder See übergeben. Jedenfalls geht es nicht darum, das Werk zu behalten und sich daran zu erfreuen. Nichts hat Bestand. Denn alle Dinge, die wir hier auf Erden erschaffen, werden wir einst zurücklassen müssen. Also üben wir solches schon im Vorfeld, damit wir uns dessen immer mehr bewusst werden. Wer käme nicht nach ein paar Werken auf die Idee zu fragen: War es nun wichtig, ob ich drei, vier oder zehn Werke in zwei, drei oder 72 h oder Wochen erschaffen habe? Wie wichtig ist meine Tätigkeit überhaupt? Ist es wirklich wichtig, so viel zu leisten, wenn ich eh dereinst alles zurücklassen muss und wenn sich eh alles wandelt und meine Leistung in ein paar Jahren schon in Vergessenheit geraten ist? Wenn wir an diesem Punkt stehen, können wir mit der Sitzmeditation beginnen. Auch bei ihr geht es darum, nichts zu wollen, nichts zu beeinflussen, keinen Ehrgeiz zu haben, sondern einfach ganz präsent zu sein und zu beobachten, was auftaucht. Taucht etwas auf, und das wird es bestimmt, dann wird es angesehen, registriert und dann kehren wir ganz sanft zum Atem zurück. Niklaus Brantschen pflegte jeweils zu sagen: „Zazen (Sitzmeditation) ist nichts für Feiglinge, aber auch nichts für Ehrgeizlinge." Es werden Themen auftauchen, die jedoch nicht in der Sitzmeditation bearbeitet werden oder über die währenddessen nachgedacht wird. Die hervortretenden Themen können wir im Coaching in aller Ruhe ansehen und bearbeiten. Wir entwickeln neue Mantras, die außerhalb der Sitzmeditation, zum Beispiel während der meditativen Arbeit oder nachts, wenn der Schlaf nicht kommen will, aufgesagt werden können. Und selbstverständlich können auch Sätze des sozialen Ego-Typs oder des Ordnungsstruktur-Ego-Typs dazukommen. Die Abgrenzung ist unscharf und jeder, der die Sätze ausprobiert, merkt selbst, wo sie energiespendend sind und wo weniger. Und welche positiven Gefühle sie auslösen. Auch könnten einzelne Worte ausgetauscht und verändert werden. Ich schreibe an dieser Stelle nur Anregungen auf. Es geht darum, eine Idee zu erhalten und eine innere veränderte Sichtweise und Haltung zu erarbeiten. Wichtig ist einzig, dass die Gefühle eine stark positive Resonanz haben, und entsprechend sollen die Worte gewählt werden. Je stärker das positive Gefühl, desto stimmiger sind die Worte, desto eher ist das Gehirn bereit, neue Neuronenverbindungen zu knüpfen.

Alte Muss-Sätze des Erkenntnis-Ego-Typs	Neue Mantras/Affirmationen/Einsichten
„Ich mache schnell und handle perfekt" „Bleib niemals stehen"	Alles ist im Wandel, nichts hat Bestand Der Wandel passiert. Er passiert immer, auch ohne mich
„Nur was Kraft kostet, ist etwas wert"	Ich gehe mit dem Strom und werde an mein Ziel geführt, denn überall, wo ich bin, ist es richtig, sofern es sich in mir richtig anfühlt
„Schaffe etwas für die Zukunft"	Die Gegenwart schließt die Vergangenheit und die Zukunft ein; es existiert nichts außerhalb der Gegenwart. Alle Zeit ist in mir. Jetzt
„Ich zeige es den anderen, sie sollen meine Leistung sehen!"	Ich schaue nach innen, im Inneren liegt mein Selbst. Sehe und erkenne ich es, erkennen es auch die anderen im Außen

Alte Muss-Sätze des Erkenntnis-Ego-Typs	Neue Mantras/Affirmationen/Einsichten
„Ich will immer frei und unabhängig sein, über mich bestimmt niemand. Ich muss viel arbeiten und bin immer mit Tun beschäftigt, denn der Weg ist das Ziel"	Das Universum ist ein einziges Netz und wir sind durchdrungen von allem und stehen zu allem in Verbindung. Es gibt keine Trennung zwischen Wasser und allen Wellen. Das Wasser ist in allen Wellen gleichermaßen gegenwärtig und es ist auch keine Welle nasser als die andere „Warum sorgt ihr für Kleidung? Schaut die Lilien auf dem Felde, wie sich wachsen. Sie arbeiten nicht, sie spinnen nicht" (Matthäus, 6.28). „Wenn nicht der Herr das Haus baut, mühen sich umsonst die daran bauen, wenn nicht der Herr die Stadt behütet, wacht der Hüter umsonst. Umsonst ist es, dass ihr früh aufsteht und euch spät niedersetzt, dass ihr Brot der Mühsal esst. Der Herr gibt's den Seinen im Schlaf" (Psalm 127)

Sri Ramana Maharshi beschreibt den höchsten Zustand des Bewusstseins wie folgt:

„Es gibt weder Schöpfung noch Zerstörung, weder Schicksal noch Willensfreiheit; weder Weg noch Vollendung; dies ist die letzte Wahrheit" (Wilber, 2008, S. 271).

Das All-Einheits-Bewusstsein, wie dies Sri Ramana Maharshi beschreibt, ist schwierig zu verstehen. Gemeint ist, dass alles im Jetzt vorhanden ist und Vergangenheit und Zukunft darin zusammenfallen. Es gibt also keinen Weg zum Jetzt, es gibt nur den ewigen Augenblick des Jetzt, in dem alles, was ist, schon da ist und schon existiert. Die indischen Buddhisten schreiben im 36. von 50 Versen der Abhidharma: „Es gibt in Wahrheit kein Kommen, kein Gehen, kein Sein und kein Nichtsein." Ähnlich wie beim Gedankenexperiment des Physikers Erwin Schrödinger. Schrödingers Katze, die sowohl tot als auch lebendig ist, weil sich die Zustände überlagern, bis zu dem Zeitpunkt, an dem jemand sie beobachtet und die Möglichkeitswelle bricht. Es ist alles im gegenwärtigen Moment da. Die Blumen, die blühen, in ihnen ist schon das Verblühen angezeigt, eine Eichel enthält alle Informationen für einen Eichenbaum. „Wesen werden manifest, wenn die Bedingungen ausreichen. Reichen die Bedingungen nicht mehr aus, erscheinen sie nicht länger" (Vers 36 aus den Fünfzig Versen des Ursprungsbuddhismus, der Abhidharma, Thich Nhat Hanh). Für Erkenntnistypen, die stark in der

Zukunft denken und ständig am Planen sind, sind solche Bewusstseins-schulungen hilfreich. Sie lernen, was sie ja vom Typ her gerne tun, die Welt anders zu betrachten, ganzheitlicher, tiefer. Sie erkennen, dass die Dinge in der Natur sowieso geschehen, ohne dass jemand eingreift und handelt. Das wirkt beruhigend. Wer schon da ist und nicht ankommen muss, der kann sich ausruhen und die Dinge, die sind, eingehend betrachten. Natürlich geht es mir nicht darum, dass meine Klienten den ganzen Tag herumsitzen und sich nicht bewegen. Es geht um eine innere Haltung. Es geht darum, aus der Haltung des Seins, des Soseins zu handeln. Verdeutlichen kann ich das mit einem Spruch aus dem Sufismus: *„Absurd", sagte die Eintagsfliege, als sie das erste Mal das Wort Woche hörte.* Aus dem Verständnis des Seins heraus etwas tun, wirkt gelassener, zufriedener, freud- und gehaltvoller und kommt aus einer Tiefe, die positive Auswirkungen auf andere Menschen hat. Und noch weiter zur Auflockerung brauche ich auch hin und wieder Sätze wie diesen von Max Frisch (1979, S. 405): „Es ist nicht die Zeit für Ich-Geschichten. Und doch vollzieht sich das unendliche Leben oder verfehlt sich am einzelnen Ich, nirgends sonst."

Die tieferen Einsichten in die Welt sind für uns schwerlich mit dem Verstand erfassbar. Sie tauchen bei geübten Meditierenden auf. Sie sind in der Lage, den Verstand – also den unermüdlich denkenden Geist – zu beobachten und bei viel Übung vermögen sie, ihn still werden zu lassen. Ihn zu leeren und sich von ihm zu befreien. Diese Übung führt zur wahren Selbsterkenntnis und diese speichert sich in allen Zellen des Körpers als Information fühl-, spür- und erlebbar ab. Es ist ein Gefühl des inneren Friedens und der Stille. Diesen Zustand kann ich mit diesem Buch nicht beschreiben. Ich kann Sie, liebe Leserinnen und Leser, nur ermutigen, es auszuprobieren. Wer ganz im Sein, ganz im Jetzt präsent ist, den jetzigen Moment ganz und gar betrachtet und annimmt, keinen Widerstand leistet, kein Urteil bildet, der ist allgegenwärtig und im All-Einen ver-bunden oder man könnte sagen, er ist in Gott präsent. In dieser Geistes-haltung zu arbeiten, heißt, im Fluss des Lebens, in der Kraft der Natur oder in der Christuskraft zu sein. Auf diese Weise geschehen die richtigen Dinge wie von selbst, sie fallen leicht zu. Ich stelle mir vor, dass wir am Ende des Lebens und vielleicht auch schon früher erkennen können, dass in jeder Geschichte, in jedem Detail einer Begebenheit, in jedem Kontakt und in allen Dingen eine höhere Ordnung mit am Werk war. Der Schluss des Bibelpsalms 127 entfaltet sich so in seiner Bedeutung: „Der Herr gibt's den Seinen im Schlaf."

5.1.3 Bewusstsein und Ordnungsstrukturtyp: Überwinden des Selbstbildes „Position"

„Wieviel Eigentum an Grund und Boden brauchen Sie, um keine Angst zu haben vor der Zukunft? (Angabe in Quadratmetern.) Oder finden Sie, dass die Angst eher zunimmt mit der Größe des Grundeigentums?" (Frisch, 1979, S. 405)

Die *SonntagsZeitung* vom 7. März 2021 schreibt im Gesellschaftsteil folgenden Satz: „Haarschnitte sind wichtiger, als wir denken: Ohne Frisur hätten wir keine Persönlichkeit und eine Glatze bedeutet Verlust von Individualität" (S. 51). Wir werden durch die Medien darauf konditioniert, uns über Äußerlichkeiten zu definieren, was für die mit vollem Haarwuchs Glück und für Glatzköpfe halt Pech ist. Haare als Statussymbol – vor der Coronapandemie waren es eher Autos oder Markenkleidung. Wie wir schon durch diesen kurzen Text in einer Zeitung sehen, bedeuten Wegbrechen von Position und Status Verlust an Persönlichkeit. Dies ist für das Ordnungsstruktur-Ego gefährlich. Das signalisiert ihm Todesangst und leitet dazu an, zu kämpfen, die Position zurückzuholen oder irgendwo anders eine neue Position und neue Statussymbole zu erwerben. Seit über einem Jahr wird Homeoffice empfohlen und gerade Großkonzerne halten sich strikt daran. In diesen Unternehmen sind viele Führungskräfte vom Ordnungsstrukturtyp beschäftigt. Die Position als Führungskraft wurde ihnen zwar nicht aberkannt, doch die Ausübung ist derzeit schwierig. Wie führt man Leute, die im Homeoffice sind? Wie macht man sich als Chef bemerkbar? Wie werden Angestellte kontrolliert? Erst einmal wurden häufiger Onlinesitzungen abgehalten. Die Arbeitnehmer wurden vermehrt kontaktiert. Die Bewegungen der Computermaus jedes Mitarbeitenden wurden registriert und über einen zentralen Server überwacht. Doch auch das gab nicht mehr so richtig das Gefühl, eine Chefposition zu haben. Es erstaunt nicht, dass, sobald es möglich wurde, die Arbeitnehmer wieder physisch anwesend zu sein hatten. Kontrolle ist ein wichtiges Instrument zur inneren Sicherung des Ordnungsstrukturtyps. Er will wissen, wer welche Verantwortung trägt, wie diese wahrgenommen wird und, wenn Fehler passieren, wo genau sie entstanden sind. Das ist auf die Ferne etwas schwieriger zu beurteilen. Der Ordnungsstrukturtyp ist wohl auch derjenige der drei Typenmuster, der eine hohe Affinität zur Materie hat. Er unterstreicht seine Position mit materiellen Werten, die er sich erarbeitet hat: Autos, Uhren, Häuser, Kleider. Das heißt, er ist stark nach außen gerichtet und vergleicht sich ständig mit anderen Menschen. Wer hat mehr? Wer ist besser positioniert? Wer hat den höheren Status? Dieses Ego ist stark mit Konkurrenzdenken beschäftigt, mit Vergleichen und Werten. Seine Muss-Sätze lauten, wie in Kap. 2 beschrieben: „Ich muss immer stark, überlegen sein; recht haben; mich durchsetzen." Gelingt ihm dies aus irgendeinem Grund nicht mehr, weil er beispielsweise pensioniert, gekündigt, geschieden, Konkurs gegangen, heftig erkrankt und von Dritten abhängig geworden ist, dann beginnt für ihn der Weg durch ein dunkles Tal. Das Ordnungsstruktur-Ego gerät in Panik und Stresshormone werden in hohem Maße freigesetzt. Wie bei den anderen beiden Typen äußert sich dies mit Gereiztheit, Wut auf die Situation und Angst. Bei diesem Persönlichkeitstyp kommen insbesondere Ohnmachtsgefühl, starkes Entwertungsgefühl, Scham, Schuld, Misstrauen, Missgunst, Verfolgungswahn und Neid dazu. Letztere Gefühle sind bei ihm stärker ausgeprägt als bei den anderen beiden. Es sind Gefühle, die im Körper die Stressachse mobilisieren. Körperliche Symptome werden bei ihm weniger häufig berichtet. Das hängt nach meiner Erfahrung damit zusammen, dass er so stark auf das Äußere konzentriert ist, dass er seinen Körper eher weniger wahrnimmt. Physische Beschwerden werden oft erst im Akutfall bemerkt. Der Ordnungsstrukturtyp kommt – wie der soziale Typ – weniger gut allein zurecht, das hat jedoch einen anderen Grund. Er braucht sein Umfeld, das ihm seine Position bestätigt. Er braucht Feedback im Sinne von Bestätigung, dass er auf dem richtigen Weg ist, am richtigen Platz, und im System eine klare Ordnung ist. Er kommt gut damit zurecht, wenn von ihm keine Leistung gefordert wird, da ist er im Gegensatz zum Erkenntnistyp anders strukturiert. Weiterentwicklung, Lernen, Autonomie, das sind nicht seine grundsätzlichen Werte. Die gesprächsbegleitenden Maßnahmen, die ich hier empfehle, unterscheiden sich von denen der anderen beiden Persönlichkeitstypen nicht wesentlich. Beim Ordnungsstrukturtyp ist eine ärztliche Begleitung oft sinnvoll, weil er die körperlichen Symptome erst spät wahrnehmen kann. Das heißt, dass die Psychosomatik meist schon weit fortgeschritten ist, sodass eine Medikation indiziert ist. Im Gesprächssetting ist Vorsicht geboten. Auch hier gilt es, seine Position zu respektieren.

Der Ordnungsstrukturtyp reagiert empfindlich, wenn er Neuland betritt. Also ist es wichtig, seine Fähigkeiten zu aktivieren. Dinge, die schon vorhanden sind, aber mit den Jahren vergessen worden sind, zu beleuchten, aufzuzeigen, wie breit aufgestellt er ist. Wir erarbeiten zusammen die Ressourcen, die bereits vorhanden sind, und zeigen sein ganzes Spektrum auf. Zum Beispiel könnte es sein, dass er sich an sein Instrument erinnert, welches er schon lange nicht mehr gespielt hat, was ihm früher aber Freude bereitet hat. Tagebuchaufzeichnungen sind hilfreich. Der Betreffende soll besonders jene Ereignisse notieren, die nur mit ihm selbst zu tun haben, bei denen er nicht auf Lob von anderen angewiesen ist. Zum Beispiel könnte er Fotos betrachten, die er selbst gemacht hat und die seine Kreativität zeigen. Wir erarbeiten manchmal auch ein Vision Board, auf dem alle Lebensbereiche aufgeführt sind, um den Facettenreichtum seines Lebens aufzuzeigen. Diese reichert er jeweils mit Bildern an. Außerdem sollen Lebensträume, die nur im Betroffenen selbst vorhanden sind, auf dem Vision Board einen Platz bekommen. Es geht mir darum, dass auf spielerische Weise über bereits vorhandene Ressourcen diskutiert wird und diese bildlich dargestellt werden. Die materiellen Dinge und die Sicht nach außen sollen in den Hintergrund treten, um so der Innensicht mehr Raum zu verschaffen. Die Innenwelt des Ordnungsstrukturtyps soll bunter und seine Fantasie soll angeregt werden. Wird auf diese Weise das „Bei-sich-Sein" angenehm erlebt, können wir aufkeimende Gedanken und Gefühle ansehen. Und dann ist der Boden bereit, um die Muss-Sätze anzusehen und zu wandeln.

Alte Muss-Sätze des Ordnungsstruktur-Ego-Typs	Neue Mantras/Affirmationen/Einsichten
„Ich muss immer stark sein"	Ich bin, wie ich bin. Stark und schwach, beides ist in mir und es ist gut, wie ich bin. Meine Schwächen kann ich überwinden, sie sind meine guten Lehrer
„Ich muss immer recht haben"	Ich habe gute Absichten und bin nicht perfekt. Beide Anteile sind in mir und ich heiße sie willkommen
„Ich muss mich immer durchsetzen"	Was heute mir gehört, hat gestern einem anderen gehört und gehört morgen wiederum einem anderen
„Ich muss von allen respektiert werden"	Ich respektiere und achte mich. Ich bin es wert, hier zu sein, hier in diesem Körper, auf dieser Welt, dieses Recht habe ich mit meiner Geburt erhalten. Jeder von uns hat das. Dies alles ist unabhängig vom Respekt von anderen geschehen und besteht weiterhin unabhängig von ihnen

Alte Muss-Sätze des Ordnungsstruktur-Ego-Typs	Neue Mantras/Affirmationen/Einsichten
„Ich darf nie schuld sein" „Ich muss immer erfolgreich sein"	Ich bin weder mein Erfolg noch mein Versagen. Ich danke meinen Mitmenschen, die mich geschult haben, dass ich das bin, was ich heute bin, und nun gebe ich mein Wissen weiter, damit ich von mir sagen kann: „Ich habe mich redlich bemüht und ich bin für mich und auch für dich da. Wir teilen Erfolg und Misserfolg" „Wie schwer ist es für Menschen, die viel besitzen, in das Reich Gottes zu kommen. Eher geht ein Kamel durch ein Nadelöhr, als ein Reicher in das Reich Gottes gelangt" (Matthäus, 13.12)

Bhagavad Gita, 2:71 schreibt: „Jemand, der alle Wünsche nach Sinnbefriedigung aufgegeben hat, der frei von Wünschen ist, allen Anspruch auf Besitz aufgegeben hat und frei von falschem Ego ist – er allein kann wirklich Frieden erlangen."

Bei allen drei Typen, doch beim Ordnungsstruktur-Ego insbesondere, sind Demut, Bescheidenheit und Dankbarkeit die neu zu erwerbenden Gefühlszustände. „Wer demütig ist, ist bereit zu lernen, denn ihm ist klar, wieviel er nicht weiß. Daraus folgt, dass das größte Hindernis fürs Lernen darin besteht, sich als Alleswisser zu betrachten. Dieses falsche Selbstvertrauen wurzelt im Ego" (Shetty, 2020, S. 258). An einer anderen Stelle schreibt Shetty, 2020 in Anlehnung an Samaveda, einer der heiligen Texte des Hinduismus: „Der Stolz auf Reichtum vernichtet den Reichtum, der Stolz auf die Kraft vernichtet die Kraft, und auf gleiche Weise vernichtet der Stolz auf das Wissen das Wissen." In meinen Seminaren treffe ich immer wieder auf Teilnehmende, die mir in den Pausen sagen, sie hätten das alles schon gewusst, was in diesem Seminar geboten wird. „Das ist gut", meine ich dann, „ich schätze es sehr, von Experten zu lernen. Auch ich lerne bei meinen Seminaren von den Teilnehmenden stets was dazu, darum kann ich mich stets verbessern und euch allen immer mehr Wissen weitergeben. Ich bin jedem dankbar, der sein Wissen mit mir teilt". Ich ermutige denjenigen dann, sich zu beteiligen und sein Wissen mit uns zu teilen. Dabei ist Vorsicht geboten, da oft das „Ich weiß schon alles" ein Schutzschild ist. Würde ich zu sehr darauf bestehen, dass der- oder diejenige sich beteiligt, wäre es möglich, dass er oder sie sich demaskiert und ungeschützt fühlt. Ich möchte dem Betreffenden jedoch zeigen, auch Seminarleiterinnen lernen. Dies vor den Teilnehmenden unumwunden zuzugeben, ist auch ein Akt der Dankbarkeit und Wertschätzung an diese. Und es soll dazu anregen, dass jeder von jedem lernen kann, ohne sich deswegen schlecht zu fühlen. Es zeigt auch die Dankbarkeit, die ich gegenüber den Teilnehmenden habe, dass auch sie meine Lehrer und Lehrerinnen sind, die mich bis hierin gebracht haben, dass ich das Seminar so gestalten kann, wie ich das tue. Außerdem haben mich noch ganz viele andere Menschen dahin gebracht. Ich habe das Wissen irgendwann erhalten, von Menschen, Zeitungsartikeln, Interviews und Büchern, und gebe nun das Wissen weiter. Lehrende und Lernende bilden die Lehre.

„Wir sind, wer wir sind, wenn uns niemand beobachtet" (Shetty, 2020, S. 260). Dann, wenn uns niemand Lob, Anerkennung und Bestätigung gibt. Das Ego möchte nicht besser werden, sondern nur besser wirken. Besonders anfällig für das im Außen besser Wirken ist das Ordnungsstruktur-Ego. Es will andere von seiner Unfehlbarkeit überzeugen, es setzt andere Menschen herab, um sich selbst besser darzustellen, es stellt Rangordnungen auf aufgrund von körperlichen Eigenschaften, Ausbildung, Vermögen, ethnischer Herkunft, Kleidern, beruflicher Stellung und gemäß *SonntagsZeitung* auch aufgrund des Haarschnitts. Doch im Grunde ist allen ein Gedanke gemeinsam: Wir wollen Zufriedenheit, Glück und wir wollen Leid verhindern. Das Ego, das ständig nach Recht, Rang, Sieg und Großartigkeit strebt, läuft auf dünnem Eis. Es will immer mehr, braucht immer mehr und erträgt immer weniger Kritik und Widerstand. Dies behindert nicht nur das innere Wachstum, es behindert die Suche nach dem „wahren Selbst". Nach dem stabilen Selbst, welches hinter einem stets anwachsenden Ego immer kleiner zu werden scheint. Es ist leicht einsehbar, dass dieses Ego stets im Stress ist, sich zu behaupten, um Anerkennung und Respekt zu kämpfen. Wie viel bedeutet Glück, weil uns aufgrund von Status und Ehre Respekt gezollt wird? Wie lange dauert es an? Die Einsicht, dass alles nur Leihgabe ist, scheint mir wichtig. Was heute mir gehört, gehörte gestern einem anderen und wird morgen wieder einem anderen gehören. Am Schloss Werdenberg, in einem kleinen Örtchen von rund 40 Häusern im Kanton St. Gallen, steht in einem althochdeutschen Schriftzug an der Mauer ein Satz, der wohl auch aus dem 13. Jahrhundert stammt: „Dis hus ist min und doch nit min, wer vorher da, s'was auch nit sin. Wer nach mir kunt muoss auch hinus; sag lieber fründ wem ist dis hus?" Wenn wir uns dies vergegenwärtigen, macht uns das gelassener gegenüber Besitztum, Position, Anerkennung und Großartigkeit. Wir können denjenigen Menschen, die uns zu unserem Besitz verholfen haben, dankbar sein. Dankbarkeit ist ein hoch schwingendes Gefühl, wie Mitgefühl und Freude. Mit solchen Einsichten erkennen wir, wie der Geist arbeitet, um sein Ego aufrechtzuerhalten. Wir können langsam und stetig dem Ego seine Kraft entziehen und durch Aktivierung dieser hoch schwingenden Gefühle das „wahre Selbst" stärken. Auf diese Weise tasten wir uns zu unserer eigentlichen Natur vor. Dieses Selbst ist und bleibt auch in Zeiten von Umbrüchen und Unsicherheiten stabil.

5.1.4 Ein stabiles Selbst in unterschiedlichen Hüllen?

Wie wir nach all diesen Erkenntnissen sehen, ist das stabile Selbst bei allen Typologien dasselbe. Es ist dasselbe Selbst-Verständnis, welches wir alle haben. Wir unterscheiden uns nicht, wir sind alle miteinander verbunden und alles ist Natur. Wir sind aus der Natur hervorgegangen und kehren irgendwann zu ihr zurück. In unserer westlichen Welt ist dieser Gedanke nicht selbstverständlich. Wir sehen unseren Körper meist als Instrument des Kopfes an. Ein „Ich", welches im Kopf sitzt und auf einem Schaltbrett Hebel betätigt, um den Körper willkürlich zu steuern. Dieses „Ich" wird als mit dem Körper nicht identisch wahrgenommen. Alan Watts verdeutlicht diese westliche Ansicht, dass unser Kopf, der steuert und denkt, weder mit unserem Körper noch mit der Natur insgesamt verbunden ist, an Fragen von Kindern, die bereits durch diese kulturelle Ansicht beeinflusst sind. Sie stellen zum Beispiel die Frage: „Mami, wer wäre ich eigentlich, wenn ich euch nicht als Eltern hätte oder mein Vater ein anderer wäre?" Das Kind hat die Vorstellung, dass sein Vater und seine Mutter ihm einen Körper gegeben haben, in den es „zu einem bestimmten Zeitpunkt hineingesteckt wurde" (Watts, 2008, S. 20). Die Außenwelt ist fremd, weil die Außenwelt nicht „ich" bin und sie von mir getrennt ist. „Unser gesamtes Denken ist davon geprägt, dass wir eigentlich eine Seele, eine Art spiritueller Essenz sind, die in einem Körper eingesperrt ist. Wir schauen in eine Welt hinaus, die uns fremd ist" (Watts, 2008, S. 20). Die Frage des Kindes wäre aber mit „Doch, natürlich!" zu beantworten. Es gäbe das Kind vielleicht in einer anderen Hülle, mit einem anderen Namen, aber dessen Wesensnatur ist und bleibt dieselbe.

Haben wir dies verstanden und verinnerlicht, dann kann jeder zum Schluss getrost sagen, „Ich weiß nicht, wer ich bin!", aber wir werkeln fröhlich weiter. Auch wenn ich es nicht weiß, bringe ich getrost dieses Buch zu Ende. Wir leben unsere unterschiedlichen Persönlichkeitseigenschaften weiter, auch nachdem wir ein stabiles Selbst erarbeitet haben. Wir werden immer noch eher mehr Freude an Leistung als an Position haben oder umgekehrt und wir brauchen immer noch die Zugehörigkeit zu Freunden und anderen sozialen Systemen. Der wesentliche Unterschied zu vorher ist, dass wir daran nicht mehr anhaften. Es geht von unseren Verhaltensweisen eine Gelassenheit und eine innere Zufriedenheit aus, die nicht beschrieben werden kann. Wir fühlen das. Wir merken, ob einer gerade sein Ego zufriedenstellen muss, weil er sonst in eine Existenzkrise gerät, oder ob er diese Verhaltensweise einfach so aus freien Stücken zeigt, vielleicht, weil es ihm Spaß bereitet. Wir merken es besonders auch daran, dass er uns in einer wertfreien Haltung begegnet. Von solchen Menschen geht eine ruhige, fokussierte, zentrierte Kraft aus. Auch sie sind nicht vor Krisen gefeit, auch sie werden nicht davor bewahrt, das Leiden nochmals so richtig kennenzulernen. Doch – wie Niklaus Brantschen zu sagen pflegt – „wir zappeln deswegen nicht wie ein Fisch an der Angel"! Es gibt etwas in uns, eine Tiefe, die den See sich nur an der Oberfläche kräuseln und ihn in der Tiefe ruhig bleiben lässt.

5.2 Abschließende Bemerkungen

„Es geht um deine eigene Art, ja auch deine Eigenartigkeit, und manchmal sogar darum, dass du nur noch eigen und gar nicht mehr artig bist …"
(Marcel Steiner, 2018, S. 88)

Es gibt zahlreiche Bücher zu Achtsamkeitstrainings und zum Überwinden des Egos – und der damit verbundenen Schattenarbeit. Von der alten Stoa und dem Christentum über den Hinduismus, Buddhismus bis zu neueren Büchern von praktizierenden und ehemaligen Zenmönchen und neuen Anhängern der Weisheiten der Stoiker. In der psychologischen Arbeit war bislang die Thematisierung der Spiritualität regelrecht verpönt. Neuerdings flackern scheu da und dort spirituelle Ansichten auch im therapeutischen Kontext auf. Natürlich wollen wir als Psychologen nicht in die verpönte „Esoterikecke" gedrängt werden, weil sie als unseriös, nicht wissenschaftlich, versponnen, als teures Geschäft mit dem Glück, Weissagungen und Wundern oder sogar als sektiererisch gilt und bei vielen Menschen deshalb auf Ablehnung stößt. Ich habe mich bemüht, nebst den psychologischen Methoden der Leserin und dem Leser die Spiritualität als wichtige Ressource für unser psychisches Wohlbefinden näherzubringen. Wie wir gesehen haben, wirkt sich das mit allem Verbunden-Sein in der Meditation auch positiv auf den Körper aus.

Wissenschaftliche Belege gibt es genug. Ich nehme in diesem Buch Abstand davon, die Ego-Ebene als negativ zu betrachten. Mir ist es ein Anliegen, dass der interessierte Leser bemerkt, wann er die Ego-Ebene betritt, wie diese funktioniert, was sie in ihm auslöst und wie er mit ihr umgehen kann. Er soll diese Ebene besser kennenlernen, damit er auch erkennt, wie bei anderen Menschen die Ego-Ebene funktioniert und wie er besser mit den unterschiedlichen Bedürfnissen der unterschiedlichsten Ego-Typen zurechtkommt. Dies hilft ihm in Konfliktsituationen, Krisen und in anderen misslichen Situationen, sich eine Ordnung zu schaffen, in der er sich zurechtfindet. So kann er seine Ängste bis zu einem guten Teil reduzieren. Bislang blieb ich in meiner Praxis auf dieser Ebene stehen, was über ein Jahrzehnt ganz gut funktioniert hat. Eine gute Stabilität kann sogar in schwierigen Situationen mit der Erkenntnis über die drei Persönlichkeitstypen erreicht werden. Diese Bewusstheit bringt schon sehr viel Ruhe und Zufriedenheit mit sich. Mit steigender Erfahrung als Psychologin stieß ich jedoch vermehrt immer wieder an Grenzen. Klientinnen, Klienten regten mich zum Weiterdenken an. Sie wollten mehr wissen, sie ärgerten sich teilweise, dass sie sich nach dem Ego-Typ ihres Chefs richten sollten, während er es sich in seinem Ego bequem eingerichtet hatte. Sie suchten nach anderen Lösungen. Ich praktizierte damals schon über vier Jahre täglich die Zenmeditation. Weil ich auch einen engen Kontakt zum Lassalle-Haus hatte und mich hin und wieder mit dem Schweizer Jesuiten und Zenmeister der White-Plum-Sangha-Linie, Niklaus Brantschen, und anderen Zehnlehrern unterhielt, gewann ich eine tiefere Einsicht in die Natur des Seins. An dieser Stelle mache ich klar, dass ich mein Ego nicht überwunden habe und mich auch nicht als erleuchtet bezeichnen würde, was immer man unter Erleuchtung verstehen mag. Und doch lernte ich, meine Emotionen zu erkennen, sie zu beobachten und sie auszuhalten, ohne danach zu handeln. Ich lernte, wie mein Geist funktioniert, und erkannte, wie unruhig er ist. Das ist schon viel. Meine Schlafqualität hat sich seither stark verbessert und meine emotionale Stabilität ist auch in Krisenzeiten um einiges stärker als vor meinen Meditationserfahrungen. Ich gebe also sowohl in meinen Coachingstunden wie auch in diesem Buch vorwiegend die Methoden weiter, die ich selbst ausprobiert und für nützlich befunden habe. Einige Klienten übten zum Beispiel die in diesem Buch aufgeführten Mantras nur deswegen konsequent, weil sie mir zeigen wollten, dass sie nicht funktionieren … Und falls diese wider Erwarten doch helfen würden, wäre das ein erwünschter Nebeneffekt, wie sie meinten. Meine Klienten, die mit ihren persönlichen Affirmationssätzen eingehend gearbeitet haben und zusätzlich täglich zwanzig Minuten meditierten, konnten eine grundlegende Veränderung in ihrer emotionalen Stabilität feststellen. Sie fühlten sich freier, zufriedener, glücklicher und ausgeglichener. Also ist der gewünschte Nebeneffekt tatsächlich eingetreten! Doch Vorsicht: Die Arbeit wird als hart bezeichnet. Die Entschlossenheit muss klar, Ausdauer und Disziplin müssen hoch und konstant sein. Allerdings erlernen wir eine neue Sportart auch nicht an einem Tag. Es ist dasselbe, das Gehirn verhält sich wie ein Muskel, es muss stets trainiert werden und in unserem Fall umtrainiert werden. Und das wird nicht aufhören, wir werden uns in dieser Disziplin „des zu beobachtenden Geistes" ein Leben lang üben müssen. Meditation ist Lebensschulung und damit wird sich auch der Lebensstil etwas verändern. Denn die meditativen oder achtsamen Methoden sollten im Alltag ihren Platz erhalten, wie das Zähneputzen. Ich persönlich meine, es lohnt sich. Ich kann jedoch auch gut verstehen, wenn der Leser oder die Leserin sich dazu entscheidet, sich auf der Ebene der Bewusstheit einzurichten. Das ist in Ordnung. Die meisten von uns wissen nicht, welche Ängste uns begleiten, sie spüren die latent vorhandene Angst oder aufkeimende Wut oder Trauer nicht. Wenn sie also die Ebene der Bewusstheit beschritten haben, dann wissen sie schon sehr viel, um sich zu stabilisieren und Stress- und Konfliktsituationen gut zu meistern. Wir ändern unsere Ansichten oft erst in einer Krise und dann sind wir vielleicht dazu gezwungen, uns mit solchen Fragen, wie sie das Buch aufwirft und behandelt, auseinanderzusetzen. Ich freue mich, wenn dieses Buch für Sie als Leserin und Leser eine Anregung gegeben hat, die Welt mit anderen Augen zu betrachten. Oder vielleicht haben Sie auf der Energiewelle aller Möglichkeiten entdeckt, dass sie die Teilchenwelle an einem anderen – für sie günstigeren – Ort brechen und materialisieren lassen könnten als bisher. Vielleicht habe ich auch etwas an ihrem Weltbild rütteln können, sodass neue Gedanken und Ansichten Raum erhalten. Und wie Sie aus diesem Buch erfahren haben: Je mehr Menschen ihr Bewusstsein schulen und zu Themen wie Mitgefühl, Freude, Friede und Liebe meditieren, desto mehr Menschen werden durch diese höher schwingenden Gefühle angezogen und beeinflusst. Ich wünsche Ihnen auf dieser Reise alles Gute!

Beispiel

Zentral finde ich für dieses Buch den bereits andernorts erwähnten Satz von Insa Sparrer, *Einführung in die Lösungsfokussierung und Systemische Strukturaufstellung* (2017), den ich an dieser Stelle nochmals abschließend zitiere:

„Sowohl die Metapher der Trennung als auch die Metapher der Verbindung sind nützlich dafür, unterschiedliche Erfahrungen nachvollziehen zu können. Ich möchte daher anregen, in diesem Sinne beidäugig in die Welt zu blicken, so dass wir in Bezug auf Trennung und Verbindung ein „mehrdimensionales" Bild erhalten – in Analogie zu Viktor Frankls Anwendung der Metapher des „beidäugigen Sehens" als Paradoxienlösung, bei der die widersprüchlichen nichträumlichen Bilder (der beiden Augen für sich genommen) vom Gehirn zu einem konsistenten Bild mit einer neuen Dimension, der räumlichen Tiefenwahrnehmung, verrechnet werden" (S. 79).

» „So sehr wir uns beim Meditieren in der Gruppe auf ähnliche Weise hinsetzen und dieselbe Übung des Nicht-Denkens vollziehen, so sehr entwickeln wir uns doch nicht in eine Unterschiede negierende Gleichheit hinein, sondern vielmehr in unsere eigene Einzigartigkeit. Ebenso werden wir auch nicht gleichgültig, sondern vielmehr gleichmütig. Du wirst DU, wirst ermächtigt und ermutigt, das zu leben, was kein anderer Mensch für dich leben kann. Gib darum alles Vergleichen mit andern auf! Es geht nicht um besser oder schlechter, sondern einzig darum, dass sich durch dich die Einzigartigkeit des Lebens ausdrücken kann. Gib dem Leben also heute eine Chance, durch dich hindurch zu leben, durch dich deine Einzigartigkeit und Einmaligkeit zum Ausdruck zu bringen, indem du es durch dich hindurch fliessen lässt … Atemzug um Atemzug… Sei du selbst, alle anderen gibt es schon!" (Marcel Steiner, 2018, S. 89)

» Und das allerletzte Geheimnis, es bleibt uns verborgen. Es ergründet sich uns erst, wenn wir die Schwelle von Raum und Zeit definitiv überschritten haben. Doch solange wir zu unserem Sein – zum jetzigen Moment – aus ganzem Herzen und im Vertrauen – auf eine sich eben gerade erfüllende natürliche Ordnung – ein „JA" zurufen, erschließt sich in uns ein friedvolles Universum wie von selbst. (Ruth Enzler, im Juli 2021)

Anhang

Kurzprofile der Interviewpersonen

Monisha Kaltenborn (*1971)

Nach der Übernahme der Sauber Motorsport AG durch die Investment-gesellschaft Longbow Finance Mitte 2016 schied Firmengründer und Monisha Kaltenborns Mentor Peter Sauber aus dem Unternehmen aus. Die Juristin Kaltenborn selbst blieb Teamchefin der Formel 1, hat aber ihren Firmenanteil abgegeben. Sie verließ 2017 das Unternehmen ebenfalls. Seit 2018 ist Monisha Kaltenborn CEO des Simracing-Unternehmens „Racing Unleashed". Ähnlich wie in der Formel 1 werden Rennen auf Simulatoren veranstaltet. Es handelt sich um eine Nische zwischen dem realen Rennsport und Simracing.

Eric Sarasin (*1958)

Nach seinem Rücktritt als stellvertretender CEO und Mitglied der Geschäfts-leitung der Bank J. Safra Sarasin (2014) und einer kurzen Auszeit ist Eric Sarasin als mehrfacher Verwaltungsrat aktiv, engagiert sich als Unternehmer vor allem in den Bereichen Digitalisierung und Umwelt, berät größere Familien in Finanzfragen und teilt seine Erfahrung als Stiftungsrat oder Präsident diverser philanthropischer Organisationen im In- und Ausland.

Rolf Soiron (*1945)

Er war einer der wichtigsten Wirtschaftsführer der Schweiz und hatte mehrere langjährige Verwaltungsratsmandate und Präsidien bei Holcim, Chemie- und Pharmakonzern Lonza, Biocare, Avenir Suisse, economiesuisse.

R. Enzler, *Sicher in unsicheren Zeiten*, https://doi.org/10.1007/978-3-662-63986-3

Präsident des Unirates Basel und Mitglied des Internationalen Komitees vom Roten Kreuz (IKRK). Seit ein paar wenigen Jahren lebt er zurückgezogen in Basel.

Konrad Hummler (*1953)

Nach dem Verkauf der Wegelin & Co. Privatbank Anfang 2012 setzt Konrad Hummler einige seiner vorher schon eingegangenen nebenberuflichen Engagements fort und lancierte neue: Unter anderem führt er die Beratungsgesellschaft M 1 AG, einen privaten Thinktank für strategische Zeitfragen. Er präsidiert seit 2021 den neu unter der Leitung von Markus Somm stehenden „Nebelspalter" und ist als Stiftungsratspräsident für das Finanzielle und Betriebliche der J.S. Bach-Stiftung zuständig. Des Weiteren betreibt er ein kleines, aber feines Gasthaus im Appenzellerland.

Franziska Tschudi Sauber (*1959)

Sie ist Rechtsanwältin und seit 2001 CEO und Delegierte des Verwaltungsrates des Familienunternehmens Weidmann AG (früher Wicor Gruppe). Verwaltungsrätin bei mehreren Firmen wie Swiss Life und Biomed sowie im Vorstand von Economiesuisse und Swissmem und Mitglied des regionalen Wirtschaftsbeirates Ostschweiz bei der Schweizerischen Nationalbank.

Fragebogen – Selbsttest: Welcher Persönlichkeitstyp bin ich?

Kreuzen Sie jene Antwort an, die Ihnen spontan am zutreffendsten erscheint. Bitte jeweils nur **eine** Antwort ankreuzen. Merken Sie sich diejenigen Fragen, in denen Sie Entscheidungsschwierigkeiten haben, es könnte ein Hinweis auf ein zweites Muster sein, das Sie ebenfalls in sich tragen.

Frage 1

Was macht Ihnen am meisten Freude?

1. ❑ Jeden Tag Neues lernen
2. ❑ Mit Menschen zusammen sein
3. ❑ Sich durchsetzen, recht haben

Frage 2

Was stresst Sie am meisten?

1. ❑ Einschränkung des Handlungsspielraums im Sinne einer Beeinträchtigung der persönlichen Weiterentwicklung
2. ❑ Zwischenmenschliche Konflikte
3. ❑ Unkontrollierbare und unklare Situationen

Frage 3
Was stresst Sie am meisten bei der Arbeit?

1. ❑ Zeitdruck, das heißt, das Gefühl zu haben, komplexe Themen nicht in Ruhe durchdenken zu können, bevor zu handeln ist
2. ❑ Sich gegen andere durchsetzen müssen; Entlassungen aussprechen
3. ❑ Menschen, die mir widersprechen

Frage 4
Was ist für Sie am ehesten eine Belohnung?

1. ❑ Ein spannendes und vielfältiges Leben
2. ❑ Das Gefühl, in Harmonie mit meinen Mitmenschen zu sein
3. ❑ Viel Geld und gesellschaftlichen Status haben

Frage 5
Welche Strategie bevorzugen Sie für die Bewältigung von Konfliktsituationen?

1. ❑ Ich gehe sie direkt an und versuche, eine Lösung herbeizuführen
2. ❑ Ich tausche mich mit Freunden und/oder der Familie aus, um mir Klarheit zu verschaffen
3. ❑ Ich wechsle das Thema und stelle ein anderes in den Vordergrund, welches für mich vorteilhafter ist

Frage 6
Wie wichtig ist Ihnen, eine gute Position in der Gesellschaft zu haben?

1. ❑ Wichtig
2. ❑ Gar nicht wichtig
3. ❑ Sehr wichtig

Frage 7
Haben Sie Ihre Karriere konsequent geplant?

1. ❑ Eher nicht; ich habe keine geradlinige Karriere gemacht
2. ❑ Nein, Karriere ist mir nicht wichtig
3. ❑ Ja, auf jeden Fall

Frage 8
Welches Lebensprinzip steht Ihnen am nächsten?

1. ❑ Gestalten, entwickeln, Neues kreieren
2. ❑ Vertrauen und Liebe leben
3. ❑ Einfluss haben und ein System lenken

Frage 9
Wie gehen Sie mit Routinearbeit um?

1. ❑ Wenn ich zu viel davon habe, sehe ich mich nach einer neuen Stelle um
2. ❑ Wenn die Arbeitsatmosphäre stimmt, nehme ich sie in Kauf
3. ❑ Wenn diese Arbeit der Karriere dient, gehört sie dazu und wird, wie alles andere auch, erledigt

Frage 10
Was gibt Ihnen am meisten Energie?

1. ❑ Ich beschäftige mich mit verschiedenen interessanten Aufgaben und Projekten
2. ❑ Das private Umfeld, Familie
3. ❑ Äußeres Ansehen, Stellung in der Gesellschaft

Frage 11
Trennen Sie Arbeit und Freizeit?

1. ❑ Die Aufteilung von Arbeit und Freizeit erachte ich als künstlich. Ich sehe das Leben als ein Ganzes, wo alles ineinanderfließt.
2. ❑ Ja, ich versuche, so gut es geht, Beruf und Freizeit zu trennen
3. ❑ Nein, ich fühle mich da, wo ich etwas beeinflussen kann, am wohlsten. Das kann beruflich oder privat sein

Frage 12
Inwiefern bedeutet Zeitdruck bei der Arbeit für Sie Stress?

1. ❑ Zeitdruck stresst insofern, als dass gehandelt werden muss, ohne vorher ausreichend nachdenken zu können. Die Dinge können nicht mehr fundiert angegangen werden
2. ❑ Zeitdruck stresst insofern, weil ich dadurch weniger Zeit für mein soziales Umfeld habe

3. ❏ Zeitdruck verleiht mir Flügel, denn wichtige Leute stehen unter Zeitdruck

Frage 13
Was bedeutet es Ihnen, eine Familie zu haben?

1. ❏ Es ist mir nicht wichtig, ob jemand biologisch mit mir verwandt ist. Eine Familie zu haben, bedeutet für mich vor allem, dass Menschen freiwillig in eine enge Beziehung zu mir treten wollen und mich mit ihrem Wissen bereichern, wir also in engem Austausch stehen
2. ❏ Sie unterstützt mich in meinen Vorhaben emotional und praktisch. Ich finde es schön, eigene Kinder zu haben und sie aufwachsen zu sehen
3. ❏ Sie gibt mir Struktur und bringt Ordnung in mein Privatleben. Es ist befriedigend für mich, eigene Kinder zu haben, die mein Erbe und Erbgut weitertragen

Frage 14
Wie erleben Sie Konkurrenz?

1. ❏ Ich lerne von jedem gerne, der mehr oder anderes weiß als ich
2. ❏ Solange eine gute Zusammenarbeit möglich ist, interessiert mich dieses Thema nicht
3. ❏ Als eine Herausforderung, gegen die es anzutreten und zu gewinnen gilt

Frage 15
Welcher Satz stimmt für Sie am ehesten?

1. ❏ Ich will so viel Welt wie möglich in mein Leben hereinholen
2. ❏ Die Welt geht nicht unter, wenn ich am Ostersonntag nicht in die E-Mails schaue
3. ❏ Choose the battle you want to win

Frage 16
Welcher Satz stimmt für Sie am ehesten?

1. ❏ Das Leben ist zu kurz, um irgendetwas Langweiliges zu machen
2. ❏ Ich nehme jeden Menschen unabhängig von seiner Kultur ernst und schenke ihm mein Vertrauen
3. ❏ Ich will am Schluss meines Lebens eine Art Bauwerk errichtet haben. Es soll etwas Nachhaltiges sein, das meinen Stempel trägt

Frage 17
Würden Sie in bestimmten Situationen einen Coach aufsuchen?

1. ❑ Nur, wenn ich dort etwas lernen könnte
2. ❑ Ja, kann ich mir gut vorstellen
3. ❑ Nein, das kann ich mir nicht vorstellen

Frage 18
Welcher Begriff charakterisiert Sie am ehesten?

1. ❑ Pionier („Gestalter")
2. ❑ Vertrauter („Integrationsfigur")
3. ❑ Macher („Systemregulierer")

Frage 19
Welche Aussage trifft am ehesten auf Sie zu?

1. ❑ Menschen, die ständig von alten Zeiten reden, sind mir ein Gräuel. Ich vermeide Leute, die nicht nach vorne sehen und keine Perspektiven haben
2. ❑ Ich will mich zugehörig zu einer Gruppe fühlen und vermeide tief greifende zwischenmenschliche Konflikte
3. ❑ Ich will mich auszeichnen und kämpfe dagegen an, zu den Durchschnittsmenschen zu gehören

Frage 20
Welche Aussage trifft am ehesten auf Sie zu?

1. ❑ Ich kann sehr lebendig erzählen und habe auch ein gewisses schauspielerisches Talent
2. ❑ Ich zeige selten, wenn mich jemand ärgert. Ich bin eher der Typ, der sich um Harmonie und Ausgleich bemüht
3. ❑ Ich habe ein großes Organisationstalent. Komme ich in eine Gruppe, so führe ich rasch einheitliche Abläufe und Strukturen ein

Frage 21
Welche Aussage trifft am ehesten auf Sie zu?

1. ❑ Ich habe Angst, dass ich im Leben irgendwann an einen Punkt komme, an dem kein Fortschritt, keine Entwicklung mehr möglich sind

2. ❏ Ich habe Angst, dass mich meine Gruppe, zu der ich mich zugehörig fühlen will, ausschließt
3. ❏ Ich habe Angst, im Sumpf der gewöhnlichen Menschenmasse unterzugehen, nicht als jemand Besonderer bemerkt und anerkannt zu werden und so vergessen und/oder vernachlässigt zu werden

Frage 22
Geraten Sie in einen Konflikt dann …?

1. ❏ … trage ich ihn auf der Sachebene aus und suche rasch nach vernünftigen Lösungen
2. ❏ … versuche ich zu schlichten oder ihn zu negieren
3. ❏ … werde ich rasch wütend, lenke vom Thema ab und sehe zu, dass ich recht behalte

Frage 23
Welche Aussage trifft am ehesten auf Sie zu?

1. ❏ Ich langweile mich beim Zuhören schnell und bin nur dann ganz Ohr, wenn mich das Thema begeistert und ich etwas lernen oder einen substanziellen Beitrag leisten kann
2. ❏ Ich rede gerne und verwickle meine Gegenüber in längere Gespräche
3. ❏ Ich rede gerne über Themen, von denen ich mehr weiß als andere

Frage 24
Welche Aussage trifft am ehesten auf Sie zu?

1. ❏ „Mach schnell und sei perfekt!"
2. ❏ „Sei für alle da und hilf!"
3. ❏ „Behalte die Kontrolle über andere!"

Frage 25
Welche Aussage trifft am ehesten auf Sie zu?

1. ❏ „Gehe vorwärts und bleib nicht stehen!"
2. ❏ „Sei kein Egoist!"
3. ❏ „Sei nie schuld!"

Frage 26
Was ist am ehesten Ihr persönliches Lernfeld?

1. ❏ Mich in innerer Gelassenheit üben
2. ❏ Konflikte aushalten
3. ❏ In mich und meine Fähigkeiten vertrauen

Frage 27
Welches sind am ehesten Ihre Stolpersteine im Leben?

1. ❏ Andere mit meinem Tempo zu überrollen
2. ❏ Meine eigenen Bedürfnisse nicht zu erkennen und ernst zu nehmen
3. ❏ Meine Abhängigkeit von positiven Fremdbildern

Frage 28
Ich kann besonders gut …

1. ❏ … nein sagen und meine Bedürfnisse formulieren
2. ❏ … mich in andere hineinversetzen
3. ❏ … recht bekommen

Frage 29
Ich möchte am ehesten, dass Leute …

1. ❏ … mich für zuverlässig und leistungsstark halten
2. ❏ … mir das Gefühl geben, zu ihnen zu gehören
3. ❏ … mir das Gefühl geben, mich zu respektieren und meine Regeln einzuhalten

Frage 30
Ich möchte, dass mich Leute keinesfalls …

1. ❏ … einengen und mir Vorschriften machen
2. ❏ … ablehnen und mich nicht nützlich finden
3. ❏ … kritisieren und mir zu nahe treten

Frage 31
Welcher Begriff spricht Sie am meisten an?

1. ❏ Erkenntnis
2. ❏ Vertrauen

3. ❑ Verantwortung

Frage 32
Während der Pandemie Covid19 bereitete Ihnen am meisten Schwierigkeiten

1. ❑ Einschränkung der Bewegungsfreiheit
2. ❑ Einschränkung der Sozialkontakte
3. ❑ Unsicherheit der geltenden Normen

Frage 33
Während des harten Lockdowns habe ich ...

1. ❑ ... neue Einsichten zum Wert „Leistung/Tätigsein" gewonnen
2. ❑ ... neue Sozialkontakte in der näheren Umgebung geknüpft
3. ❑ ... meine Positionierung in Beruf/privaten Umfeld neu definiert

Frage 34
Das Homeoffice war für mich ...

1. ❑ ... gut, weil ich meinen Tag selbst einteilen konnte
2. ❑ ... schwierig, weil ich meine Arbeitskolleginnen und -kollegen vermisste
3. ❑ ... schwierig, weil ich Schwierigkeiten hatte, mich selbst und allenfalls auch andere zu strukturieren

Frage 35
Die Maskenpflicht war für mich ...

1. ❑ ... schwierig, weil alle Menschen über einen Leisten geschlagen wurden und sie die Eigenverantwortlichkeit nicht berücksichtigte
2. ❑ ... gut, weil sie einen unabdingbaren Schutz für die Gesellschaft bot
3. ❑ ... schwierig, weil ganz klare Regeln fehlten und Regelverstöße nicht transparent geregelt waren

Auswertung

Zählen Sie die Kreuze bei 1, 2 und 3 getrennt zusammen. Wievielmal haben Sie die 1, 2 oder 3 angekreuzt? Sie können die Zahl in die Kreise in Abb. A.1 schreiben und sehen, welchen Typ sie am häufigsten angekreuzt haben. Die meisten Menschen gehören einem oder höchstens zwei Grundtypen an. Die Beziehung der Typen ist im Typendreieck/Wertemodell dargestellt (Abb. A.2).

Typendreieck/Wertemodell

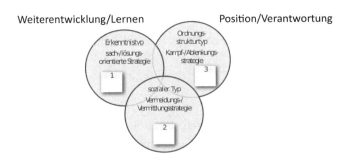

Abb. A.1 Fragebogenauswertung des Persönlichkeitstyps

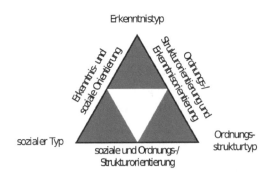

Abb. A.2 Typendreieck/Wertemodell in Form eines Sierpinski-Dreiecks

Adressen und Links

Autorin:
http://www.psylance.ch
    Berufsverband für Supervision, Organisationsberatung und Coaching (BSO): http://www.bso.ch

Meditationsangebote:
http://www.casadasaguascalmas.com/pt/
    Lassalle-Haus (http://www.lassalle-haus.org)
    Dr. Joe Dispenza – Der spirituelle Lehrer für Veränderung und Meditation
    Mindfulness Meditation – Guided Mindfulness Meditation Practices with Jon Kabat-Zinn (http://www.mindfulnesscds.com)
    MBSR|MBSR-Verband Schweiz (http://www.mindfulness.swiss)
    https://www.euro-naturheilkunde.de/fachausbildungen/fachausbildungen-m-z/muskelrelaxion-nach-jakobsen/

Systemische Strukturaufstellungen:
Matthias Varga von Kibéd|SySt Institut®

Literatur

Antonovsky, A. (1979). *Health, stress and coping.* Jossey-Bass.

Aurel, M. (2016). *Meditationen. Selbstbetrachtungen.* Übersetzt von F.C. Schneider & K.-M. Guth (Hrsg.), Hofenberg Sonderausgabe (S. 170–178). Contumax GmbH & Co (Erstveröffentlichung 1875).

Beck, K., & Widmer, W. (2020). *Corona in der Schweiz. Plädoyer für eine evidenzbasierte Pandemie-Politik.* Edubooks.

Bock-Möbus, I. (2010). *Qigong meets Quantenphysik. Das Prinzip Einheit erleben.* Windpferd.

Brantschen, N. (2016). *Stille. Orientierung in einer lauten Welt.* Herder.

Brantschen, N. (2017). *Zwischen den Welten daheim. Brückenbauer zwischen Zen und Christentum.* Patmos.

Brantschen, N. (2018). *„Ich habe zu wenig geflucht". Der Zen-Meister und Jesuitenpater im Gespräch mit Ursula Eichenberger.* Patmos.

Cantieni, B., Hüter, G., et al. (2017). *Embodiment. Die Wechselwirkung von Körper und Psyche verstehen und nutzen.* Hogrefe.

Cullberg, J. (1978). *Krisen und Krisentherapie Psychiatrische Praxis 5.* Psychosozial.

Davison, G., Neale, J., & Hautzinger, M. (2007). *Klinische Psychologie.* Beltz.

Davidson, R. J., & Rickman, M. (1999). Behavioral inhibition and the emotional circuitry of the brain: Stability and plasticity during the early childhood years. In L. A. Schmidt & J. Schulkin (Hrsg.), *Extreme fear and shyness: Origins and outcomes.* Oxford University Press.

Davidson, R. J., Kabat-Zinn, J., et al. (2003). Alterations in brain and immune function produced by mindfulness meditation. *Psychosomatic Medicine, 65*(564), 570.

Dispenza, J. (2017). *Werde übernatürlich. Wie gewöhnliche Menschen das Ungewöhnliche erreichen.* Burgrain Koha.

© Der/die Herausgeber bzw. der/die Autor(en), exklusiv lizenziert durch Springer-Verlag GmbH, DE, ein Teil von Springer Nature 2022
R. Enzler, *Sicher in unsicheren Zeiten,* https://doi.org/10.1007/978-3-662-63986-3

Dispenza, J. (2020). *Ein neues Ich. Wie Sie Ihre gewohnte Persönlichkeit in vier Wochen wandeln können.* Burgrain Koha.

Enzler Denzler, R. (2005). *Berufliche Zielqualität und Stressempfinden bei älteren Arbeitnehmern – Eine Untersuchung im Finanzdienstleistungsbereich.* Universität Zürich.

Enzler Denzler, R. (2009). *Karriere statt Burnout. Die Drei-Typen-Strategie der Stressbewältigung für Führungskräfte.* Orell Füssli.

Enzler Denzler, R. (2020). *Die Kunst des klugen Umgangs mit Konflikten. Über verschiedene Bewusstseinsebenen zum gelassenen Konfliktmanagement.* Springer.

Enzler Denzler, R. (2011). *Keine Angst vor Montagmorgen. Gelassen in die neue Arbeitswoche.* Orell Füssli.

Enzler Denzler, R., & Schuler, E. (2018). *Krisen erfolgreich bewältigen. Wie Führungskräfte in Wirtschaft und Politik Schicksalsschläge überwinden.* Springer.

Epictetus. (1926). *Was von ihm erhalten ist nach den Aufzeichnungen Arrians.* In J. S. Schulthess & R. Mücke (Hrsg.), Heidelberg, Carl Winter.

Epiktet. Steinmann, K. (Hrsg.) (1992, 2019). *Handbüchlein der Moral.* Griechisch/ Deutsch. Reclam.

Fraga, M. F., Ballestar, E. et al. (2005). Epigenetic differences arise during the lifetime of monozygotic twins. *Proceedings of the National Academy of Sciences, Washington, July 26, 102*(30), 10604–10609.

Frankl, V. (2006). *… trotzdem Ja zum Leben sagen.* Deutscher Taschenbuch.

Frisch, M. (1964,1975). *Mein Name sei Gantenbein.* Suhrkamp.

Frisch, M. (1979). *Max Frisch Tagebuch 1966–1971.* Suhrkamp.

Gigerenzer, G. (2008). *Bauchentscheidungen. Die Intelligenz des Unbewussten und die Macht der Intuition.* Goldmann.

Gigerenzer, G. (2013). *Risiko. Wie man die richtigen Entscheidungen trifft.* Bertelsmann.

Grawe, K. (2004). *Neuropsychotherapie.* Hogrefe.

Jäncke, L. (2017). *Lehrbuch Kognitive Neurowissenschaften.* Hogrefe.

Jung, C. G. (1929). *Brief vom 4. Januar 1929 an Albert Oeri, Bd. I.* Briefsammlung des Schweizerischen Sozialarchivs.

Jung, C. G. (1995). *Die Archetypen und das kollektive Unbewusste (9/1).* Walter.

Jung, C. G. (1999). *Praxis der Psychotherapie: Beiträge zum Problem der Psychotherapie und zur Psychologie der Übertragung (16).* Walter.

Kast, V. (2013). *Der schöpferische Sprung. Vom therapeutischen Umgang mit Krisen.* Patmos.

Kast, V. (2014). *Lebenskrisen werden Lebenschancen. Wendepunkte des Lebens aktiv gestalten.* Herder.

Kast, V. (2015). *Zäsuren und Krisen im Lebenslauf.* Pictus.

Knapp, N. (2017). *Der unendliche Augenblick. Warum Zeiten der Unsicherheit so wertvoll sind.* Rowohlt.

Knapp, N. (2018). *Der Quantensprung des Denkens. Was wir von der modernen Physik lernen können.* Rowohlt.

Kraaz, C. (2021). *Nachhaltig leistungsfähig bleiben. Praxis-Tipps für den Business-Marathon*. Springer.

Luhmann, N. (1984). *Soziale Systeme*. Suhrkamp.

Luhmann, N. (1986, 2009). *Vertrauen*. Lucius & Lucius.

Orme-Johnson, M. C., Alexander, C. N., Davies, J. L., et al. (1988). International peace project in the middle east: The effects of the maharishi technology of the unified field. *Journal of Conflict Resolution, 32*(4), 776–812.

Orme-Johnson, D. W., Dillbeck, M. C., & Alexander, C. N. (2003). Preventing Terrorism and International Conflict. Effects of large assemblies of participants in the transcendental meditation and TM-Sidhi programs. *Journal of Offender Rehabilitation, 36*(1–4), 83–302.

Pigliucci, M. (2019). *Die Weisheit der Stoiker. Ein philosophischer Leitfaden für stürmische Zeiten*. Piper.

Ricard, M. (2011). *Meditation*. Knaur.

Ricard, M. (2009). *Glück*. Knaur.

Ricard, M., & Revel, J.-F. (2016). *Der Mönch und der Philosoph: Buddhismus und Abendland. Ein Dialog zwischen Vater und Sohn*. Knaur.

Schrödinger, E. (1968). *Geist und Materie*. Zsolnay.

Seneca. A. L. (2015). *Epistulae Morales. Briefe an Lucilius*. Ad Fontes Klassikverlag.

Shetty, J. (2020). *Das Think Like A Monk-Prinzip. Finde innere Ruhe und Kraft für ein erfülltes und sinnvolles Leben*. Hamburg.

Song, L., Schwartz, G., & Russek, L. (1998). *Heart-focused attention and heart-brain synchronization: Energetic and physiological mechanisms (Bd.4, Nr. 5)*. Alternative Therapies in Health and Medicine.

Sparrer, I. (2017). *Einführung in die Lösungsfokussierung und Systemische Strukturaufstellung*. Carl-Auer.

Sparrer, I. (2006a). *Systemische Strukturaufstellungen. Theorie und Praxis*. Carl-Auer.

Sparrer, I. (2006b). *Wunder, Lösung und System. Lösungsfokussierte Systemische Strukturaufstellungen für Therapie und Organisationsberatung*. Carl-Auer.

Steiner, M. (2018). *Tiefe Stille – Weiter Raum. Schweige-Impulse für jeden Tag*. BoD.

Thich Nhat Hanh (2020). *Aus Angst wird Mut. Grundlagen buddhistischer Psychologie*. Theseus.

Tolle, E. (2000). *Jetzt! Die Kraft der Gegenwart. Ein Leitfaden zum spirituellen Erwachen*. J. Kamphausen.

von Varga Kibéd, M., & Sparrer, I. (2005). *Ganz im Gegenteil. Tetralemmaarbeit und andere Grundformen Systemischer Strukturaufstellungen – für Querdenker und solche, die es werden wollen*. Carl-Auer.

Watts, A. (2002). *Weisheit des ungesicherten Lebens*. Otto Wilhelm Barth Verlag.

Watts, A. (2004). *Das Tao der Philosophie*. Insel.

Watts, A. (2005). *Die Illusion des Ich. On the Taboo Against Knowing Who You Are*. Goldmann Arkana.

Wilber, K. (2008). *Wege zum Selbst. Östliche und westliche Ansätze zu persönlichem Wachstum*. Goldmann Arkana.

Wunsch, A. (2018). *Mit mehr Selbst zum stabilen ICH. Resilienz als Basis der Persönlichkeitsbildung.* Springer.

Young, W. P. (2018). *Die Hütte. Ein Wochenende mit Gott.* Ullstein.

Zeilinger, A. (2007). *Einsteins Spuk. Teleportation und weitere Mysterien der Quantenphysik.* Goldmann.

Zeitler, H., & Pagon, D. (2000). *Fraktale Geometrie – Eine Einführung.* Vieweg.

Zenk, F., & Nicola, I. (2017). *Vererbung über die DNA hinaus: Epigenetische Vererbung zwischen Generationen.* Max-Planck-Institut für Immunbiologie und Epigenetik.

Weiterführende Literatur

Barlow, D. (2004). *Anxiety and its disorders. The nature and treatment of anxiety and panic.* The Guilford Press.

Blakeslee, S., & Blakeslee, M. (2009). *Der Geist im Körper – Das Ich und sein Raum.* Spektrum Akademischer Verlag.

Brühlmann, T. (2011). *Begegnung mit dem Fremden. Zur Psychotherapie, Philosophie und Spiritualität menschlichen Wachsens.* W. Kohlhammer.

Byung-Chul, H. (2005). *Was ist Macht?* Reclam.

Craske, M. (1999). *Anxiety disorders. Psychological approaches to theory and treatment.* Basic Books.

Dilling, H., & Freyberger, H. (2006). *Internationale Klassifikation psychischer Störungen (ICD-10): Mit Glossar und diagnostischen Kriterien ICD-10: DCR-10.* Huber.

Fabian, E. (2010). *Anatomie der Angst. Ängste annehmen und an ihnen wachsen.* Klett-Cotta.

Ferrari, E. (2011). *Führung im Raum der Werte. Das GPA-Schema nach SySt.* Ferrarimedia.

Fiedler, P. (2007). *Persönlichkeitsstörungen.* Beltz.

Foucault, M. (2005). Subjekt der Macht. In D. Defert & F. Ewald (Hrsg.), *Analytik der Macht* (S. 240–263). Suhrkamp.

Han, B.-C. (2005). *Was ist Macht?* Reclam.

Hell, D. (2002). *Seelenhunger.* Herder.

Hell, D. (2006). *Welchen Sinn macht Depression? Ein integrativer Ansatz.* Rowohlt.

Hell, D. (2007). *Depression. Was stimmt?* Freiburg.

Hillert, A., & Marwitz, M. (2006). *Die Burnout-Epidemie – Brennt die Leistungsgesellschaft aus?* Beck.

Hüther, G. (2009). *Biologie der Angst. Wie aus Stress Gefühle werden.* Vandenhoeck & Ruprecht.

Kuhl, J. (2005). *Spirituelle Intelligenz. Glaube zwischen Ich und Selbst.* Herder.

Kornfield, J. (2008). *Das weise Herz. Die universellen Prinzipien buddhistischer Psychologie.* Arkana.

Kota, S. K., & Feil, R. (2010). Epigenetic Transitions in Germ Cell Development and Meiosis. *Review, 19*(5), 675–686.

Kypta, G. (2006). *Burnout erkennen, überwinden, vermeiden.* Carl Auer.

Lippmann, E. (2013). *Identität im Zeitalter des Chamäleons: Flexibel sein und Farbe bekennen.* Vandenhoeck & Ruprecht.

Loehr, J., & Schwartz, T. (2003). *Die Disziplin des Erfolgs. Von Spitzensportlern lernen – Energie richtig managen.* Econ.

Morschitzky, H. (2008). *Die Angst zu versagen und wie man sie besiegt.* Patmos.

Renz, M. (2018). *Hinübergehen. Was beim Sterben geschieht. Annäherungen an letzte Wahrheiten unseres Lebens.* Herder.

Riemann, F. (2009). *Grundformen der Angst. Eine tiefenpsychologische Studie.* Reinhardt.

Rinpoche, S. (2013). *Das Tibetische Buch vom Leben und vom Sterben. Ein Schlüssel zum tiefen Verständnis von Leben und Tod.* Knaur.

Satir, V. (2004). *Kommunikation, Selbstwert, Kongruenz – Konzepte und Perspektiven familientherapeutischer Praxis.* Junfermann.

Satory, G. (1997). *Angststörungen. Theorien, Befunde, Diagnostik und Behandlung.* Wissenschaftliche Buchgesellschaft.

Schmid, W. (2007). *Mit sich selbst befreundet sein.* Suhrkamp.

Schmidt-Salomon, M. (2016). *Jenseits von Gut und Böse. Warum wir ohne Moral die besseren Menschen sind.* Piper.

Schütz, D. (2008). *Herr der UBS. Der unaufhaltsame Aufstieg des Marcel Ospel.* Orell Füssli.

Selzer, M. (2021). *Wohin willst du? Eine Reise in deine innere Klarheit.* BoD.

Somm, M. (2009). *Christoph Blocher. Der konservative Revolutionär.* Appenzeller.

Stegmüller, W., & Varga von Kibéd, M. (1984). *Strukturtypen der Logik.* Springer.

Steiner, V. (2007). *Energy. Energiekompetenz: Produktiver denken – Wirkungsvoller arbeiten – Entspannter leben.* Knaur.

Storch, M., & Krause, F. (2005). *Selbstmanagement – ressourcenorientiert.* Huber.

Volkan, V., & Ast, G. (2002). *Spektrum des Narzissmus.* Vandenhoeck & Ruprecht.

von Foerster, H., & Pöksen, B. (2008). *Wahrheit ist die Erfindung eines Lügners. Gespräche für Skeptiker.* Carl-Auer.

von Schlippe, A., & Schweitzer, J. (2007). *Lehrbuch der systemischen Therapie und Beratung.* Vandenhoeck & Ruprecht.

Watzlawick, P. (2006). *Wenn du mich wirklich liebtest, würdest du Knoblauch essen – Über das Glück und die Konstruktion der Wirklichkeit.* Pieper.

Weitmann, A. (2010). *Madoff – Der Jahrhundertbetrüger: Chronologie einer Affäre.* Orell Füssli.